EXCERPTA FACILIA

A Second Latin Translation Book

BY

H. R. HEATLEY, M.A.

KEBLE COLLEGE, OXFORD
ASSISTANT MASTER AT HILLBROW SCHOOL, RUGBY

AND

H. N. KINGDON, B.A.

LATE SCHOLAR OF CORPUS CHRISTI COLLEGE, CAMBRIDGE
ASSISTANT MASTER AT HILLBROW SCHOOL, RUGBY

RIVINGTONS

WATERLOO PLACE, LONDON

MDCCCLXXXII

EXCERPTA FACILIA

PREFACE

THE following extracts are intended to provide work for boys who have read " Gradatim," or some similar First Translation Book, but are not yet ready to cope with all the difficulties of a Latin author. With this aim easy passages have been selected from classical writers, and these rendered easier by the omission of difficult sentences or parts of sentences, wherever possible, without destroying the sense.

In the Prose Selections, while care has been taken to avoid passages which are in common use at schools, so as not to interfere with future reading, pieces have been chosen either for their interest or historical value.

The Anecdotes, which have been placed first, will, it is hoped, prove useful for " Unseens," but for ordinary reading in form probably one of the longer selections will be found easier and more satisfactory. Short notes have been added where necessary, either to explain the text or fill up gaps in the history. A full Vocabulary has been added, but if it is preferred the book can be procured without it.

HILLBROW, RUGBY, *July* 1882.

CONTENTS

	PAGE
ANECDOTES	1
SCENES FROM THE CIVIL WAR	33
LIVES OF EMINENT GREEKS	46
Miltiades	46
Themistocles	49
Pausanias	56
Alcibiades	60
Epaminondas	65
THE BATTLE OF ARBELA	69
SELECTIONS FROM OVID	82
NOTES	99
APPENDIX A. The Ablative Absolute	134
APPENDIX B. A Form of Analysis for Compound Sentences	135
VOCABULARY	137

ANECDOTES.

1.

"To do a great right do a little wrong."

Lacedaemonius Chilon, unus ex inclyto illo numero sapientium, die vitae suae postremo ad circumstantes amicos sic locutus est. "Dicta mea," inquit, "facta-que in aetate longa fuisse non poenitenda, forsitan vos etiam sciatis. Ego certe in hoc quidem tempore nihil commisi, cujus memoria aliquid parit aegritudinis, nisi profecto hoc unum est. Super amici capite judex cum duobus aliis fui. Lex ita fuit ut eum hominem condemnari necesse esset. Aut amicus igitur perdendus, aut adhibenda fraus legi fuit. Tacitus ad condemnandum sententiam tuli ; his, qui simul judicabant, ut absolverent persuasi. Sic mihi et judicis et amici officium in re tanta salvum fuit."

2.

"O woman, in our hours of ease
Uncertain, coy, and hard to please !"

Xanthippe Socratis philosophi uxor morosa admodum fuisse fertur et jurgiosa ; irarum et molestiarum muliebrium per diem per-que noctem satagebat. Has ejus intemperies in maritum Alcibiades demiratus, interrogavit Socratem, quaenam ratio esset, cur mulierem tam acerbam domo non exigeret. "Quoniam," inquit, "Socrates, quum illam domi talem perpetior, insuesco et exerceor, ut ceterorum quoque foris petulantiam et injuriam facilius feram."

A

Secundum hanc sententiam quoque Varro in eo libro, quem De Officio Mariti scripsit : " Vitium," inquit, " uxoris aut tollendum aut ferendum est. Qui tollit vitium, uxorem commodiorem, qui fert, sese meliorem facit."

3.

The Sibylline Books.

In antiquis annalibus memoria super libris Sibyllinis haec prodita est. Anus hospita atque incognita ad Tarquinium Superbum regem adiit, novem libros ferens, quos esse dicebat divina oracula ; eos velle, dixit, venundare. Tarquinius pretium percontatus est. Mulier nimium atque immensum poposcit. Rex, quasi anus aetate desiperet, derisit. Tum illa foculum coram eo cum igne apposuit, et tres libros ex novem deurit, et num reliquos sex eodem pretio emere vellet, regem interrogavit. Sed Tarquinius id multo risit magis dixit-que anum jam procul dubio delirare. Mulier ibidem statim tres alios libros exussit atque id ipsum denuo placide rogavit, ut tres reliquos eodem illo pretio emeret. Rex ore jam serio atque attentiore animo fit, et libros tres reliquos mercatur nihilo minore pretio quam quod erat petitum pro omnibus.

4.

A Woman's Curiosity.

Mos antea senatoribus Romae fuit, in curiam cum praetextatis filiis introire. Tunc quidem in senatu res major quaepiam consultata, ea-que in diem posterum prolata est ; placuit-que ut eam rem, super qua tractavissent, ne quis enuntiaret prius-quam decreta esset. Mater Papirii pueri, qui cum parente suo in curia fuerat, percontata est filium, quidnam in senatu Patres egissent. Puer respondit tacendum esse, neque id dici licere. Mulier fit audiendi cupidior. Silentium pueri animum ejus ad inquirendum everberat. Quaerit igitur compressius violentius-que. Tum puer, matre urgente, lepidi atque festivi mendacii consilium capit; actum in senatu dicit utrum videretur utilius esse, ut unus duas uxores haberet, an ut una apud duos nupta esset.

(Continued.)

5.

Hoc illa ubi audivit, animo compavescit; domo trepidans egreditur; ad ceteras matronas defert quod audierat. Perveniunt ad senatum postero die matrum familias caterva, lacrimantes atque obsecrantes orant, una potius ut duobus nupta fieret, quam ut uni duae. Senatores ingredientes in curiam, quae illa mulierum intemperies, et quid postulatio istaec vellet, mirabantur. Puer Papirius in medium curiae progressus, quid ipse matri dixisset, denarrat. Senatus fidem atque ingenium pueri admiratus, consultum facit, ut posthac pueri cum patribus in curiam ne introeant, nisi ille unus Papirius, ei-que puero postea cognomen, honoris gratia, inditum Praetextatus, ob tacendi loquendi-que in aetate praetextata prudentiam.

6.

Arguing under Difficulties.

Plutarchus servo suo, nequam homini et contumaci, tunicam detrahi ob nescio quod delictum, caedi-que eum loro jussit. Coeperat verberari; obloquebatur non meruisse ut vapulet; nihil mali, nihil sceleris admisisse. Postremo vociferari inter vapulandum incipit; neque jam querimonias aut gemitus facere sed verba seria et objurgatoria.

"Philosophum irasci turpe esse; saepe eum de malo irae edissertavisse; librum quoque de ea re pulcherrimum conscripsisse; iis omnibus, quae in eo libro scripta sunt nequaquam convenire, quod effusus in iram plurimis se plagis multaret." Tum Plutarchus leniter et lente— "Quid autem," inquit, "nunc ego tibi irasci videor? Ex vultu-ne meo an ex voce, correptum esse me ira intelligis? Mihi quidem neque oculi truces sunt, neque os turbidum haec enim signa esse irarum solent." Et simul ad eum, qui caedebat, conversus; "Interim," inquit, "dum ego atque hic disputamus, hoc tu age."

7.
Dismount before the Consul.

Aliquando factus est consul Q. Fabius, filius ejus Maximi, qui priore anno erat consul. Ei consuli pater proconsul obviam in equo vectus venit, neque descendere voluit, quod pater erat; et quod inter eos sciebant maxima concordia convenire, lictores non ausi sunt descendere jubere. Ubi juxta venit, tum consul ait, "Descendere jube." Quod postquam lictores cito intellexerunt, Maximum proconsulem descendere jusserunt. Fabius imperio paret, et filium collaudavit, quum imperium, quod populi esset, retineret.

8.
"If you want a thing well managed, do it yourself."

Avicula est parva; nomen est cassita. Habitat nidulatur-que in segetibus. Quaedam cassita, quum ipsa iret cibum pullis quaesitum, monebat eos ut, si quid ibi rei novae fieret diceretur-ve, animadverterent, id-que sibi, ubi rediisset, renuntiarent. Dominus postea segetum

illarum filium vocat. " Vides-ne," inquit, " haec ematu-
ruisse et manus jam postulare ? idcirco cras amicos adi et
roga, veniant operam-que mutuam dent, et messem hanc
nobis adjuvent." Haec ille ubi dixit discessit ; atque ubi
rediit cassita pulli trepiduli orant matrem ut statim jam
properet, atque alium in locum sese asportet. " Nam
dominus," inquiunt, " misit qui amicos rogaret, ut luce
oriente veniant et metant." Mater jubet eos a metu
otiosos esse ; " Si enim dominus," inquit, " messem ad
amicos rejicit cras seges non metetur."

(Continued.)

9.

Die igitur postero mater in pabulum volat. Dominus
quos rogaverat opperitur. Sol fervet et fit nihil; et amici
nulli erant. Tum ille rursus ad filium : " Amici isti,"
inquit, " cessatores sunt. Quin potius cognatos affines-que
nostros oramus ut adsint cras ad metendum ?" Itidem hoc
pulli pavefacti matri nuntiant. Mater hortatur ut tum
quoque sine metu sint. " Vos modo," inquit, " advertite,
si quid denuo dicetur." Alia luce orta avis in pastum
profecta est. Cognati et affines operam, quam rogati sunt,
supersedent. Ad postremum igitur dominus filio: "Vale-
ant," inquit, "amici cum propinquis. Afferes prima luce
falces duas ; unam egomet mihi, et tu tibi capies alteram ;
et frumentum nosmet ipsi manibus nostris cras metemus."
Id ubi ex pullis dixisse dominum mater audivit : " Tempus," inquit, " est cedendi et abeundi." Atque ita cassita
migravit et seges a domino demessa est.

10.
Honourable Foes.

Quum Pyrrhus rex in terra Italia esset, et unam atque alteram pugnam prospere pugnasset, tum Nicias quidam, regis Pyrrhi amicus, ad C. Fabricium consulem furtim venit, ac praemium petiit; et, si de praemio conveniret, promisit regem venenis necare; id-que facile esse factu dixit, quoniam filii sui pocula in convivio regi ministrarent. Consul autem ad regem Pyrrhum literas ita misit. "Consules Romani salutem dicunt Pyrrho regi. Nos pro tuis injuriis continuo tecum bellare studemus. Sed te salvum volumus, ut sit quem armis vincere possimus. Ad nos venit Nicias familiaris tuus, qui sibi praemium a nobis peteret, si te clam interfecisset. Id nos negavimus velle, et simul visum est, ut te certiorem faceremus, quod nobis non placet pretio aut praemio aut dolis pugnare. Tu nisi caves jacebis."

11.
Excess of Joy.

De Rhodio Diagora celebrata historia est. Is Diagoras tres filios habuit, unum pugilem, alterum pancratiastem, tertium luctatorem, eos-que omnes vidit vincere coronari-que eodem die; et quum ibi tres adolescentes, coronis suis in caput ejus positis, patrem saviarentur, quum-que populus gratulabundus flores undique in eum jaceret, ibi in stadio, inspectante populo, in osculis atque in manibus filiorum animam efflavit.

Praeterea in nostris annalibus scriptum legimus, qua tempestate apud Cannas exercitus populi Romani caesus est, anum matrem, nuntio de morte filii allato, luctu atque maerore affectam esse. Sed is nuntius non verus fuit, atque is adolescens non diu post ex ea pugna rediit; anus, repente filio viso, inopinato gaudio oppressa, exanimata est.

12.
Choice of Evils.

Fabricius Luscinus magna gloria vir magnis-que rebus gestis fuit. P. Cornelius Rufinus manu quidem strenuus et bellator bonus, militaris-que disciplinae admodum peritus fuit, sed furax homo et avaritia acri erat. Hunc Fabricius non probabat neque amico utebatur. Sed quum temporibus reipublicae difficillimis consules creandi forent et is Rufinus peteret consulatum, competitores-que ejus essent imbelles quidam et futiles, summa ope adnisus est Fabricius ut Rufino consulatus deferretur. Plerisque admirantibus, quod hominem avarum, cui esset inimicissimus, creari consulem vellet, Fabricius inquit, "Nihil est quod mire-mini, si malui compilari quam venire."

13.
"The dull Tribunes
Shall say against their hearts, 'We thank the gods
Our Rome has such a soldier.'"

Scipio Africanus quam fuerit altus animo et magni-ficus plurimis rebus declaratum est. Quum enim M. Naevinus tribunus plebis accusaret eum ad populum, diceret-que accepisse a rege Antiocho pecuniam, ut con-ditionibus mollibus pax cum eo populi Romani nomine fieret, tum Scipio pauca praefatus quae dignitas vitae suae atque gloriae postulabat. "Memoria," inquit, "Quirites, repeto, diem esse hodiernum, quo Hannibalem Poenum, imperio nostro inimicissimum, magno proelio vici in terra Africa, pacem-que et victoriam vobis peperi insperabilem. Ne igitur simus adversum deos ingrati, sed eamus nunc protinus Jovi optimo maximo gratulatum." Tum concio universa, quae ad sententiam de Scipione ferendam conven-erat, relicto tribuno, Scipionem in capitolium comitata est.

14.

"Dreams full oft are found of real events
The germs and shadows."

Duo familiares, iter una facientes, Megaram venerunt; quorum alter ad hospitem se contulit, alter in tabernam devertit. Is autem, qui in hospitio erat, vidit in somnis comitem suum orantem, ut sibi, cauponis insidiis circumvento, subveniret; posse enim celeri ejus accursu se imminenti periculo subtrahi. Quo visu excitatus, prosiluit, tabernam-que in qua is deversabatur, petere conatus est. Mox autem, visum pro nihilo ducens, lectum ac somnum repetiit. Tunc idem ei saucius oblatus obsecravit ut, qui auxilium vitae suae ferre neglexisset, neci saltem ultionem non negaret; corpus enim suum, a caupone trucidatum, plaustro ad portam ferri, stercore coopertum. Tam constantibus precibus compulsus, protinus ad portam cucurrit et plaustrum, quod in quiete demonstratum est, comprehendit, cauponem-que ad capitale supplicium perduxit.

15.

A Double-entendre.

Hannibal olim dicitur apud regem Antiochum facetissime cavillatum esse. Ostendebat ei Antiochus in campo copias ingentes, quas comparaverat, bellum populo Romano facturus; convertebat-que exercitum insignibus argenteis et aureis florentem. Inducebat etiam currus cum falcibus et elephantos cum turribus, equitatum-que frenis, monilibus, phaleris, praefulgentem. Atque ibi rex contemplatione tanti et tam ornati exercitus gloriabundus. Hannibalem aspicit et "Putas-ne," inquit, "satis esse Romanis haec omnia?" Tum Poenus eludens ignaviam militum ejus pretiose armatorum; "Satis plane," inquit, "esse credo Romanis haec omnia, etiamsi avarissimi sunt."

16.
Dumbness cured.

Filius Croesi regis, quum jam per aetatem fari posset, infans erat, et quum jam multum adolevisset, item nihil fari quibat. Mutus adeo et elinguis diu habitus est. Quum vero in patrem ejus, hostis, gladio educto, invaderet, regem esse ignorans, diduxit adolescens os, clamare nitens, eo-que nisu atque impetu nodum linguae rupit, plane-que et articulate elocutus est, "Noli patrem Croesum occidere." Tum et hostis gladium reduxit, et rex vita donatus est, et adolescens loqui prorsum deinceps incepit.

Sed et quispiam Samius athleta, quum antea non loquens fuisset, ob similem dicitur causam loqui coepisse. Nam quum in sacro certamine sortitio inter ipsos et adversarios non bona fide fieret, repente in eum, qui id faciebat, sese videre, quid faceret, magna voce inclamavit.

17.
"Will not the ladies be afeard of the lion?
I fear it, I promise you."

Apion, literis homo multis praeditus, hoc ipsum sese Romae vidisse suis oculis confirmat. In circo maximo pugna populo dabatur. Multae ibi ferae erant magnitudine excellentes. Sed praeter alia omnia leonum immanitas admirationi fuit, praeter-que omnes ceteros unius. Is unus leo corporis vastitudine, terrifico-que fremitu animos oculos-que omnium in se converterat. Introductus erat inter complures ceteros ad pugnam bestiarum Androclus servus viri consularis. Hunc ille leo ubi vidit procul, repente quasi admirans stetit, ac deinde sensim atque placide ad hominem accedit. Tum caudam more canis blande movet, crura-que hominis et manus lingua leniter demulcet. Androclus tandem amissum animum recuperat, paulatim-que oculos ad contuendum leonem refert.

(*Continued.*)

18.

Ea re tam admirabili maximis populi clamoribus excita-
tis, Androclus rem mirificam narrat. " Quum provinciam,"
inquit, "Africam meus dominus obtineret, ego iniquis ejus
et quotidianis verberibus ad fugam sum coactus ; et, ut
mihi a domino tutiores latebrae forent, in camporum soli-
tudines concessi ; ac, si defuisset cibus, consilium fuit mortem aliquo pacto quaerere. Tum, sole flagrante, specum quendam nactus remotum latebrosum-que, in eum me penetro et
recondo. Neque multo post ad eundem specum venit hic
leo debili uno et cruento pede, gemitus edens et murmura.
Primo quidem aspectu advenientis leonis territus sum et pavefactus."

(*Continued.*)

19.

" Sed postquam introgressus leo vidit me procul delites-
centem, mitis ac mansuetus accessit ; ac sublatum pedem
ostendit mihi ac porrexit, quasi opis petendae gratia. Ibi
ego stirpem ingentem vestigio pedis ejus haerentem revelli
atque detersi cruorem. Ille tunc mea opera levatus,
pede in manibus meis posito, recubuit et quievit. Atque ex
eo die triennium totum ego et leo in eodem specu eodem-
que victu viximus. Nam ferarum, quas venabatur, membra
opimiora ad specum mihi suggerebat. Sed ubi me vitae
illius ferinae jam pertaesum est, leone in venatum profecto,
reliqui specum, et a militibus visus, ad dominum sum de-
ductus. Is me statim dandum ad bestias curavit." Haec
Apion dixisse Androclum tradit, atque ideo cunctis petentibus dimissum et poena solutum. " Postea," inquit,
" videbamus Androclum et leonem, loro tenui revinctum
urbe tota circum tabernas ire."

20.

A Piece of Real Acting.

Histrio in terra Graecia fuit fama celebri, qui gestu et voce ceteris antestabat. Nomen fuisse aiunt Polum. Is Polus unice amatum filium morte amisit. Luctum quum satis visus est eluxisse, rediit ad quaestum artis. In eo tempore Athenis Electram Sophoclis acturus, gestare urnam, quasi cum Orestis ossibus debebat. Ita compositum fabulae argumentum est ut, fratris reliquias ferens, Electra comploret commisereatur-que interitum ejus, qui per vim exstinctus est. Igitur Polus lugubri habitu Electrae indutus, ossa atque urnam e sepulcro tulit filii, et, quasi Orestem amplexus, opplevit omnia non simulacris neque imitamentis sed luctu atque lamentis veris et spirantibus. Itaque quum agi fabula videretur, dolor actus est.

21.

"A man may lie in publishing the truth."

Proelio Cannensi Hannibal Carthaginiensium imperator ex captivis electos decem Romam misit, ut, si populo Romano videretur, permutatio fieret captivorum. Hos, priusquam proficiscerentur, jurejurando adegit, redituros eos esse in castra Punica, si Romani captivos non permutarent. Veniunt Romam decem captivi. Mandatum Poeni imperatoris in senatu exponunt. Permutatio senatui non placuit. Parentes, cognati affines-que captivorum amplexi eos, ne ad hostes redire vellent, orabant. Tum octo ex iis statim, ut jurati erant, ad Hannibalem profecti sunt. Duo reliqui Romae manserunt, solutos-que esse sese ac liberatos religione dicebant, quoniam, quum egressi hostium castra fuissent, eodem die, tanquam ob aliquam fortuitam causam, regressi essent, atque ita rursus injurati abiissent. Hi autem, adeo intestabiles invisi-que facti sunt, ut taedium vitae ceperint, necem-que sibi consciverint.

22.

"Who would endure the insolence of office?"

Nuper Teanum Sidicinum consul venit : uxorem dixit in balneis virilibus lavari velle. Quaestori Sidicino a M. Mario datum est negotium, ut balneis exigerentur, qui lavabantur. Uxor renuntiat viro parum cito sibi balneas traditas esse et parum lautas fuisse. Idcirco palus destitutus est in foro, eo-que adductus nobilissimus homo M. Marius : vestimenta detracta sunt, virgis caesus est. Caleni, ubi id audierunt edixerunt ne quis in balneis lavari vellet, quum magistratus Romanus ibi esset.

Quanta intemperantia sit hominum adolescentium, unum exemplum vobis ostendam. His annis paucis ex Asia missus est homo adolescens pro legato. Is in lectica ferebatur. Ei obviam bubulcus de plebe Venusina advenit et per jocum, quum ignoraret quis ferretur, rogavit num mortuum ferrent. Ubi id audivit, lecticam jussit deponi ; struppis, quibus lectica deligata erat, usque adeo verberari jussit, dum animam efflavit.

23.

"The world is overstocked with fools, and wants
A pestilence at least, if not a hero."

Non in facta modo sed in voces etiam petulantiores publice Romae vindicatum est. Appii namque illius Caeci filia, a ludis quos spectaverat exiens, turba undique confluentis populi jactata est, atque inde egressa, quum se male habitam diceret, "Quid me nunc factum esset," inquit, " quanto-que artius conflictata essem, si P. Claudius frater meus, navali proelio classem navium cum ingenti civium numero non perdidisset. Certe quidem, majore nunc copia populi oppressa, intercidissem. Sed utinam reviviscat frater, aliam-que classem in Siciliam ducat atque istam multitudinem perdat, quae me male nunc miseram convexavit." Ob haec mulieris verba tam improba tam-que incivilia aediles multam dixerunt ei aeris gravis viginti quinque milia.

24.
The Mausoleum.

Artemisia Mausolum virum amasse fertur supra omnes amorum fabulas, ultra-que affectionis humanae fidem. Is Mausolus, ubi fato perfunctus est, et inter lamenta uxoris funere magnifico sepultus est, Artemisia, luctu atque desiderio mariti flagrans, ossa cinerem-que ejus, mixta odoribus contusa-que in pulveris faciem, aquae indidit ebibit-que. Multa alia violenti amoris indicia fecisse dicitur. Molita quoque est, conservandae mariti memoriae causa, sepulcrum illud memorabile dignatum-que numerari inter septem omnium terrarum spectacula. Id monumentum Artemisia quum manibus Mausoli dicaret, certamen laudibus ejus dicendis facit, ponit-que praemia pecuniae aliarum-que rerum bonarum amplissima.

25.
Aristotle's Successor.

Aristoteles philosophus, annos jam fere natus duo et sexaginta corpore aegro ac spe vitae tenui fuit. Tunc omnis ejus sectatorum cohors ad eum accedit, orantes obsecrantes-que, ut ipse deligeret loci sui et magisterii successorem. Erant tunc in ejus ludo boni multi sed praecipue duo

Theophrastus et Menedemus. Alter ex insula Lesbo fuit, Menedemus autem Rhodo. Aristoteles respondit, facturum esse quod vellent, quum id sibi foret tempestivum. Postea brevi tempore, quum iidem illi praesentes essent, vinum ait, quod tum biberet, sibi minus gratum esse, ac propterea quaeri debere vel Rhodium aliquod vel Lesbium. Eunt, curant, inveniunt, afferunt. Tum Aristoteles Rhodium petit, degustat. "Firmum," inquit, "vinum et jucundum." Petit mox Lesbium, quo degustato, "Utrumque," inquit, "bonum, sed dulcius Lesbium." Id ubi dixit nemini fuit dubium, quin Theophrastum sibi successorem illa voce delegisset.

26.

"I will rend an oak,
And peg thee in his knotty entrails."

Milo Crotonensis athleta illustris exitum habuit e vita miserandum et mirandum. Quum jam natu grandis artem suam desisset, iter-que faceret forte solus in locis Italiae silvestribus, quercum vidit prope viam, patulis in parte media rimis hiantem. Tum experiri etiam tunc volens, an ullae sibi reliquae vires adessent, immissis in cavernas arboris digitis, diducere et rescindere quercum conatus est, ac mediam quidem partem discidit divellit-que. Quercus autem in duas diducta partes, quum ille, quasi eo perfecto quod erat connixus, manus laxasset, cessante vi rediit in naturam ; manibus-que ejus retentis inclusis-que dilacerandum hominem feris praebuit.

27.

A Pious Fraud.

Sertorio duci egregio cerva alba eximiae pulchritudinis a Lusitano quodam data est. Hanc colloqui secum, et docere, quae utilia factu essent, omnibus persuasit. Ea

cerva quodam die, incursione hostium consternata in fugam
se proripuit, et postea requisita periisse credita est. Neque
multis diebus post inventam esse cervam Sertorio nuntia-
tur. Tum eum, qui nuntiaverat, jussit tacere : praecepit-
que ut eam postero die repente in eum locum in quo ipse
cum amicis esset immitteret. Admissis deinde amicis postridie, visum sibi esse ait in quiete cervam, quae periisset,
ad se reverti et, ut prius consueverat, quod opus esset
praedicere. Tum servo, quod imperaverat, significat.
Cerva emissa in cubiculum Sertorii introrupit ; clamor
factus et orta admiratio est.

28.
Despatches in Cypher.

Histiaeus olim, quum in Persis apud Darium esset,
Aristagorae cuipiam res quasdam occultas, nuntiare furtivo
scripto volebat. Servo suo diu oculos aegros habenti,
capillum ex capite omni, tanquam medendi gratia, deradit,
caput-que ejus leve in literarum formas compungit. His
literis quae voluerat perscripsit. Hominem postea, quoad
capillus adolesceret, domi continuit. Ubi id factum est,
ire ad Aristagoram jubet, et "quum ad eum," inquit,
"veneris, mandasse me dicito, ut caput tuum, sicut
nuper egomet feci, deradat." Servus, ut imperatum erat,
ad Aristagoram venit, mandatum-que domini affert, atque
ille id non esse frustra ratus, quod erat mandatum, fecit.
Ita literae perlatae sunt.

29.
"His coward lips did from their colour fly."

Navigabamus olim mare Ionium, violentum et vastum.
Nocte, quae diem primum secuta est, ventus a latere
saeviens navem undis compleverat. Dies quidem tandem

illuxit, sed nihil de periculo remissum: quin turbines etiam crebriores navem depressuri videbantur. In eadem nave fuit philosophus in disciplina Stoica celebratus, quem ego Athenis cognoveram, non parva virum auctoritate. Eum tunc in tantis periculis in-que illo tumultu caeli maris-que requirebam oculis, scire cupiens, quonam statu animi, et an interritus intrepidus-que esset. Atque ibi hominem conspicimus, impavidum, ploratus quidem nullos, sicuti ceteri omnes, nec ullas ejusmodi voces cientem, sed coloris et vultus turbatione non multum a ceteris differentem.

30.
A Crushing Retort.

At ubi caelum enituit et ardor ille tempestatis defla-gravit, accedit ad Stoicum Graecus quispiam dives ex Asia, homo lautissimus. Is quasi illudens, "Quid hoc est," inquit, "O philosophe, quod, quum in periculis essemus, timuisti tu et palluisti, ego neque timui neque pallui?" Et philosophus aliquantum cunctatus, an respondere ei con-veniret, "Si quid ego," inquit, "in tanta violentia tempesta-tum videor paulum pavefactus, non tu istius rei ratione audienda dignus es. Sed tibi sane Aristippus ille pro me responderit, qui in simili tempore a simillimo tui homine interrogatus, quare philosophus timeret, quum ille contra nihil metueret, respondit, quoniam is esset non magnopere solicitus pro anima nequissimi nebulonis, ipse autem pro Aristippi anima timeret."

31.
Qui s'excuse s'accuse.

Quum Lysander praefectus classis in bello multa crude-liter avare-que fecisset, de-que iis rebus suspicaretur ad cives suos esse perlatum, petiit a Pharnabazo ut ad ephoros

sibi testimonium daret, quanta sanctitate bellum gessis-
set socios-que tractasset, de-que ea re accurate scriberet,
magnam enim ejus auctoritatem in ea re futuram. Huic
ille liberaliter pollicetur; librum grandem verbis multis
conscribit, in quibus summis eum effert laudibus. Quem
quum legisset probasset-que, alterum pari magnitudine,
tanta similitudine ut discerni non posset, subjecit, in quo
accuratissime ejus avaritiam perfidiam-que accusaverat.
Hunc Lysander, domum quum rediisset, ephoris tradidit.
Qui quum librum cognoscent, ipsi legendum dederunt.
Ita ille imprudens ipse suus fuit accusator.

32.
"Poor and content is rich, and rich enough."

Phocion Atheniensis etsi saepe exercitibus praefuit
summos-que magistratus cepit, tamen multo ejus notior
integritas vitae quam rei militaris labor; itaque hujus
memoria est nulla, illius autem magna fama, ex quo
cognomine Bonus est appellatus. Fuit enim perpetuo
pauper, quum divitissimus esse posset. Hic quum a
rege Philippo munera magnae pecuniae repudiaret, legati-
que hortarentur accipere, simul-que admonerent, si ipse iis
facile careret, liberis tamen suis prospiceret, his ille, "Si
mei similes erunt, idem hic," inquit, " agellus illos alet, qui
me ad hanc dignitatem perduxit; sin dissimiles sunt futuri,
nolo meis impensis illorum ali augeri-que luxuriam."

33.
Death rather than Dishonour.

Oppugnabant olim Athenienses Chium; erat in classe
Chabrias privatus, sed omnes qui in magistratu erant
auctoritate anteibat, eum-que magis milites quam qui
praeerant, aspiciebant. Quae res ei maturavit mortem;

B

nam dum primus studet portum intrare, gubernatorem-que jubet eo dirigere navem, ceterae non sunt secutae. Quo facto circumfusus hostium concursu, quum fortissime pugnaret, navis rostro percussa coepit sidere. Hinc refugere quum posset, si se in mare dejecisset, quod suberat classis Atheniensium, quae exciperet natantes, perire maluit quam armis abjectis navem relinquere, in qua fuerat vectus. Id ceteri facere noluerunt qui nando in tutum pervenerunt, at ille praestare honestam mortem existimans turpi vitae, comminus pugnans, telis hostium interfectus est.

34.
Exercise under Difficulties.

Dux quidam ab hostibus circumsessus verebatur, ne uno loco manens equos militares perderet, quod spatium non esset agitandi. Is igitur callidum consilium invenit, quemadmodum stans jumentum exerceri posset, quo libentius et cibo uteretur et a corporis motu non removeretur. Substringebat caput loro altius quam ut prioribus pedibus plane terram posset attingere, deinde post verberibus cogebat exultare et calces remittere. Qui motus non minus sudorem excutiebat quam si in spatio decurreret. Quo factum est, ut aeque jumenta nitida ex castello educeret, quum complures menses in obsidione fuisset, ac si in campestribus ea locis habuisset.

35.
"An oath, an oath, I have an oath in heaven."

Hannibal ille quum multa de fide sua et odio in Romanos apud regem Antiochum commemorasset, hoc adjunxit. "Pater meus," inquit, "Hamilcar, me puero non amplius novem annos nato, in Hispaniam imperator proficiscens,

Carthagine Jovi optimo maximo hostias immolavit. Quae divina res dum conficiebatur, quaesivit a me vellem-ne secum in castra proficisci; id quum libenter accepissem, tum ille "Faciam," inquit, "si mihi fidem, quam postulo, dederis." Simul me ad aram adduxit, apud quam sacrificare instituerat, eam-que ceteris remotis tenentem jurare jussit, nunquam me in amicitia cum Romanis fore. Id ego jusjurandum patri datum usque ad hanc aetatem ita conservavi, ut nemini dubium esse debeat, quin reliquo tempore eadem mente sim futurus.

36.

Bull-dogs.

Apud Indos nobiles ad venandum canes sunt. Latratu abstinere dicuntur, quum videre feram; leonibus maxime infesti. Horum vim ut ostenderet Alexandro, rex Indus in conspectu leonem eximiae magnitudinis jussit emitti, et quattuor omnino admoveri canes, qui celeriter occupaverunt feram. Tum unus ex iis, qui assueverant talibus ministeriis, canis leoni inhaerentis crus avellere coepit, et, quia non sequebatur, ferro amputare; nec sic quidem pertinacia victa, rursus aliam partem secare institit; et inde non segnius inhaerentem ferro subinde caedebat. Ille in vulnere ferae dentes moribundus quoque infixerat. Tantam in illis animalibus ad venandum cupiditatem ingeneravit natura.

37.

"It is a most absolute and excellent horse."

Plurimum equestri laude pollebat Thessalia, nobiliumque equorum greges multis locis alebantur. Eminebat tamen inter omnes viribus et specie Bucephalus, quem Philonicus principe dignum existimans, ad Philippum

adduxerat, sedecim talentis venalem. Quum autem velo-
citatem equi experturi in campum descendissent, nemo
amicorum regis tractare eum potuit; quin insurgebat in
omnes, et conscendere conatos ferocia exterrebat. Jam-
que pro indomito et inutili relinquebatur, quum suspirans
Alexander: "Qualem," inquit, "isti equum perdunt per mol-
litiam animi et tractandi imperitiam." Quo saepius repe-
tito, a patre increpitus, quod, qui emendare non posset,
majores peritiores-que culparet. "Ego vero," inquit,
"emendabo pater, si permiseris; frustratus autem equi
pretium luam."

(Continued.)
38.

Tum Alexander, comprehensis equi habenis, eum ita
statuit, ut in adversos radios solis conversus, umbram
suam conspicere non posset. Quum-que nihilominus
aestuaret, jubam demulcens, in saevientem adhuc insilit.
Ille parendi insolens, cervicem et calces jactare, multa-que
pervicacia contra frenum niti, denique proripere se conari
et ingenti violentia cursum moliri. Spatiosa planities
suberat; ergo Alexander, effusis in collum habenis adactis-
que calcaribus, cum ingenti clamore in cursum permittit.
Ingens inde campi spatium evectus, jam lassatum et consistere volentem impellere non antea destitit, quam
exhaustum cursu, et labore domitum, mansuetiorem jam
mitiorem-que reduxisset.

39.
Faithful to Death.

Equus Alexandri regis et capite et nomine Bucephalus
fuit. Super hoc equo dignum memoria est, quod, ubi
ornatus erat armatus-que ad proelium, haud unquam

inscendi sese ab alio nisi a rege passus est. Id etiam de isto equo memoratum est, quod, quum in eo insidens Alexander bello Indico in hostium cuneum, non satis sibi providens, immisisset, vulneribus alte in cervice atque in latere equus perfossus est; moribundus tamen ac prope jam exsanguis e mediis hostibus regem vivacissimo cursu retulit, atque ubi eum extra tela extulerat, illico concidit et, domini jam superstitis securus, animam exspiravit. Tum rex Alexander, parta ejus belli victoria, oppidum in iisdem locis condidit, id-que ob equi honores Bucephalon appellavit.

40.

" Am I to set my life upon a throw,
Because a bear is rude and surly ? "

Alexander olim, invitatis ad epulas legatis gentium victarum regulis-que, exornari convivium jussit. Centum aurei lecti modicis intervallis positi erant; lectis circum-dederat aulaea, purpura auro-que fulgentia. Intererat epulis Dioxippus Atheniensis, pugil nobilis, regi pernotus et gratus. Eodem in convivio quidam Macedo, jam temulentus exprobrare ei coepit, et postulare ut, si vir esset, postero die secum ferro decerneret, "Regem tandem vel de sua temeritate, vel de illius ignavia judicaturum." Et a Dioxippo contemptim militarem eludente ferociam accepta conditio est. Postero die Rex, quum etiam acrius certamen exposcerent, quia deterrere non poterat, decernere passus est. Ingens huc militum convenerat multitudo.

41.

" The one armed with metal, the other with wood ;
This fit for bruise, and that for blood."

Macedo justa arma sumpserat; aereum clypeum, hastam laeva tenens, dextra lanceam, gladio-que cinctus, velut cum

pluribus simul dimicaturus. Dioxippus oleo nitens, et
coronatus, laeva puniceum amiculum, dextra validum
nodosum-que stipitem praeferebat. Ea res omnium animos expectatione suspenderat, quippe armato contendere
nudum dementia, non temeritas, videbatur. Macedo igitur
haud dubius eminus interfici posse, lanceam emisit; quam
Dioxippus quum exigua corporis declinatione vitasset,
antequam ille hastam transférret in dextram, adsiluit et
stipite mediam illam fregit. Amisso utroque telo Macedo
gladium coeperat stringere; quem occupatum complexu,
pedibus repente subductis, Dioxippus projecit in terram,
erepto-que gladio, pedem super caput jacentis imposuit,
stipitem intentans, elisurus-que victum, ni prohibitus esset
a Rege.

42.

Fortitude.

Vetusto Macedoniae more regi Alexandro nobilissimi
pueri praesto erant sacrificanti. E quibus unus, thuribulo
arrepto, ante ipsum adstitit, in cujus brachio carbo ardens
delapsus est. Quo etsi ita adurebatur, ut adusti corporis
ejus odor ad circumstantium nares perveniret, tamen
dolorem silentio pressit, ne aut sacrificium Alexandri
impediret, aut edito gemitu regias aures asperaret. Rex
quoque patientia pueri magis delectatus, perseverantiae
experimentum sumere voluit; consulto enim sacrificavit
diutius, nec hac re eum a proposito repulit. Si huic
miraculo Darius inseruisset oculos, scisset, ejus stirpis
milites vinci non posse, cujus infirmam aetatem tanto
robore praeditam animadvertisset.

43.
Argument from Analogy.

Sertorius proscriptione Sullana dux Lusitanorum fieri coactus, quum eos oratione flectere non posset, ne cum Romanorum universa acie confligere vellent, vafro consilio ad suam sententiam perduxit. Duos enim in conspectu eorum constituit equos, alterum validissimum, alterum infirmissimum; ac deinde validi caudam ab imbecillo sene paulatim carpi, infirmi a juvene eximiarum virium universam convelli jussit. Obtemperatum imperio est. Sed dum adolescens, irrito se labore fatigat, senex ministerium exsecutus est. Tunc barbarae concioni, quorsum ea res tenderet cognoscere cupienti, subjecit, equi caudae consimilem esse Romanorum exercitum, cujus partes aliquis aggrediens opprimere facile posset, universum conatus sese celerius perderet.

44.

"What friends thou hast, and their adoption tried,
Grapple them to thy soul with hooks of steel."

Damon et Pythias tam fidelem inter se amicitiam junxerant ut, quum alterum ex his Dionysius Syracusanus interficere vellet, atque is tempus impetravisset, quo res suas ordinaret, alter vadem se pro reditu ejus tyranno dare non dubitarit. Omnes igitur et in primis Dionysius novae atque ancipitis rei exitum speculabantur. Appropinquante deinde die, nec illo redeunte, omnes stultitiae tam temerarium sponsorem damnabant. At is, nihil se de amici constantia metuere, praedicabat. Eodem autem momento, et hora a Dionysio constituta, alter supervenit. Admiratus amborum animum, tyrannus supplicium fidei remisit, insuper-que eos rogavit, ut se tertium in societatem amicitiae reciperent.

45.

Cicero Tironi, S. P. D.

Vide, quanta sit in te suavitas : duas horas Thyrei fuimus ; Xenomenes hospes tam te diligit, quam si vixerit tecum. Is omnia pollicitus est quae tibi essent opus: facturum puto. Mihi placebat, si firmior esses, ut te Leucadem deportares, ut ibi te plane confirmares. Videbis quid medico placeat. Volebam ad te Marionem remittere ; quem, quum meliuscule tibi esset, ad me mitteres ; sed cogitavi unas literas Marionem afferre posse, me autem crebras expectare. Poteris igitur, et facies, si me diligis, ut quotidie sit Acastus in portu. Multi erunt quibus recte literas dare possis, qui ad me libenter perferant. Equidem Patras euntem neminem praetermittam. Ego omnem spem tui diligenter curandi in Curio habeo. Nihil potest illo fieri humanius. Etiam atque etiam vale.

46.

M. T. C. Tironi, S. P. D.

Andricus postridie ad me venit, quam expectaram. Itaque habui noctem plenam timoris ac miseriae. Tuis literis nihilo sum factus certior, quomodo te haberes. Sed tamen sum recreatus. Ego omni delectatione literis-que omnibus careo ; quas antequam te videro, attingere non possum. Medico mercedis quantum poscet, promitti jubeto. Audio te animo angi, et medicum dicere ex eo te laborare. Si me diligis, excita ex somno tuas literas humanitatem-que, propter quam mihi es carissimus. Nunc opus est te animo valere, ut corpore possis. Id quum tua, tum mea causa facias a te peto. Acastum retine, quo commodius tibi ministretur. Conserva te mihi.

(*Continued.*)

47.

Aegypta ad me venit pridie Idus Apriles. Is etsi mihi nuntiavit, te plane febri carere et belle habere, tamen quod negavit, te potuisse ad me scribere, curam mihi attulit, et eo magis quod Hermia, quem eodem die venire oportuerat, non venerat. Incredibili sum solicitudine de tua valetudine, qua si me liberaris, ego te omni cura liberabo. Plura scriberem, si jam putarem libenter te legere posse. Ingenium tuum, quod ego maximi facio, confer ad te mihi tibique conservandum. Cura te etiam atque etiam diligenter. Vale.

Scripta jam epistola Hermia venit. Accepi tuam epistolam vacillantibus literulis, nec mirum tam gravi morbo. Ego ad te Aegyptam misi, ut is tecum esset, et cum eo coquum, quo uterere. Vale.

48.

M. T. C. Terentiae, S. P. D.

Si tu et Tullia, lux nostra, valetis, ego et suavissimus Cicero valemus. Pridie Idus Octobres Athenas venimus, quum sane adversis ventis usi essemus, tarde-que et incommode navigassemus. De nave exeuntibus nobis Acastus cum literis praesto fuit. Accepi tuas literas, quibus intellexi te vereri, ne superiores mihi redditae non essent. Omnes sunt redditae, diligentissime-que a te perscripta sunt omnia, id-que mihi gratissimum fuit. Neque sum admiratus hanc epistolam, quam Acastus attulit, brevem fuisse. Jam enim me ipsum expectas, sive nos ipsos. Etsi in quam rempublicam veniamus, intelligo. Cognovi enim ex multorum amicorum literis, ad arma rem spectare, ut mihi, quum venero, dissimulare non liceat, quid sentiam. Sed quoniam subeunda fortuna est, eo citius dabimus operam ut veniamus, quo facilius de tota re deliberemus. Curate ut valeatis.

49.
The Haunted House.

Erat Athenis spatiosa et capax domus, sed infamis et pestilens. Per silentium noctis sonus ferri, et, si attenderes acrius, strepitus vinculorum longius primo, deinde e proximo reddebatur : mox apparebat idolon, senex macie et squalore confectus, promissa barba, horrenti capillo : cruribus compedes, manibus catenas gerebat quatiebat-que. Inde inhabitantibus tristes dirae-que noctes per metum vigilabantur : vigiliam morbus et, crescente formidine, mors sequebatur. Nam interdiu quoque, quanquam abscesserat imago, memoria imaginis oculis inhaerebat. Deserta est inde domus, tota-que illi monstro relicta ; proscribebatur tamen, seu quis emere, seu quis conducere, ignarus tanti mali, vellet. Venit Athenas philosophus quidam, legit titulum ; audito-que pretio, quia suspecta vilitas, percunctatus, omnia docetur, ac nihilo minus, immo tanto magis conducit.

50.
"It will not speak ; then I will follow it."

Ubi coepit advesperascere, jubet sterni sibi in prima domus parte, poscit pugillares, stilum, lumen : suos omnes in interiora dimittit, ipse ad scribendum animum, oculos, manum, intendit, ne vacua mens inanes sibi metus fingeret. Initio silentium noctis, deinde concuti ferrum, vincula moveri : ille non tollere oculos, non remittere stilum sed obfirmare animum : tum crebrescere fragor, adventare etiam et jam ut in limine jam ut intra limen audiri :

respicit, videt, agnoscit-que narratam sibi effigiem. Stabat, innuebat-que digito similis vocanti: hic contra, ut paulum expectaret, manu significat, rursus-que ceris et stilo incumbit. Illa scribentis capiti catenis insonabat; respicit, nec moratus tollit lumen et sequitur. Ibat illa lento gradu quasi gravis vinculis: postquam deflexit in aream domūs, repente dilapsa deserit comitem. Postero die adit magistratus, monet-que ut illum locum effodi jubeant. Inveniuntur ossa.

51.
Eruption of Mount Vesuvius.

Erat Miseni avunculus meus, classem-que imperio praesens regebat. Hora fere septima mater mea indicat ei, apparere nubem inusitata specie. Ille poscit soleas, ascendit locum ex quo maxime miraculum illud conspici poterat. Nubes ex monte Vesuvio oriebatur, cujus similitudinem et formam non alia magis arbor, quam pinus expresserit. Magnum propius-que noscendum visum est. Jubet navem aptari; mihi si venire una vellem, facit copiam. Respondi studere me malle; et forte ipse, quod scriberem, dederat. Properat illuc, unde alii fugiunt; rectum cursum in periculum tenet, adeo solutus metu, ut omnes illius mali figuras enotaret.

(Continued.)

52.

Jam navi cinis incidebat, quo propius accederent, calidior et densior; jam pumices etiam, nigri-que et ambusti et fracti igne lapides. Cunctatus paulum, an retro flecteret, mox gubernatori, ut ita faceret, monenti, "Fortes," inquit, "fortuna juvat; Pomponianum pete."

Ibi Pomponius sarcinas contulerat in naves, ut fugeret, si
contrarius ventus resedisset. Quo tunc avunculus meus
invectus, complectitur trepidantem, consolatur, hortatur;
ut-que timorem ejus sua securitate leniret, deferri se in
balineum jubet; lotus accubat, coenat atque hilaris, aut,
quod est aeque magnum, similis hilari. Interim e Vesuvio
monte pluribus locis, latissimae flammae alta-que incendia
relucebant, quorum fulgor et claritas tenebris noctis
excitabatur.

(Continued.)

53.

In commune consultant, utrum intra tecta subsistant, an
in aperto vagentur. Nam crebris vastis-que tremoribus tecta
nutabant. Sub divo rursus pumicum casus metuebatur.
Cervicalia capitibus imposita linteis constringunt. Id
munimentum adversus decidentia fuit. Jam dies alibi,
illic nox omnibus noctibus nigrior densior-que. Placuit
egredi in littus, et e proximo aspicere, ecquid jam mare
admitteret. Ibi super abjectum linteum recubans semel
atque iterum frigidam poposcit hausit-que. Deinde
flammae odor-que sulfuris alios in fugam vertunt,
excitant illum. Innixus servulis duobus adsurrexit et
statim concidit, ut ego colligo, crassiore caligine oppressus.
Ubi dies redditus, corpus inventum est integrum, illaesum,
opertum-que, ut fuerat indutus. Habitus corporis quie-
scenti, quam defuncto similior.

(Continued.)

54.

Interim ego et mater Miseni manebamus. Profecto
avunculo, ipse reliquum tempus studiis impendi. Mox
balineum, coena, somnus inquietus et brevis. Praecesserat

per multos dies tremor terrae. Illa vero nocte ita invaluit, ut non moveri omnia sed verti crederentur. Irrumpit in cubiculum meum mater; surgebam. Residimus in area domus, quae mare a tectis modico spatio dividebat. Posco librum Titi Livii et quasi per otium lego. Hora diei prima excedere oppido visum est. Sequitur vulgus attonitum. Egressi tecta consistimus. Multa ibi miranda, multas formidines patimur. Nam vehicula, quae produci jusseramus, quanquam in planissimo campo in contrarias partes agebantur, ac ne lapidibus quidem fulta in eodem vestigio quiescebant. Praeterea mare in se resorberi et tremore terrae quasi repelli videbamus. Certe processerat littus, multaque animalia maris siccis arenis detinebat.

(Continued.)
55.

Tum vero amicus quidam acrius et instantius. "Si avunculus," inquit, "tuus vivit, vult esse vos salvos: si periit, superstites voluit: proinde quid cessatis evadere?" Respondimus nos, de ejus salute incertos, nostrae nolle consulere. Non moratus ultra, proripit se effuso-que cursu periculo aufertur. Nec multo post nubes atra et horrenda descendere in terras, operire maria. Tum mater orare, hortari, ut fugerem, posse enim juvenem; se et annis et corpore gravem bene morituram, si mihi causa mortis non fuisset. Ego contra salvum me, nisi una, non futurum: deinde, manum ejus amplexus, addere gradum cogo. Paret aegre, incusat-que se, quod me moretur. Respicio, densa caligo tergis imminebat. "Deflectamus," inquam, "dum videmus, ne comitantium turba in tenebris obteramur." Vix consederamus et nox incidit. Audires ululatus feminarum, clamores virorum.

56.

Alii parentes, alii liberos, alii conjuges vocibus require-
bant. Hi suum casum, alii suorum, miserabantur. Erant
qui metu mortis mortem precarentur. Non defuerunt qui
fictis mentitis-que terroribus vera pericula augerent.
Possum gloriari non gemitum mihi, non vocem parum
fortem in tantis periculis excidisse. Tandem illa caligo
tenuata, quasi in fumum nebulam-ve discessit: mox dies
verus, sol etiam effulsit, luridus tamen. Occursabant
trepidantibus adhuc oculis mutata omnia, alto-que cinere
tanquam nive obducta. Regressi Misenum suspensam
dubiam-que noctem spe ac metu exegimus. Metus prae-
valebat, quod tremor terrae perseverabat. Nobis ne tunc
quidem abeundi erat consilium, donec de avunculo nuntiatum esset.

57.

The Dolphin.

Est in Africa colonia mari proxima. Omnis hic aetas
piscandi, navigandi atque etiam natandi studio tenetur:
maxime pueri. His gloria est et virtus altissime provehi:
victor ille qui longissime, et littus, et simul natantes,
reliquit. Hoc certamine puer quidam audentior ceteris in
ulteriora tendebat. Delphinus occurrit et nunc praecedere
puerum, nunc sequi, nunc circumire, postremo subire,
trepidantem-que perferre primum in altum: mox flectit ad
littus, reddit-que puerum terrae et aequalibus. Serpit per
coloniam fama: concurrere omnes, ipsum puerum tanquam
miraculum aspicere, interrogare, audire, narrare. Postero
die obsident littus et mare prospectant. Natant pueri,
inter hos ille sed cautius.

(*Continued.*)

58.

Delphinus rursus ad puerum venit. Fugit ille cum ceteris. Delphinus, quasi invitet et revocet, exsilit, mergitur, varios-que orbes volvit. Hoc altero die, hoc tertio, hoc pluribus factum est. Crescit audacia experientia. Maxime puer, qui primus expertus est, adnatantis insilit tergo; fertur refertur-que, agnosci se atque amari putat, amat ipse: neuter timet, neuter timetur; hujus fiducia, mansuetudo illius augetur.

Alii quoque pueri dextra laeva-que simul eunt hortantes monentes-que. Ibat una (id quoque mirum) delphinus alter tantum spectator et comes. Nihil enim simile aut faciebat aut patiebatur, sed alterum illum sequebatur ut puerum ceteri pueri. Incredibile dictu delphinus in terram quoque extrahi solitus est atque ubi incaluit in mare revolvi.

59.

"Courage never to submit or yield."

Eo bello quod adversus Pyrrhum gerebatur Carthaginienses centum ac triginta navium classem in praesidium Romanis Ostiam ultro miserunt. Senatui autem placuit legatos ad ducem eorum ire, qui dicerent, populum Romanum bella suscipere solere, quae suo milite gerere posset: proinde classem Carthaginem reduceret. Idem post aliquot annos Cannensi clade exhaustis Romani imperii viribus supplementum exercitus in Hispaniam mittere ausus est. Senatus quoque, quanquam tum Capenam portam armis Hannibal pulsabat, fecit ne hostilium locus castrorum minoris veniret, quam si Poeni illum non obtinerent. Ita se gerere in adversis rebus quid aliud est quam malam fortunam in maximum commodum convertere?

60.

The Literary Sportsman.

Ridebis, et licet rideas. Ego ille, quem nosti, apros tres et quidem pulcherrimos cepi. Ipse? inquis. Ipse: non tamen ut omnino ab inertia mea et quiete discederem. Ad retia sedebam. Erant in proximo, non venabulum aut lancea, sed stilus et pugillares. Meditabar aliquid et enotabam, ut si manus vacuas, plenas tamen ceras reportarem. Non est quod contemnas hoc studendi genus. Mirum est ut animus motu corporis excitetur. Jam undique silvae et solitudo, ipsum-que illud silentium quod venationi datur, magna cogitationis incitamenta sunt. Proinde, quum venabere, licebit, auctore me, etiam pugillares feras. Experieris non Dianam magis montibus quam Minervam inerrare. Vale.

His Friend's Answer.

Cupio praeceptis tuis parere; sed aprorum tanta penuria est, ut Minervam et Dianam pariter colere non possem. Itaque Minervae tantum serviendum est. Vale.

SCENES FROM THE CIVIL WAR.

[THE long struggle between the upper and lower classes at Rome was practically over. The changes effected by Marius in the constitution of the army had transferred all actual power into the hands of any successful general who could command the confidence of his soldiers. Pompey, who had recently returned from the conquest of the East, possessed at this time enormous military influence in Italy. Caesar, his only rival, was winning a series of brilliant victories in Gaul. These two met at Lucca, B.C. 56, admitting to their conference Crassus, who had gained some reputation in the Slave War, but whose influence was chiefly due to his enormous wealth. At this conference it was arranged that Caesar's command in Gaul should be prolonged till B.C. 49; Pompey was to watch over Rome, while governing Spain by means of his officers. To Crassus was allotted the conduct of the war against the Parthians.]

61.

The First Triumvirate.

Quum deinde immanes res C. Caesar in Gallia ageret; nec contentus plurimis et felicissimis victoriis, etiam in Britanniam trajecisset exercitum, Cn. Pompeius et M. Crassus alterum iniere consulatum. Caesari ea lege, quam Pompeius ad populum tulit, prorogatae sunt provinciae. Pompeius Hispanias sibi decerni voluit, eas-que per triennium absens ipse per Afranium et Petreium, legatos suos, administrabat. Crasso Syria est decreta. Hunc proficiscentem in Syriam diris cum ominibus tribuni plebis ˙frustra retinere conati sunt.

62.

Crassus defeated at Carrhae.

Crassus, relicto Euphrate, transfugae cuidam simulato se credidit. A quo exercitus in campum patentem ductus, undique hosti expositus est. Tunc sine mora circumfusi undique equites in modum grandinis densa tela fuderunt. Sic miserabili strage deletus est exercitus. Filius ducis paene in conspectu patris interfectus est. Ipse in colloquium solus citatus, signo dato, ab hostibus oppressus est. Caput ejus, cum dextera manu ad regem reportatum, ludibrio fuit. Aurum enim liquidum in os infusum est, ut, avari senis etiam mortuum et exsangue corpus auro ureretur.

63.

Clodius and Milo.

Milo quum in senatu fuisset eo die, quoad senatus est dimissus, domum venit ; calceos et vestimenta mutavit ; paulisper, dum se uxor, ut fit, comparat, commoratus est. Obviam fit ei Clodius expeditus, in equo, ante fundum suum, hora fere undecima. Statim complures cum telis in Milonem faciunt de loco superiore impetum. Quum autem hic de rheda desiluisset, se-que acri animo defenderet, plures servi accurrerunt. Clodius vulneratus in tabernam proximam delatus est ; unde jussu Milonis extractus, multis vulneribus est confectus. Cadaver ejus in via relictum quidam senator, qui forte in urbem revertebatur, sustulit et lectica sua Romam ferri jussit.

64.

Caesar reaches the Rubicon.

Quum ergo tribunos ipsos urbe cessisse nuntiatum esset, Caesar, praemissis clam cohortibus, ne qua suspicio moveretur, et spectaculo publico ipse interfuit, et ex con-

suetudine convivio se frequenti dedit. Deinde post solis
occasum, occultissimum iter modico comitatu ingressus est.
Quum tamen, luminibus exstinctis, decessisset via, tandem
duce reperto per angustissimos tramites pedibus evasit.
Consecutus cohortes ad Rubiconem flumen, qui provinciae
ejus finis erat paullum constitit. Tum ad proximos conversus, "Etiam nunc," inquit, "regredi possumus ; quod si
pontem illum transierimus, omnia armis agenda erunt."

65.
The Die is cast.

Cunctanti ostentum tale factum est. Quidam, eximia
magnitudine et forma, repente apparuit arundine canens.
Ad quem audiendum, quum plurimi etiam ex stationibus
milites concurrissent, hic, rapta ab uno circumstantium
tuba, prosiluit in flumen, et ingenti cum clangore pertend-
it ad alteram ripam. Tunc Caesar, "Eamus," inquit,
"quo deorum ostenta et inimicorum iniquitas vocat.
Jacta alea esto." Atque ita trajecto exercitu, adhibitis
tribunis plebis, qui pulsi supervenerant, pro concione
fidem militum, flens ac veste a pectore discissa, invocavit.

66.
Panic at Rome.

Quibus rebus Romam nuntiatis, tantus repente terror
invasit, ut Lentulus consul protinus ex urbe profugeret.
Hunc Marcellus collega et plerique magistratus consecuti
sunt. Caesar enim adventare jam jam-que et adesse ejus
equites falso nuntiabantur. Cn. Pompeius pridie ejus
diei ex urbe profectus iter ad legiones habebat, quas
in Apulia hibernorum causa disposuerat. Delectus intra
urbem intermittuntur. Nil citra Capuam tutum esse
omnibus videtur. Capuae primum sese confirmant et
colligunt, delectum-que colonorum habere instituunt.

67.
Flight of Pompey.

Interea Caesar Picenum, Umbriam, Etruriam deinceps occupavit ; et L. Domitio, qui Corfinium praesidio tenebat, in deditionem redacto, secundum superum mare Brundisium contendit, quo consules Pompeius-que confugerant.   At Pompeius, qui ab initio Italia excedere constituerat, sub noctem naves solvit.   Hunc frustra per omnes moras exitu prohibere conatus Caesar, militibus in proxima municipia deductis, ipse ad Urbem proficiscitur.   Coacto senatu, injurias inimicorum, suam patientiam commemorat ; orat ac postulat ut unâ secum administrent rempublicam.

68.
Sea-fight off Marseilles.

Dum haec ad Ilerdam geruntur, Massilienses naves longas expediunt numero septendecim.   Multa huc minora navigia addunt, ut ipsa multitudine nostra classis terreatur.   Erat multo inferior navium numero Brutus, sed delectos ex omnibus legionibus fortissimos viros, Caesar ei classi attribuerat.   Pugnatum est utrinque acerrime.   Ipsi Massilienses et celeritate navium et scientia gubernatorum confisi, nostros eludebant.   Aut circumvenire nostros, aut pluribus navibus adoriri singulas contendebant.   Nostri autem aequo animo singulas binis navibus objiciebant ; atque, injecta manu ferrea, in hostium naves transcendebant. Magno numero hostium interfecto, partem navium deprimunt ; nonnullas cum hominibus capiunt ; reliquas in portum compellunt.

69.
Pharsalia.

Nostri, dato signo, pila miserunt, celeriter-que, ut erat praeceptum a Caesare, gladios strinxerunt.   Neque vero

Pompeiani huic rei defuerunt. Nam et impetum legionum tulerunt, pilis-que missis ad gladios redierunt. Eodem tempore equites ab sinistro Pompeii cornu, ut erat imperatum, universi procucurrerunt. Quod ubi Caesar animadvertit quartae aciei, quam instituerat sex cohortium numero, signum dedit. Illi celeriter procucurrerunt, et tanta vi in Pompeii equites impetum fecerunt, ut eorum nemo consisteret, omnes-que conversi non solum loco excederent, sed fuga montes altissimos peterent.

(Continued.)

70.

Eodem tempore Caesar tertiam aciem, quae se ad id tempus loco tenuerat, jussit procurrere. Ita, quum recentes atque integri defessis successissent, sustinere Pompeiani non potuerunt, atque universi terga verterunt. Sed Pompeius, ut equitatum suum pulsum vidit, protinus se in castra equo contulit, et iis centurionibus, quos in statione ad praetoriam portam posuerat, clare, ut milites exaudirent, "Tuemini," inquit, "castra et defendite diligenter, ego reliquas portas circumeo, et castrorum praesidia confirmo." Haec quum dixisset, se in praetorium contulit. Mox autem castris oppugnatis, quum intra vallum nostri versarentur, Pompeius equum nactus, detractis insignibus imperatoris, decumana porta evasit, protinus-que equo citato Larissam contendit.

71.

Death of Pompey.

De Caesaris adventu certior factus, Pompeius, aeris magno pondere in naves imposito, cum duobus milibus hominum armatis, Pelusium pervenit. Ibi casu rex erat ·

Ptolemaeus, puer aetate.   Ad eum Pompeius misit, ut pro
amicitia , patris reciperetur.   Amici autem regis sive
timore adducti, sive despecta Pompeii fortuna, iis qui
erant ab eo missi, palam liberaliter responderunt, eum-que
ad regem venire jusserunt.   Ipsi clam consilio inito,
aliquos milites ad Pompeium interficiendum miserunt.
Hic autem, quum in naviculam parvam conscendisset cum
paucis suis, ibi ab hostibus interfectus est, caput-que a
corpore abscissum ad Caesarem portatum est.   Quod tamen
ubi Caesar aspexit, oblitus hostis, et prioris amicitiae memor,
caput plurimis pretiosissimis-que odoribus cremandum
curavit.

72.

Want of Water.

Alexandria est fere tota suffossa, specus-que habet ad
Nilum pertinentes, quibus aqua in privatas domos indu-
citur.   Hac nostri necessario utebantur, quod fons urbe
tota nullus est.   Nilus tamen ipse in ea parte urbis erat,
quae ab hostibus tenebatur.   Dux autem hostium admonitus
posse nostros aqua intercludi magnum et difficile opus aggre-
ditur.   Aquae enim magnam vim ex mari exprimere
contendit.   Hanc locis superioribus fundere in partem
Caesaris non intermittebat.   Quamobrem salsior paulo aqua
ex specubus trahebatur ; mox bibi omnino non poterat.
Quo cognito Caesar dat centurionibus negotium, ut, reli-
quis operibus intermissis, ad fodiendos puteos animum
conferant.   Hoc suscepto negotio, atque omnium animis
ad laborem incitatis, magna una nocte vis aquae dulcis
inventa est.

73.

Battle on the Bridge.

" Upon the word,
Accoutred as I was, I plunged in."

Caesar, praeda militibus concessa, pontem captum communivit. Postero die omnes hostium copiae ex oppido se ejecerunt atque in pontem impetum fecerunt. Pugnabatur a nobis ex ponte, ex mole, ab illis ex navibus contra molem. Nostri autem veriti, ne multitudine hostium circumvenirentur, pontem reliquerunt, et magno cursu ad suas naves contenderunt. Caesar postquam universos cedere animadvertit, eruptione hostium subita in scapham compulsus est. Quum tamen multitudo hominum in eandem scapham erumperet, ipse in mare desiluit. Inde nando per ducentos passus evasit ad proximam navem, elata laeva, ne libelli, quos trahebat, madefierent.

74.

Pride wounded.

Labienus in equo capite nudo versabatur in prima acie ; simul suos cohortabatur, nonnunquam legionarios Caesaris ita appellabat. " Quid tu," inquit, " miles tiro tam ferox es ; vos quoque iste verbis decepit? In magnum, Hercle, vos periculum impulit ; misereor vestri." Tum miles, " Non sum," inquit, " tiro, Labiene ; sed de legione decima veteranus." Tum Labienus, " Non agnosco," inquit, " signa decumanorum." Tum miles : " Jam me, qui sim, intelliges ; " simul cassidem de capite dejecit, ut cognosci ab eo posset, atque ita pilum viribus contortum adverso pectori equi Labieni affixit ; et ait, " Labiene, decumanum militem, qui te petit, scito esse."

75.

Battle of Thapsus.

Dubitante Caesare, subito dextro cornu tubicen a militibus coactus canere coepit. Quo facto, ab universis cohortibus signa in hostem illata sunt. Caesar postquam intellexit incitatis militum animis resisti nullo modo posse, equo admisso in hostem ire contendit. A dextro interim cornu funditores sagittarii-que tela in elephantos injiciunt. Quo facto, bestiae stridore fundarum lapidum-que deterritae sese convertere, et suos frequentes proterere coeperunt. Item Mauri equites, qui in eodem cornu cum elephantis erant, praesidio deserti, terga verterunt. Ita legiones vallo hostium sunt potitae, et paucis interfectis, reliquos fugaverunt.

76.

A Heroic Soldier.

Non videtur esse praetermittendum de virtute militis veterani quintae legionis. In sinistro cornu elephantus, vulnere ictus et dolore concitatus, in lixam inermem impetum fecit. Quum autem genu innixus, pondere suo, proboscide erecta vibranti-que, stridore maximo, eum premeret atque enecaret, miles hic se armatum bestiae obtulit. Quem postquam elephantus, ad se telo infesto venire animadvertit, relicto cadavere, militem proboscide circumdat, atque in sublime extollit armatum. Miles autem gladio proboscidem, qua erat circumdatus, caedere, quantum viribus poterat, non destitit. Quo dolore adductus elephantus, milite abjecto, maximo cum stridore cursu-que conversus, ad reliquas bestias se recepit.

77.

The Death of Cato.

Complures interim ex fuga Uticam perveniunt. Quos
omnes Cato convocatos hortatur ut oppidum defenderent.
Quum autem cives perterritos pugnare nolle intellexisset,
amplius de ea re agere destitit, naves-que iis attribuit, ut
quo vellent proficiscerentur. Ipse, omnibus rebus dili-
gentissime constitutis, quum dormitum ivisset, ferrum clam
in cubiculum intulit atque ita se trajecit. Qui quum
moribundus concidisset, medicus familiares-que, impetu in
cubiculum facto, vulnus obligare coeperunt. Ipse autem
suis manibus vulnus crudelissime divellit, atque animo
praesenti se interemit.

78.

Death of Juba.

Rex interim Juba, qui cum Petreio ex proelio fugerat,
tandem nocturnis itineribus confectis, ad oppidum Zamam
accedit. Postquam oppidani nec moenibus accipere, nec
ullum omnino responsum reddere voluerunt, Zama discedit
atque ad villam suam cum M. Petreio paucis-que equitibus
se confert. Vesperi autem quum jam coenatus esset cum
Petreio, desperata salute, vita discedere constituit, ut tamen
per virtutem interfectus esse videretur, ferro cum Petreio
depugnat, eumque infirmiorem facile ferro consumit.
Deinde ipse sibi quum conaretur gladio trajicere pectus,
nec posset, precibus a servo suo impetravit ut interfi-
ceretur.

79.

Caesar at Rome.

Caesar, omnium victor, regressus in urbem, clementia
plusquam humana usus, omnibus, qui contra se arma
tulerant, ignovit. Spectacula magnificentissima edidit,

epulis per multos dies datis. Honores etiam amplissimos, continuum consulatum, perpetuam dictaturam, cognomen patris patriae, statuam inter reges, sedem auream in curia, templa, aras tanquam deus recepit. Conversus hinc ad rempublicam administrandam, fastos correxit, annum-que ad cursum solis accommodavit. Senatum supplevit, Gallis in numerum Patrum vocatis. Poenas facinorum auxit; legibus plurimis et utilissimis bonorum civium animos confirmavit; aedificiis templis-que compluribus aedificatis, urbem ornavit et decoravit.

80.

"Who offered him the crown?
Why, Antony."

Sed ne forte ex multis rebus gestis Antonii rem unam pulcherrimam transiliat oratio, ad Lupercalia veniamus. Non dissimulat, apparet esse commotum; sudat, pallet. Sedebat in rostris collega tuus, amictus toga purpurea, in sella aurea coronatus. Escendis, accedis ad sellam. Ita eras Lupercus, ut te consulem esse meminisse deberes—diadema ostendis. Gemitus toto foro. Tu diadema imponebas cum plangore populi; ille cum plausu rejiciebat. Tu ergo unus, scelerate, inventus es, qui temptares quid populus Romanus ferre et pati posset. At etiam misericordiam captabas; supplex te ad pedes abjiciebas: Quid petens? ut servires? Quid hoc turpius? quid foedius? Quid suppliciis omnibus dignius?

81.

"The Ides of March are come.
Ay, Caesar, but not gone."

Sed Caesari futura caedes evidentibus prodigiis denuntiata est. Proximis diebus equorum greges, quos ipse in trajiciendo Rubicone flumine consecraverat, cum multis

lacrimis pabulo abstinebant. Et immolantem haruspex
Spurinna monuit ut proximos triginta dies, quasi fatales,
caveret, quorum ultimus erat Idus Martiae. Quum forte
mane uterque in aedes Calvini convenisset, Caesar Spurin-
nae, "Scis-ne," inquit, "Idus Martias jam venisse," at is,
"Tu-ne scis," inquit, "illas nondum praeteri-isse." Uxor
etiam Calpurnia in somnio vidit virum multis vulneribus
confectum, in suo sinu jacentem. Quo prodigio exterrita
eum vehementer orabat ut se Curiae abstineret. Ille autem
diu cunctatus, tandem D. Bruto adhortante, quinta fere
hora progressus est.

82.

"*Et tu, Brute!* Then fall, Caesar."

Assidentem conjurati, specie officii, circumsteterunt.
Illico Cimber, qui primas partes susceperat, quasi aliquid
rogaturus, propius accessit. Quum ille recusaret, hic
togam dextra apprehendit. Deinde clamantem, "ista
quidem vis est," Casca adversum vulnerat, paullum infra
jugulum. Caesar, Cascae brachio arrepto, prosilire conatus, altero vulnere tardatus est. Atque animadvertit,
undique se strictis pugionibus peti, toga caput obvolvit.
Simul sinistra manu sinum ad ima crura deduxit, quo
honestius caderet. Atque ita tribus et viginti ictibus con-
fossus, sine ullo gemitu mortuus est. Sunt qui narrent
eum M. Bruto irruenti dixisse, "Et tu, Brute!"

83.

Second Triumvirate.

"Your brother too must die; consent you, Lepidus?
I do consent. . . . Prick him down, Antony."

Brutus et Cassius sic Caium Caesarem quasi Tarquinium depulisse regno videbantur. Sed libertatem illo ipso
parricidio perdiderunt. Caede peracta, quum veteranos

Caesaris, timerent, statim e curia in Capitolium confugerunt. Deinde in provincias, ab illo ipso Caesare datas, Syriam et Macedoniam concesserunt. Haud ita multo post Antonius et Lepidus et Octavius apud Bononiam jungunt foedus. Diversa omnium erant vota, ut ingenia; Lepidum divitiarum cupido, Antonium ultionis de iis qui se hostem judicassent, Octavium inultus pater agitabat. Redit Sullana proscriptio.

84.

"Brutus. Speak to me what thou art.
Ghost. Thy evil spirit, Brutus."

Itaque relicto ad urbis praesidium Lepido, Caesar cum Antonio in Cassium Brutum-que profectus est. Illi, comparatis ingentibus copiis, eundem illum qui fatalis Pompeio fuit, agrum insederunt. Nec cladis destinatae signa defuerunt. Ipsi Bruto per noctem atra quaedam imago se obtulit, et quae esset interrogata, "Tuus," inquit, "Malus Genius." Quo dicto sub oculis mirantis evanuit. Pugnatum est apud Philippos. Cornu, cui Brutus praeerat, castra Caesaris cepit. Id autem, in quo Cassius fuit, fugatum in altiora loca se recepit. Tum Cassius ex sua fortuna eventum collegae aestimans, unum ex servis misit, qui sibi renuntiaret, quae esset multitudo, quae ad se tenderet.

85.

"How died my master, Strato?
I held the sword, and he did run on it."

A quo quum tardius administratum esset, atque jam in vicino agmen esset, quod prae pulvere nec facies nec signa denotari poterant, Cassius existimans hostes esse qui irruerant, lacerna caput circumdedit, extentam-que cervicem gladio liberti praebuit. Paulo post is qui missus erat,

Brutum esse victorem renuntiavit. Qui quum imperatorem humi jacentem videret. "Sequar," inquit, "eum
quem mea occidit tarditas," atque ita in gladium incubuit.
Post paucos dies Brutus iterum conflixit cum hostibus, et
victus acie, in tumulum nocte ex fuga se recepit. Tum,
quum dextra mucronem gladii unius ex servis ad pectus
admovisset, uno ictu transfixus, exspiravit.

86.

"I could not bend . . .
That dull, cold-blooded Caesar."

Ubi initum certamen est, prima dux fugae regina cum
aurea puppe velis-que purpureis in altum se dedit. Antonius fugientis Reginae quam pugnantis militis sui comes
esse maluit. Atque imperator qui in desertores saevire
debuerat, desertor exercitus sui factus est. Instabat
vestigiis Caesar. Prior ferro se interfecit Antonius.
Regina ad pedes Caesaris provoluta, animum victoris ad
misericordiam frustra revocavit. Tandem desperata salute,
ubi se servari triumpho vidit, in mausoleum se recepit.
Ibi maximos, ut solebat, induta cultus, in differto odoribus
solio juxta suum se collocavit Antonium, admotis-que
venis serpentibus, sic morte quasi somno soluta est.

LIVES OF EMINENT GREEKS.

"Lives of great men oft remind us
We can make our lives sublime;
And departing, leave behind us
Footprints on the sands of time."

MILTIADES.

87.

Darius in Scythia.

Iisdem temporibus Persarum rex Darius, ex Asia in Europam exercitu trajecto, Scythis bellum inferre decrevit. Pontem fecit in Istro flumine quo copias traduceret. Ejus pontis, dum ipse abesset, custodes reliquit principes, quos secum ex Ionia et Aeolide duxerat; quibus singulis suarum urbium perpetua dederat imperia. Sic enim facillime putavit se Graios, qui Asiam incolerent, sub sua retenturum potestate. In hoc fuit tum numero Miltiades. Hic, quum crebri afferrent nuntii male gem gerere Darium premi-que a Scythis, hortatus est pontis custodes, ne a fortuna datam occasionem liberandae Graeciae dimitterent.

88.

Shall the Bridge be destroyed?

Nam si cum his copiis quas se-cum transportaverat, interiisset Darius, non solum Europam fore tutam, sed etiam Graios, qui Asiam incolerent, liberos a Persarum dominatione futuros; id et facile effici posse. Ponte enim rescisso, regem vel hostium ferro vel inopia paucis diebus interiturum. Ad hoc consilium quum plerique accederent,

Histiaeus Milesius, ne res conficeretur, obstitit, dicens non idem ipsis, expedire et multitudini, quod Darii regno ipsorum interiretur dominatio, quo extincto ipsos potestate expulsos civibus suis poenas daturos. Hujus quum sententiam plurimi essent secuti, Miltiades non dubitans, tam multis consciis, ad regis aures consilia sua perventura, Chersonesum reliquit ac rursus Athenas demigravit.

89.
Expedition of Datis and Artaphernes.

Darius autem, quum ex Europa in Asiam rediisset, hortantibus amicis ut Graeciam redigeret in suam potestatem, classem quingentarum navium comparavit, ei-que Datin praefecit et Artaphernem. His ducenta peditum decem milia equitum dedit, causam interserens se hostem esse Atheniensibus, quod eorum auxilio Iones Sardes expugnassent sua-que praesidia interfecissent. Illi, classe ad Euboeam appulsa, celeriter Eretriam ceperunt omnes-que ejus gentis cives abreptos in Asiam ad regem miserunt. Inde ad Atticam accesserunt ac suas copias in campum Marathona deduxerunt. Is est ab oppido circiter milia passuum decem. Hoc Athenienses permoti, Phidippidem cursorem Lacedaemonem miserunt, ut nuntiaret quam celeri opus esset auxilio.

90.
Divided Counsels.

Domi autem creant decem praetores, qui exercitui praeessent, in iis Miltiadem; inter quos magna fuit contentio utrum moenibus se defenderent an obviam irent hostibus acie-que decernerent. Unus Miltiades maxime nitebatur ut statim castra fierent: id si factum esset, et civibus animum accessurum, et hostes eadem re fore

tardiores. Hoc tempore nulla civitas Atheniensibus
auxilio fuit praeter Plataeenses. Ea mille misit milites.
Itaque horum adventu decem milia armatorum completa
sunt; quae manus mirabili flagrabat pugnandi cupi-
ditate: quo factum est ut plusquam collegae Miltiades
valuerit.

91.
Battle of Marathon.

Ejus ergo auctoritate impulsi, Athenienses copias ex
urbe eduxerunt, loco-que idoneo castra fecerunt. Deinde
postero die sub montis radicibus aciem instruxerunt hoc
consilio ut et montium altitudine tegerentur et arboribus
equitatus hostium impediretur. Datis etsi non aequum
locum videbat suis, tamen fretus numero copiarum suarum
confligere cupiebat, eo-que magis quod, prius-quam
Lacedaemonii subsidio venirent, dimicare utile arbitrabatur.
Itaque in aciem peditum centum, equitum decem milia
produxit, proelium-que commisit. In quo ita valuerunt
Athenienses ut decemplicem numerum hostium profligav-
erint, adeo-que eos perterruerunt ut Persae non castra sed
naves petierint.

92.
Siege of Paros.

Post hoc proelium classem septuaginta navium Athenienses eidem Miltiadi dederunt, ut insulas, quae barbaros
adjuverant, persequeretur. Quo imperio plerasque ad
officium redire coegit, nonnullas vi expugnavit. Ex his
Parum insulam quum oratione reconciliare non posset,
copias e navibus eduxit, urbem operibus clausit, omni-que
commeatu privavit; deinde, vineis ac testudinibus constitutis, propius muros accessit. Quum jam in eo esset ut

oppido potiretur, procul in continenti lucus, qui ex insula conspiciebatur, nescio quo casu nocturno tempore incensus est : cujus flamma ut ab oppidanis et oppugnatoribus est visa, utrisque venit in opinionem signum a classiariis regis datum. Quo factum est ut et Parii a deditione detinerentur et Miltiades timens, ne classis regia adventaret, incensis operibus, Athenas rediret.

93.

Condemnation and Death.

Accusatus est ergo proditionis quod, quum Parum expugnare posset, a rege corruptus infectis rebus discessisset. Eo tempore aeger erat vulneribus, quae in oppugnando oppido acceperat. Itaque, quoniam ipse pro se dicere non poterat, verba fecit frater ejus Tisagoras. Causa cognita, capitis absolutus pecunia multatus est. Hanc pecuniam quod solvere in praesentia non poterat, in vincula conjectus est, ibi-que diem obiit supremum. Hic etsi crimine Pario est accusatus, tamen alia causa fuit damnationis. Namque Athenienses propter Pisistrati tyrannidem, quae paucis annis ante fuerat, omnium civium suorum potentiam extimescebant.

THEMISTOCLES.

94.

Early Life.

Themistocles erat Neocli filius Atheniensis. Hujus vitia magnis sunt emendata virtutibus, adeo ut anteferatur huic nemo, pauci pares putentur. Pater ejus Neocles generosus fuit ; is uxorem Halicarnassiam civem duxit, ex qua natus est Themistocles. Qui quum minus esset probatus parentibus, quod et liberius vivebat, et rem familiarem negligebat, a patre exheredatus est. Quae contumelia non fregit

D

eum sed erexit; nam quum judicasset, sine summa industria
non posse eam exstingui, totum se dedidit reipublicae,
diligentius amicis famae-que serviens.   Saepe in concionem
populi prodibat; nulla res major sine eo gerebatur; celeriter quae opus erant reperiebat, facile eadem oratione
explicabat.   Quo factum est ut brevi tempore illustra-
retur.

95.
Athens becomes a Naval Power.

· Primus autem gradus fuit capessendae reipublicae
bello Corcyraeo ; ad quod gerendum praetor a populo factus,
non solum praesenti bello, sed etiam reliquo tempore,
ferociorem reddidit civitatem.   Nam quum pecunia publica,
quae ex metallis redibat, largitione magistratuum quot-
annis interiret, persuasit populo ut ea pecunia classis
centum navium aedificaretur.   Qua celeriter effecta,
primum Corcyraeos fregit, deinde maritimos praedones
consectando mare tutum reddidit.   In quo quum divitiis
ornavit, tum etiam peritissimos belli navalis fecit Athenienses.   Id quantae saluti fuerit universae Graeciae bello
cognitum est Persico, quum Xerxes et mari et terra
bellum inferret cum tantis copiis, quantas nec ante nec
postea habebat quisquam.

96.
The Wooden Walls.

Cujus de adventu quum fama in Graeciam esset perlata,
et maxime Athenienses peti dicerentur propter pugnam
Marathoniam, miserunt Delphos consultum quidnam
facerent de rebus suis : deliberantibus Pythia respondit,
ut moenibus ligneis se munirent.   Id responsum quo
valeret quum intelligeret nemo, Themistocles persuasit
consilium esse Apollinis, ut in naves se sua-que confer-

rent; eum enim a deo significari murum ligneum. Tali consilio probato addunt ad superiores totidem naves triremes, sua-que omnia, quae moveri poterant, partim Salamina partim Troezena deportant; arcem sacerdotibus paucis-que majoribus natu ac sacra procuranda tradunt, reliquum oppidum relinquunt.

97.

Thermopylae and Artemisium.

Hujus consilium plerisque civitatibus displicebat, et terra dimicari magis placebat. Itaque missi sunt delecti cum Leonida Lacedaemoniorum rege, qui Thermopylas occuparent, longius-que barbaros progredi non paterentur. Hi vim hostium non sustinuerunt, eo-que loco omnes interierunt. At classis communis Graeciae trecentarum navium, in qua ducentae erant Atheniensium, primum apud Artemisium, inter Euboeam continentem-que cum Persis conflixit. Angustias enim Themistocles quaerebat, ne multitudine circumiretur. Hic, etsi pari proelio discesserant, tamen eodem loco non sunt ausi manere, quod erat periculum ne, si pars navium hostium Euboeam superasset, ancipiti premerentur periculo. Quo factum est ut ab Artemisio discederent et apud Salamina classem suam constituerent.

98.

Salamis.

At Xerxes, Thermopylis expugnatis, protinus accessit astu, id-que, nullis defendentibus, interfectis sacerdotibus quos in arce invenerat, incendio delevit. Cujus flammâ perterriti nautae quum manere non auderent et plurimi hortarentur ut domos suas discederent moenibus-que se defenderent, Themistocles unus restitit, et universos pares esse posse aiebat, dispersos testabatur perituros. Quos quum minus moveret, noctu de servis suis quem habuit fidelissimum ad regem misit, ut ei nuntiaret suis verbis adversarios ejus in fuga esse : quos si statim aggrederetur, brevi universos oppressurum. Hac re audita, barbarus nihil doli subesse credens, postridie adeo angusto mari conflixit ut ejus multitudo navium explicari non potuerit. Victus ergo est magis etiam consilio Themistocli quam armis Graeciae.

99.
Message to Xerxes.

Hic etsi male rem gesserat, tamen tantas habebat reliquias copiarum, ut etiam cum his opprimere posset hostes. Interim ab eodem gradu depulsus est. Nam Themistocles verens ne bellare perseveraret, certiorem eum fecit, id agi ut pons, quem ille in Hellesponto fecerat, dissolveretur, ac reditu in Asiam excluderetur, id-que ei persuasit. Itaque in Asiam reversus est, se-que a Themistocle non superatum sed conservatum judicavit. Sic unius prudentia Graecia liberata est, Europae-que succubuit Asia. Haec altera victoria quae cum Marathonio possit comparari tropaeo. Nam pari modo apud Salamina parvo numero navium maxima post hominum memoriam classis est devicta.

100.
Rebuilding of the Walls.

Magnus hoc bello Themistocles fuit nec minor in pace. Hic enim muros Atheniensium restituit praecipue suo periculo. Namque Lacedaemonii Athenienses aedificantes prohibere sunt conati. Qui postquam audierunt muros instrui, legatos Athenas miserunt, qui id fieri

vetarent. His praesentibus Athenienses desierunt, ac se
de ea re legatos ad eos missuros dixerunt. Hanc legationem
suscepit Themistocles, et solus primo profectus est.
Reliqui legati ut tum exirent, quum satis altitudo muri
exstructa videretur, praecepit : interim omnes servi atque
liberi opus facerent, neque ulli loco parcerent sive sacer
esset sive profanus sive privatus sive publicus, et undique
quod idoneum ad muniendum putarent, congererent.
Quo factum est ut Atheniensium muri ex sacellis sepulcris-
que constarent.

101.

Themistocles at Sparta.

Themistocles autem ut Spartam venit adire ad magistratus noluit, et dedit operam ut quam longissime tempus
duceret, causam interponens, se collegas expectare. Quum
Lacedaemonii quererentur opus nihilominus fieri eum-que
in ea re conari fallere, interim reliqui legati consecuti sunt.
A quibus quum audivisset non multum superesse munitionis,
ad ephoros Lacedaemoniorum accessit, penes quos summum
erat imperium, atque apud eos contendit falsa esse delata ;
quare aequum esse illos viros bonos nobiles-que mittere,
quibus fides haberetur, qui rem explorarent ; interea se
obsidem retinerent. Gestus est ei mos, tres-que legati,
functi summis honoribus, Athenas missi sunt. Cum
his collegas suos Themistocles jussit proficisci, his-
que praedixit ut ne prius Lacedaemoniorum legatos
dimitterent quam ipse esset remissus.

102.

Ostracism.

Hos postquam Athenas pervenisse ratus est, ad magistratus senatum-que Lacedaemoniorum adiit, atque apud

eos liberrime professus est Athenienses suo consilio, quod communi jure gentium facere possent, deos ac penates, muris sepsisse. Si legatos recipere vellent quos Athenas misissent, se remitterent.

Tamen non effugit civium suorum invidiam. Namque ob eandem causam, qua damnatus erat Miltiades, testularum suffragiis e civitate ejectus Argos concessit. Hic quum propter multas ejus virtutes magna cum dignitate viveret Lacedaemonii, legatos Athenas miserunt, qui eum absentem accusarent, quod societatem cum rege Persarum ad Graeciam opprimendam fecisset.

103.
Hospitality.

Hoc crimine absens proditionis damnatus est. Id ut audivit, quod non satis tutum se Argis videbat, Corcyram demigravit. Ibi quum ejus principes civitatis animadvertisset timere ne propter se bellum iis Lacedaemonii et Athenienses indicerent, ad Admetum Molossorum regem confugit. Huc quum venisset et rex abesset, filiam ejus parvulam arripuit et cum ea se in sacrarium conjecit. Inde non prius egressus est quam rex eum data dextra in fidem reciperet. Quum autem ab Atheniensibus et Lacedaemoniis exposceretur publice, rex supplicem non prodidit, monuit-que ut consuleret sibi, difficile enim esse in tam propinquo loco tuto versari. Itaque Pydnam eum deduci jussit et quod satis esset praesidii dedit.

104.
Dangers at Sea.

Hic in navem ignotus nautis ascendit. Quae quum tempestate maxima Naxum ferretur, ubi tum Atheniensium erat exercitus, sensit Themistocles, si eo pervenisset,

sibi esse pereundum. Hac necessitate coactus domino
navis, quis sit, aperit, multa pollicens, si se conservasset.
At ille clarissimi viri captus misericordia, diem noctem-que
procul ab insula in salo navem tenuit in ancoris, neque
quenquam ex ea exire passus est. Inde Ephesum pervenit, ibi-que Themistoclem exponit. Plerique scripserunt Themistoclem Xerxe regnante in Asiam transiisse;
Thucydides autem ait ad Artaxerxen eum venisse, atque
his verbis epistolam misisse.

105.
Letter to the King.

"Themistocles veni ad te qui plurima mala hominum
Graiorum in domum tuam intuli, quamdiu mihi necesse
fuit adversus patrem tuum bellare patriam-que meam
defendere. Idem multo plura bona feci, postquam in
tuto ipse et ille in periculo esse coepit. Nam quum in
Asiam reverti vellet, proelio apud Salamina facto, literis
eum certiorem feci, id agi ut pons, quem in Hellesponto
fecerat, dissolveretur atque ab hostibus circumiretur.
Quo nuntio ille periculo est liberatus. Nunc autem ad te
confugi exagitatus a cuncta Graecia, tuam petens amicitiam;
quam si ero adeptus non minus me bonum amicum
habebis, quam fortem inimicum ille expertus est. Ea
autem rogo, ut de his rebus, de quibus tecum colloqui
volo, annuum mihi tempus des, eo-que transacto ad te
venire patiaris."

106.
Death at Magnesia.

Hujus rex animi magnitudinem admirans, cupiens-que
talem virum sibi conciliari, veniam dedit. Ille omne
illud tempus literis sermoni-que Persarum se dedit;
quibus adeo eruditus est ut multo commodius dicatur

apud regem verba fecisse, quam ii poterant qui in Persia
erant nati. Inde magnis muneribus ab Artaxerxe
donatus in Asiam rediit, domicilium-que Magnesiae sibi
constituit. De cujus morte multis modis apud plerosque
scriptum est, Thucydides autem ait illum Magnesiae
morbo mortuum, neque negat fuisse famam, venenum sua
sponte sumpsisse, quum se, quae regi de Graecia oppri-
menda pollicitus esset, praestare posse desperaret. Idem
memoriae prodidit ossa ejus clam in Attica ab amicis
sepulta, quoniam legibus non concederetur, quod proditionis esset damnatus.

PAUSANIAS.

107.
Battle of Plataea.

Pausanias Lacedaemonius magnus homo sed varius fuit.
Nam ut virtutibus eluxit, sic vitiis est obrutus. Hujus
illustrissimum est proelium apud Plataeas. Namque illo
duce Mardonius satrapes regius cum ducentis milibus
peditum, quos viritim legerat, et viginti equitum haud ita
magna manu Graiorum fugatus est, eo-que ipse dux cecidit
proelio. Quâ victoria elatus coepit majora concupiscere.
Sed primum est reprehensus, quod ex praeda tripodem
aureum Delphis posuisset, in quo haec erant scripta, suo
ductu barbaros apud Plataeas esse deletos, ejus-que victoriae
ergo Apollini donum dedisse. Hos versus Lacedaemonii
exsculpserunt, neque aliud scripserunt quam nomina
earum civitatum, quarum auxilio Persae erant victi.

108.
Letter to Xerxes.

Post id proelium eundem Pausaniam cum classe communi Cyprum atque Hellespontum miserunt, ut ex his

regionibus barbarorum praesidia depelleret. Pari felicitate
in ea re usus elatius se gerere coepit. Nam quum,
Byzantio expugnato, cepisset complures Persarum nobiles,
atque in his nonnullos regis propinquos, hos clam Xerxi
remisit, et cum his Gongylum Eretriensem, qui literas
regi redderet, in quibus haec scripta fuerunt. "Pausanias
dux Spartae propinquos tuos tibi muneri misit se-que
tecum affinitate conjungi cupit : quare, si tibi videtur, des
ei filiam tuam nuptum. Id si feceris et Spartam et
ceteram Graeciam sub tuam potestatem redacturum pollicetur." Rex tot hominum salute tam sibi necessariorum
magnopere gavisus, confestim cum epistola Artabazum
ad Pausaniam mittit, in qua eum collaudat, ac petit ne cui
rei parcat ad ea efficienda.

109.
Pride shall have a fall.

Hujus voluntate cognita, Pausanias alacrior ad rem
gerendam factus, in suspicionem cecidit Lacedaemoniorum.
Itaque domum revocatus, accusatus capitis absolvitur;
multatur tamen pecunia. Quam ob causam ad classem
remissus non est. At ille post non multo sua sponte ad
exercitum rediit, et ibi dementi ratione cogitata patefecit.
Non enim mores patrios solum, sed etiam cultum vesti-
tum-que mutavit. Apparatu regio utebatur, veste Medica;
satellites Medi et Aegyptii sequebantur; epulabatur more
Persarum; aditum petentibus non dabat; superbe respon-
debat; crudeliter imperabat; Spartam redire nolebat.
Colonas, qui locus in agro Troade est, se contulerat. Ibi
consilia quum patriae tum sibi inimica capiebat. Id postquam Lacedaemonii rescierunt, legatos ad eum miserunt
cum clava, in qua erat scriptum nisi domum reverteretur,
se capitis eum damnaturos.

110.

Suspicions.

Hoc nuntio commotus, sperans se etiam tum pecunia et potentia instans periculum posse depellere, domum rediit. Huc ubi venit, ab ephoris in vincula est conjectus. Licet enim legibus eorum cuivis ephoro hoc facere regi. Hinc tamen se expedivit, neque eo magis carebat suspicione. Nam opinio manebat eum cum rege habere societatem. Est genus quoddam hominum, quod Helotae vocatur, quorum magna multitudo agros Lacedaemoniorum colit, servorum-que munere fungitur; hos quoque solicitare spe libertatis existimabatur. Sed quod nullum erat apertum crimen quo argui posset, non putabant de tam claro viro suspicionibus oportere judicari, et expectandum, dum se ipsa res aperiret.

111.

Proofs.

Interim Argilius quidam adolescentulus, quum epistolam a Pausania ad Artabazum accepisset, suspicatus aliquid in ea de se esse scriptum, quod nemo eorum rediisset, qui eodem missi erant, vincula epistolae laxavit, signo-que detracto cognovit, si pertulisset, sibi esse pereundum. Has ille literas ephoris tradidit. Non est praetereunda gravitas Lacedaemoniorum hoc loco. Nam ne hujus quidem indicio impulsi sunt, ut Pausaniam comprehenderent, neque prius vim adhibendam putaverunt quam se ipse indicasset. Itaque huic indici, quae fieri vellent, praeceperunt. Fanum Neptuni est Taenari, quod violari nefas putant Graeci. Eo ille index confugit, in ara-que consedit. Hanc juxta locum fecerunt sub terra, ex quo posset audiri, si quis quid loqueretur cum Argilio. Huc ex ephoris quidam descenderunt.

112.

Eavesdropping.

Pausanias, ut audivit Argilium confugisse in aram, perturbatus eo venit. Quem quum supplicem Dei videret in ara sedentem, quaerit causae quid sit tam repentino consilio. Huic ille, quid ex literis comperisset, aperit. Eo magis perturbatus Pausanias orare coepit, ne enuntiaret nec se meritum de illo optime proderet. Ephori his rebus cognitis, satius putarunt in urbe eum comprehendi. Quo quum essent profecti, et Pausanias, placato Argilio, ut putabat, Lacedaemonem reverteretur, in itinere, quum jam in eo esset ut comprehenderetur, ex vultu cujusdam ephori, qui eum admoneri cupiebat, insidias sibi fieri intellexit.

113.

Punishment.

Itaque paucis ante gradibus quam qui sequebantur, in aedem Minervae, quae Chalcioecos vocatur, confugit. Hinc ne exire posset statim ephori valvas ejus aedis obstruxerunt, tectum-que sunt demoliti, quo celerius sub divo interiret. Dicitur eo tempore matrem Pausaniae vixisse, eam-que jam natu majorem, postquam de scelere filii comperit, in primis ad filium claudendum lapidem ad introitum aedis attulisse. Sic Pausanias magnam belli gloriam turpi morte maculavit. Hic, quum semianimis de templo elatus esset, confestim animam efflavit. Cujus mortui corpus, quum eodem nonnulli dicerent inferri oportere, quo ii qui ad supplicium essent dati, displicuit pluribus, et non procul ab eo loco infoderunt in quo erat mortuus. Inde posterius Delphici responso erutus atque eodem loco sepultus ubi vitam posuerat.

ALCIBIADES.

114.

Character of Alcibiades.

Alcibiades Cliniae filius Atheniensis. In hoc natura quid efficere possit videtur experta. Constat enim inter omnes, qui de eo memoriae prodiderunt, nihil illo fuisse excellentius vel in vitiis vel in virtutibus. Natus in amplissima civitate, summo genere, omnium aetatis suae multo formosissimus, ad omnes res aptus consilii-que plenus. Namque imperator fuit summus et mari et terra; disertus, dives, quum tempus posceret, laboriosus, patiens, liberalis, splendidus non minus in vita quam victu; affabilis, blandus, temporibus callidissime serviens. Idem simul ac se remiserat, neque causa suberat, quare animi laborem perferret, luxuriosus, intemperans reperiebatur, ut omnes admirarentur in uno homine tantam esse dissimilitudinem tam-que diversam naturam.

115.

Mutilation of the Hermae.

Bello Peloponnesio hujus consilio et auctoritate Athenienses bellum Syracusanis indixerunt, ad quod gerendum ipse dux delectus est. Duo praeterea collegae dati Nicias et Lamachus. Id quum appararetur, priusquam classis exiret, accidit ut, una nocte omnes Hermae, qui in oppido erant Athenis, praeter unum dejicerentur. Hoc quum appareret non sine multorum consensione esse factum, magnus multitudini timor est injectus. Hoc maxime convenire in Alcibiadem videbatur, quod et potentior et major quam privatus existimabatur. Multos enim liberalitate devinxerat, plures etiam opera forensi suos reddiderat. Quare fiebat ut omnium, quotiescunque in publicum prodisset, ad se converteret, neque ei par quisquam in civitate poneretur.

116.

Recall of Alcibiades.

Hoc crimine in concione ab inimicis compellabatur. Sed instabat tempus ad bellum proficiscendi. Id ille intuens, neque ignorans civium suorum consuetudinem, postulabat, potius de praesente quaestio haberetur, quam absens accusaretur. Inimici vero ejus quiescendum in praesenti decreverunt, quia noceri non intelligebant. Postquam vero in Siciliam eum pervenisse crediderunt, absentem, quod sacra violasset, reum fecerunt. Qua de re quum ei nuntius a magistratu in Siciliam missus esset, ut domum ad causam dicendam rediret, non parere noluit, et in triremem, quae ad eum deportandum erat missa, ascendit. Hac Thurios in Italiam pervectus, utilissimum ratus impendentem evitare tempestatem, clam se a custodibus subduxit, et inde primum Elidem deinde Thebas venit.

117.

Flight to Sparta.

Postquam autem se capitis damnatum, bonis publicatis, audivit, Lacedaemonem demigravit. Ibi, ut ipse praedicare consueverat, non adversus patriam sed inimicos suos bellum gessit ; quod iidem hostes essent civitati. Nam, quum intelligerent se plurimum prodesse posse reipublicae, illos tamen plus irae suae quam utilitati communi paruisse. Itaque hujus consilio Lacedaemonii cum Persarum rege amicitiam fecerunt, deinde Deceleam in Attica munierunt, praesidio-que ibi perpetuo posito, in obsidione Athenas tenuerunt. Ejusdem opera Ioniam a societate averterunt Atheniensium : quo facto multo superiores in bello esse coeperunt.

118.

Tissaphernes.

Neque vero his rebus tam amici Alcibiadi sunt facti,
quam timore ab eo alienati. Nam quum acerrimi viri
praestantem prudentiam in omnibus rebus cognoscerent,
pertimuerunt, ne, caritate patriae ductus, aliquando ab
ipsis desciscerot, et cum suis in gratiam rediret. Itaque
tempus ejus interficiendi quaerere instituerunt. Id Alcibiadem diutius celari non potuit; erat enim ea sagacitate
ut decipi non posset, praesertim quum animum attendisset
ad cavendum. Itaque ad Tissaphernem praefectum Darii
se contulit. Cujus quum in intimam amicitiam pervenisset, et videret Atheniensium, male gestis in Sicilia rebus,
opes senescere, contra Lacedaemoniorum crescere, cum
Pisandro praetore, qui apud Samum exercitum habebat,
per internuntios colloquitur, et de reditu suo facit
mentionem.

119.

Re-elected General by the Athenians.

Ab hoc destitutus primum per Thrasybulum Lyci filium
ab exercitu recipitur, praetor-que fit apud Samum, post
populi scito restituitur, pari-que absens imperio praeficitur
simul cum Thrasybulo et Theramene. Horum imperio
tanta commutatio rerum facta est, ut Lacedaemonii, qui
paulo ante victores viguerant, perterriti pacem peterent.
Victi enim erant quinque proeliis terrestribus, tribus nava-
libus, in quibus ducentas naves triremes amiserant, quae
captae in hostium venerant potestatem. Alcibiades simul
cum collegis receperat Ioniam et Hellespontum, multas
praeterea urbes Graecas, quae in ora sita sunt Asiae.
Neque minus multas consilio ad amicitiam adjunxerat,
quod in captos clementia fuerat usus. Ita duces praeda
onusti, maximis rebus gestis Athenas venerunt.

120.

Short-lived Triumph.

His quum obviam universa civitas in Piraeum descendisset, tanta fuit omnium expectatio videndi Alcibiadis, ut ad ejus triremem vulgus conflueret, proinde ac si solus advenisset. Sic enim populo erat persuasum et adversas superiores et praesentes secundas res accidisse ejus opera. Hic, postquam in astu venit, concione advocata, sic verba fecit ut nemo tam ferus fuerit, quin ejus casum lacrimârit, inimicum-que iis se ostenderit, quorum opera patria pulsus fuerat. Haec Alcibiadi laetitia non nimis fuit diuturna. ·Nam classe in Asiam profectus, quod apud Cymen minus prospere rem gesserat, in invidiam recidit. Nihil enim eum non efficere ducebant. Quibus rebus factum est ut absenti magistratum abrogarent et alium in ejus locum substituerent.

121.

Fresh Proposals.

Id ille ut audivit domum reverti noluit et se Pactyen contulit, ibi-que tria castella communiit, manu-que collecta, in Thraciam introiit, gloriosius existimans barbarorum praeda locupletari quam Graiorum. Neque tamen a caritate patriae potuit recedere. Nam quum apud Aegos flumen Philocles praetor Atheniensium classem constituisset suam, neque longe abesset Lysander praetor Lacedaemoniorum, Alcibiades ad exercitum venit Atheniensium. Ibi praesente vulgo promisit, si vellent, se coacturum esse Lysandrum dimicare aut pacem petere; Lacedaemonios eo nolle classe confligere, quod pedestribus copiis plus quam navibus valerent, sibi autem esse facile Seuthi regi Thracum persuadere, ut eum terra depelleret; quo facto necessario aut classe conflicturum esse aut bellum compositurum.

122.
Selfish Refusal of Philocles.

Id etsi vere dictum Philocles animadvertebat, tamen postulata facere noluit quod sentiebat se, Alcibiade recepto, nullius momenti apud exercitum futurum, et, si quid secundi evenisset, nullam in ea re suam partem fore, contra, si quid adversi accidisset, se unum ejus delicti futurum reum. Ab hoc discedens Alcibiades, " Quoniam," inquit, "victoriae patriae repugnas, illud moneo, juxta hostes castra habeas nautica, periculum est enim, ne immodestia militum nostrorum occasio detur Lysandro nostri opprimendi exercitus." Neque ea res eum fefellit. Nam Lysander, quum per speculatores comperisset, vulgum Atheniensium in terram praedatum exiisse, naves-que paene inanes relictas, tempus rei gerendae non dimisit, eo-que impetu bellum totum delevit.

123.
Terrible even in Exile.

At Alcibiades cernens nullum locum sibi tutum in Graecia propter potentiam Lacedaemoniorum, ad Pharnabazum in Asiam transiit : quem quidem adeo sua cepit humanitate, ut eum nemo in amicitia antecederet. Qua fortuna Alcibiades non erat contentus, neque Athenas victas Lacedaemoniis servire poterat pati. Itaque ad patriam liberandam omni ferebatur cogitatione. Hoc quum moliretur, peteret-que a Pharnabazo, ut ad regem mitteretur, eodem tempore Critias ceteri-que tyranni Atheniensium certos homines ad Lysandrum miserunt, qui eum certiorem facerent, nisi Alcibiadem sustulisset, nihil earum rerum fore ratum, quas ipse Athenis constituisset. His Laco rebus commotus statuit accuratius sibi agendum cum Pharnabazo. Huic ergo renuntiat quae regi cum Lacedaemoniis essent irrita futura, nisi Alcibiadem vivum aut mortuum sibi tradidisset.

124.

Brought to bay.

Non tulit hoc satrapes et violare clementiam quam regis opes minui maluit. Itaque misit duo ex suis ad Alcibiadem interficiendum, quum ille esset in Phrygia, iterque ad regem compararet. Illi, quum ferro aggredi non auderent, noctu ligna contulerunt circa casam eam, in qua quiescebat, eam-que succenderunt, ut incendio conficerent, quem manu superari diffidebant. Ille autem, ut sonitu flammae est excitatus, etsi gladius ei erat subductus, familiaris sui telum eripuit. Namque erat cum eo quidam hospes, qui nunquam discedere voluerat. Hunc sequi se jubet, et id quod vestimentorum fuit, arripuit; his in ignem ejectis flammae vim transiit. Quem ut barbari incendium effugisse viderunt, telis eminus missis interfecerunt, caput-que ejus ad Pharnabazum retulerunt. Sic Alcibiades annos circiter quadraginta natus diem obiit supremum.

ÉPAMINONDAS.

125.

Training and Character.

Epaminondas Polymni filius Thebanus. Natus genere honesto, pauper a majoribus relictus, eruditus autem sic, ut nemo Thebanus magis. Postquam ephebus est factus, et palaestrae dare operam coepit, non tam magnitudini virium servivit quam velocitati. Illam enim ad athletarum usum, hanc ad belli existimabat utilitatem pertinere. Itaque exercebatur plurimum currendo et luctando, quoad stans complecti posset atque contendere. In armis vero plurimum studii consumebat. Ad hanc corporis firmitatem plurima etiam animi bona accesserant. Erat enim modestus, prudens, gravis, temporibus sapienter utens, peritus belli, fortis manu, animo maximo, adeo veritatis

E

diligens, ut ne joco quidem mentiretur. Idem continens, clemens, patiens-que, mirandum in modum non solum populi sed etiam amicorum ferens injurias.

126.
His Integrity.

Paupertatem adeo facile perpessus est, ut de republica nihil praeter gloriam ceperit. Tentata autem ejus abstinentia a Diomedonte Cyziceno. Namque is rogatu Artaxerxis regis Epaminondam pecunia corrumpendum susceperat. Hic magno cum pondere auri Thebas venerat et quendam Micythum, quem tum Epaminondas plurimum diligebat, quinque talentis ad suam voluntatem perduxit. Micythus Epaminondam convenit, et causam adventûs Diomedontis ostendit. At ille Diomedonte coram, " Nihil," inquit, " opus pecunia est. Nam si rex ea vult, quae Thebanis sunt utilia, gratis facere sum paratus ; sin autem contraria, non habet auri atque argenti satis. Namque orbis terrarum divitias accipere nolo pro patriae caritate. Tu quod incognitum me tentâsti, tui-que similem existimâsti, non miror, tibi-que ignosco ; sed egredere propere, ne alios corrumpas, quum me non potueris, et tu Micythe, argentum huic redde : nisi id confestim facis, ego te tradam magistratui."

127.
Peace is the Offspring of War.

Fuit etiam disertus ut nemo ei Thebanus par esset eloquentia, neque minus concinnus in brevitate respondendi, quam in perpetua oratione ornatus. Habuit obtrectatorem Meneclidam quendam et adversarium in administranda republica, satis exercitatum in dicendo, ut

Thebanum scilicet: namque illi genti plus inest virium quam ingenii. · Is, quod in re militari florere Epaminondam videbat, hortari solebat Thebanos, ut pacem bello ante-ferrent, ne illius imperatoris opera desideraretur. Huic ille, "Fallis," inquit, "verbo cives tuos, quod hos a bello avocas; otii enim nomine servitutem concilias: nam paritur pax bello. Itaque, qui ea diutina volunt frui, bello exercitati esse debent. Quare si principes Graeciae vultis esse, castris est vobis utendum, non palaestra."

128.
Patriotic Disobedience.

Quum autem exercitum in Peloponnesum duxisset adversus Lacedaemonios, habuit collegas duos, quorum alter erat Pelopidas, vir fortis ac strenuus. Hi quum criminibus adversariorum omnes in invidiam venissent, ob eam-que rem imperium his esset abrogatum, atque in eorum locum alii praetores successissent, Epaminondas populi scito non paruit, idem-que ut facerent persuasit collegis, et bellum quod susceperat gessit. Namque anim-advertebat, nisi id fecisset, totum exercitum propter praet-orum imprudentiam inscitiam-que belli periturum. Lex erat Thebis, quae morte multabat, si quis imperium diutius retinuisset quam lege praefinitum foret. Hanc Epami-nondas quum reipublicae conservandae causa latam videret, ad perniciem civitatis conferre noluit, et quattuor mensibus diutius quam populus jusserat, gessit imperium.

129.
His Defence.

Postquam domum reditum est, collegae ejus hoc crimine accusabantur; quibus ille permisit omnem ut causam in se

transferrent, sua-que opera id factum contenderent. Qua
defensione illis periculo liberatis, nemo Epaminondam
responsurum putabat, quod, quid diceret, non habebat.
At ille in judicium venit; nihil eorum negavit, quae
adversarii crimini dabant, omnia-que quae collegae dixe-
rant, confessus est, nec recusavit quominus legis poenam
subiret; sed unum ab iis petivit ut in sepulcro suo inscri-
berent: "Epaminondas a Thebanis morte multatus est, quod
eos coëgit apud Leuctra superare Lacedaemonios, quos ante
eum imperatorem nemo Boeotiorum ausus fuit aspicere in
acie, quod-que uno proelio non solum Thebas ab interitu
retraxit, sed etiam universam Graeciam in libertatem
vindicavit." Haec quum dixisset risus omnium cum
hilaritate coortus est, neque quisquam judex ausus est de
eo ferre suffragium. Sic a judicio capitis maxima discessit
gloria.

130.
Death.

Hic extremo tempore imperator apud Mantineam, quum
acie instructa audacius instaret hostibus, cognitus a Lacedaemoniis, quod in unius pernicie patriae sitam putabant
salutem, universi in unum impetum fecerunt, neque prius
abscesserunt quam, fortissime ipsum Epaminondam pug-
nantem, sparo eminus percussum, concidere viderunt. At
Epaminondas, quum animadverteret mortiferum se vulnus
accepisse, simul-que si ferrum, quod ex hastili in corpore
remanserat, extraxisset, animam statim emissurum, usque
eo retinuit, quoad renuntiatum est vicisse Boeotios. Id
postquam audivit: "Satis," inquit, "vixi; invictus enim
morior." Tum, ferro extracto, confestim exanimatus est.

THE BATTLE OF ARBELA.

[Alexander the Great, king of Macedon, was summoned to the throne at the age of twenty by the murder of his father Philip. After taking vengeance upon the murderers, his first care was to re-establish the Macedonian supremacy in Greece, and to make preparations for the great invasion of Asia which had long been the dream of Philip. He procured his own election as Imperator of all the Greek states except Sparta, proclaiming his mission to avenge the Persian invasion of Greece under Xerxes. When all was prepared, Alexander, with an army of 30,000 infantry and 4500 cavalry, crossed the Hellespont, and defeated the Persians in a pitched battle on the river *Granicus*. He devoted the winter to a campaign in the south of Asia Minor, and the next year gained another complete victory at *Issus*. Refusing the terms of peace offered by Darius, he continued his victorious career, but was delayed for seven months by the siege of Tyre. He then marched to Egypt, and, meeting with no resistance, returned to Asia, and after crossing the Euphrates and Tigris, encountered the immense forces of Darius in the plain east of the Tigris, near Arbela. The details of the battle of Arbela and the victory of Alexander are narrated in the text.]

131.

Alexander sets out (at midnight) to meet the enemy; reconnoitring parties sent out by either side retire on meeting one another.

Quum legati nuntiavissent adesse hostem, rex confestim Magaeum cum tribus milibus equitum ad itinera occupanda praemisit. Alexander, omni graviore comitatu intra munimenta relicto, ad hostem contendit. In duo cornua diviserat peditem, in utrumque latus equite circumdato: impedimenta sequebantur agmen. Praemissum deinde cum equitibus Menidam jubet explorare, ubi Darius esset; at ille, quum Magaeus haud procul consedisset, non ausus ultra procedere, se nihil aliud quam fremitum hominum hinnitum-que equorum exaudivisse, nuntiat. Magaeus quoque, conspectis procul exploratoribus, in castra se recipit advéntûs hostium nuntius.

132.

Darius draws up his forces; the Macedonians, seized with a sudden panic, halt and encamp.

Darius igitur, qui in patentibus campis decernere optabat, armari milites jubet, aciem-que disponit. Haec erat summa totius exercitus, equites quadraginta quinque milia, pedestris acies ducenta milia. Instructi decem stadia procedunt, jussi-que subsistere, armati hostem expectabant. Alexandri exercitum pavor, cujus causa non suberat, invasit, omnium pectora occulto metu percurrente. Quod si perculsis Magaeus, qui praesidebat itineri, supervenisset, ingens clades accipi potuit. Ille autem segnis in eo, quem occupaverat, tumulo sedet. Alexander, cognito pavore exercitus, signum ut consisterent dari, ipsos arma deponere ac levare corpora jubet; admonens nullam subiti causam esse timoris, hostem procul stare. Tandem compotes sui, pariter arma et animos recepere, nec quidquam ex praesentibus tutius visum est, quam eodem loco castra munire.

133.

Magaeus retires, and his position is occupied by the Macedonians;
their eagerness for the fight.

Postero die Magaeus, qui cum delectis equitibus in edito
colle, ex quo Macedonum prospiciebantur castra, consederat,
sive metu, sive quia speculari modo jussus erat, ad Darium
rediit. Macedones eum ipsum collem, quem deseruerat,
occupaverunt; nam et tutior planitie erat, et inde acies
hostium, quae in campo explicabatur, conspici poterat.
Jamque nitidior lux, discussà caligine, aciem hostium
ostenderat: Macedones, sive alacritate, sive taedio expec-
tationis, edidere clamorem, nec jam contineri poterant, quin
cursu ad hostem contenderent. Rex melius adhuc ratus
in eodem tumulo castra muniri, vallum jaci jussit, strenue-
que opere perfecto, in tabernaculum, ex quo tota acies
hostium conspiciebatur, secessit.

134.

Alexander, before deciding for battle, summons a council of war.
Parmenio urges a night attack.

Alexander, sive quod sibi diffidebat, sive, ut suos ex-
periretur, concilium adhibet, exquirendi causa quid
optimum factu esset. Parmenio, peritissimus inter duces
artium belli, dolo non virtute opus esse censebat; intempesta nocte opprimi posse hostes, discordes moribus, linguis;
ad haec somno et improviso periculo territos; at interdiu
terribilem faciem hostium, hirsuta ora, intonsos capillos,
praeterea eximiam magnitudinem corporum, suos vana et
inani formidine motura esse: non in Ciliciae angustiis et
inviis callibus, sed in aperta et lata planitie dimicandum
fore.

135.

*Alexander rejects with scorn the idea of a secret attack. Darius
orders his men to pass the night under arms. He goes round
and encourages them.*

Inde rex, dum omnes ferme Parmenioni assentiunt,
"Latronum," inquit, "et furum ista solertia est; meae vero
gloriae semper aut absentiam Darii, aut angustias locorum,
aut furtum noctis obstare non patiar; palam sub luce
aggredi certum est, malo me fortunae poeniteat, quam
victoriae pudeat: ad proelium vos parate." Sic incitatos
ad corpora curanda dimisit. Darius illud, quod Parmenio
suaserat, hostem facturum esse suspicatus, frenatos equos
stare, magnam-que exercitus partem in armis esse jusserat;
ipse cum ducibus aciem circumibat; solem sacrum-que
ignem invocans ut suis dignam vetere gloria majorum-que
memoria fortitudinem inspirarent.

136.

*Alexander, after sacrificing, retires to rest, but is kept awake by
the thoughts of battle; towards morning a deep sleep falls
upon him.*

Similis apud Macedones quoque solicitudo erat,
noctem-que magno metu egerunt. Alexander, non alias
magis territus, ad vota et preces sacerdotem vocari jubet;
ipse in candida veste, verbenas manu praeferens capite
velato, Jovem Minervam Victoriam-que propitiabat. Tunc
quidem sacrificio rite peracto, reliquam noctis partem
adquieturus, in tabernaculum rediit. Sed nec somnum
capere nec quieti se dare poterat; modo e jugo montis
aciem in dextrum Persarum cornu demittere videbatur;
modo aequa fronte concurrere hosti; interdum haesitare
an potius in laevum torqueret agmen. Tandem gravatum
animi anxietate corpus altior somnus oppressit.

137.

The officers are afraid to awaken the king; at length Parmenio ventures to arouse him.

Jam-que luce orta duces ad accipienda imperia con-venerant, insolito circa praetorium silentio attoniti; quippe rex alias arcessere ipsos, et interdum morantes castigare assueverat; tunc eum ne ultimo quidem rerum discrimine excitatum esse mirabantur, et non somno quiescere sed pavore marcere credebant. Non tamen quisquam e custodibus intrare tabernaculum audebat : et jam tempus instabat, nec milites injussu ducis aut arma capere poterant aut in ordines ire. Diu Parmenio cunctatus, cibum ut caperent ipse pronuntiat. Jam-que exire necesse erat; tum demum intrat tabernaculum, saepius-que nomine compellatum, quum voce non posset, tactu excitavit, "Multa lux," inquit, "est; instructam aciem hostis admovet; tui milites adhuc inermes expectant signum. Ubi est vigor iste animi ? "

138.

Alexander explains his conduct; he had taken every precaution, and his mind was at rest. He draws up his forces in battle array.

Ad haec Alexander, " Credis-ne me prius somnum capere potuisse, quam exonerarem animum solicitudine ?" Statim signum pugnae tuba dari jussit. Quum autem in eadem admiratione Parmenio perseveraret, quod securus somnum coepisset; " Minime," inquit, " mirum est; ego enim, quum Darius terras ureret, vicos excideret, alimenta corrumperet, potens mei non eram. Nunc vero quid metuam, quum acie decernere paret? Hercle votum meum implevit,

sed hujus quoque consilii ratio postea reddetur; vos ite
ad copias, quibus quisque praeest : ego jam adero et quid
fieri velim exponam." Haec locutus exire copias jubet,
aciem-que ita disponit ut non prima acies quam latera,
non latera munitiora sint quam terga.

139.

The troops are ordered to open their ranks and let the Persian chariots pass through. The battle begins.

His ita ordinatis, praecipit ut, si falcatos currus cum
fremitu Barbari emitterent, ipsi laxatis ordinibus impetum
silentio exciperent; sin autem sine fremitu immisissent,
eos ipsi clamore terrerent, pavidos-que equos telis utrinque
suffoderent. Impedimenta cum captivis haud procul in
edito colle constituit, modico praesidio relicto. Laevum
cornu Parmenioni tuendum dedit, ipse in dextro stabat.

Signo dato, ut Dario, qui laevum cornu tuebatur,
occurreret, agmen obliquum incedere jubet. Darius quoque
eodem suos obvertit, Besso admonito, ut equites in laevum
Alexandri cornu a latere invehi juberet. Ipse falcatos
currus universos in hostem effudit; ruebant laxatis habenis
aurigae, quo plures, nondum satis proviso impetu,
obtererent.

140.

The charge of the Persian chariots causes confusion in front; a body of cavalry is sent round to seize the baggage train in the rear. Alexander refuses help.

Qui quum ad hostes pervenissent, alios hastae
multum ultra temones eminentes, alios ab utroque latere

dimissae "falces laceraverunt; nec sensim Macedones cedebant, sed effusa turbaverunt fuga ordines.

Magaeus quoque perculsis metum incussit, mille equitibus ad diripienda hostium impedimenta circumvehi jussis; ratus captivos quoque rupturos vincula, quum suos appropinquantes vidissent. Quod ubi cognovit Parmenio, propere nuntium mittit ad regem, qui et periculum ostenderet, et, quid fieri juberet, consuleret. Ille, nuntio audito; "Abi," inquit, "nuntia Parmenioni, si acie vicerimus, non nostra solum nos recuperaturos, sed omnia, quae hostium sunt, occupaturos. Proinde ne quidquam virium subducat ex acie, sed, contempto sarcinarum damno, fortiter dimicet."

141.

The captives get loose and take up arms: Alexander is forced to send the spearmen against them. The chariots penetrate into the phalanx, but are almost totally destroyed.

Interim Barbari impedimenta turbaverant, caesisque custodum plerisque, captivi, vinculis ruptis, quidquid obvium erat, quo armari possent, rapiunt. Inde cum equitibus Macedones ancipiti circumventos malo invadunt.

Jam consilium Alexandri vicerat dolor; itaque Areten ducem hastatorum adversus Scythas mittit. Inter haec currus, qui circa prima signa turbaverant agmen, in phalangem invecti erant. Macedones confirmatis animis in medium agmen currus accipiunt, et ab utroque latere equos suffodiebant; circumire deinde currus et propugnatores praecipitare coeperunt. Jam ingens ruina equorum aurigarum-que aciem compleverat. Hi territos equos regere non poterant; equi crebra jactatione cervicum non jugum

modo excusserant, sed etiam currus everterant; vulnerati
interfectos trahebant, nec consistere territi, nec progredi
debiles poterant. Paucae tamen evasere quadrigae in
ultimam aciem.

142.

The spearmen defeat the Scythians, but are in their turn defeated
by the Bactrians, and fly to Alexander. The latter restores
the battle, and makes a furious attack on the Persian right.

Interim Aretes, Scytharum, qui impedimenta diripie-
bant, duce occiso, gravius territis instabat. Supervenere
deinde missi a Dario Bactriani, pugnae-que vertere fortunam. Multi ergo Macedonum primo impetu obtriti
sunt, plures ad Alexandrum refugerunt. Tum Persae,
clamore sublato, qualem victores solent edere, ferociter in
hostem, quasi ubique profligatum, incurrunt. Alexander
territos castigare, adhortari, proelium, quod jam elan-
guerat, solus accendere; confirmatis-que tandem animis in
hostem ire jubet. Rarior acies erat in dextro cornu
Persarum; (nam inde Bactriani discesserant ad opprim-
enda impedimenta). Itaque laxatos hostium ordines
cum multa caede invadit. At qui in laevo cornu erant,
sperantes posse eum includi, agmen ejus a tergo adoriuntur.

143.

The Agriani attack rear of Persian right; general confusion;
furious fighting round the two kings.

Inde res in ultimum discrimen venisset, ni equites
Agriani, calcaribus subditis, circumfusos regi Barbaros
adorti essent, aversis-que caedendis in se obverti coegissent.
Turbata erat utraque acies; Alexander a fronte et a tergo

hostem habebat; qui averso instabant, ab Agrianis militibus premebantur; Bactriani, impedimentis hostium
direptis, reversi, quod ordinis suos recuperare non poterant,
passim dimicabant.

Duo reges junctis prope agminibus proelium accende-
bant; plures Persae cadebant; par ferme utrinque
numerus vulnerabatur; curru Darius, Alexander equo
vehebatur; utrumque delecti tuebantur sui immemores,
quippe amisso rege nec volebant salvi esse nec poterant;
maximum tamen periculum adibant, qui maxime tuebantur,
quippe sibi quisque caesi regis expetebat decus.

144.

An eagle seen hovering over Alexander's head; Darius' chariot-
driver slain; the bodyguard flee, thinking their king is dead.

Ceterum, sive ludibrium oculorum, sive vera species
fuit, qui circa Alexandrum erant vidisse se crediderunt
paululum super caput regis placide volantem aquilam,
non sonitu armorum non gemitu morientium territam.
Certe vates Aristander, alba veste indutus, et dextra praeferens laurum, militibus in pugnam intentis avem mons-
travit, haud dubium victoriae auspicium. Ingens ergo
alacritas ac fiducia paulo ante territos accendit ad pugnam.
Postquam autem auriga Darii, qui ante ipsum sedens
equos regebat, hasta transfixus est, nec Persae nec
Macedones dubitavere, quin ipse rex esset occisus.
Lugubri ergo clamore gemitu-que totam fere aciem adhuc aequo Marte pugnantium turbavere cognati Darii
et armigeri, laevo-qu cornu in fugam effuso, destituerunt
currum.

145.

Darius, after some hesitation, takes to flight.

Dicitur acinace stricto Darius dubitavisse an fugae
dedecus honesta morte vitaret. Dum inter spem et des-
perationem haesitat, sensim Persae cedebant et laxaverant
ordines. Alexander, mutato equo, quippe plures fatiga-
verat, resistentium adversa ora fodiebat, fugientium terga.
Jam-que non pugna, sed caedes erat; tum demum Darius
currum suum in fugam vertit. Haerebat in tergis
fugientium victor, sed prospectum oculorum nubes pulveris, quae ad caelum ferebatur, abstulerat; ergo haud
secus quam in tenebris errabant milites, ad sonitum notae
vocis subinde coëuntes. Exaudiebantur tantum strepitus
habenarum, quibus equi currum trahentes identidem ver-
berabantur. Haec sola fugientis vestigia excepta sunt.

146.

On the left, Parmenio, pressed by the Persian cavalry, sends for help. Alexander stops the pursuit.

At in laevo Macedonum cornu, quod Parmenio,
sicut ante dictum est, tuebatur, longe alia fortuna utrius-
que partis res gerebatur. Magaeus cum equitatu vehementer urgebat Macedonum alas; jam-que abundans
multitudine aciem circumvehi coeperat, quum Parmenio
equites nuntiare jubet Alexandro, quo in discrimine ipsi
essent; nisi mature subveniretur non posse sisti fugam.
Jam longe processerat rex, imminens fugientium tergis,
quum a Parmenione tristis nuntius venit; refrenari equos
jussit, agmen-que constitit, frendente Alexandro, eripi
sibi victoriam e manibus, et Darium felicius fugere quam

sequi se. Interim ad Magaeum superati regis fama pervenerat. Itaque quanquam validior erat, perculsis lan-
guidius instabat.

147.

The Persian cavalry, hearing of the defeat on the left, retire in good
order to Babylon. The rest of the army disperses in hopeless
confusion.

Parmenio ignorabat quidem causam pugnae remissae,
sed occasione vincendi strenue usus, subditis calcaribus,
proruebat in hostes; et illi jam non sensim sed citato gradu
recedebant, nec quidquam fugae, nisi quod terga nondum
verterant, deerat. Parmenio tamen ignarus, quaenam in
dextro cornu fortuna regis esset, repressit suos. Magaeus,
dato fugae spatio, non recto itinere sed majore et ob id
tutiore circumitu Tigrim trajecit; et Babylonem cum
reliquiis devicti exercitus intrat.

Darius paucis fugae comitibus ad Lycum amnem con-
tenderat, quo trajecto, ipse ingens spatium fuga emensus,
media fere nocte Arbelam pervenit. Alii brevissimum iter,
alii diversos saltus et ignotos sequentibus calles petebant.
Equites, pedites confusi sine duce, armatis inermes, integris
debiles implicabantur.

148.

The scene at the bridge; Alexander orders his forces to return to
camp.

Alexander, ut supra dictum est, inhibito suorum
cursu, ad Lycum amnem pervenerat. Ingens multitudo
fugientium oneravit pontem, et plerique, quum hostis
urgeret, in flumen se praecipitaverunt, graves-que armis

et proelio et fuga defatigati, gurgitibus hauriebantur. Jamque non pons modo fugientes, sed ne amnis quidem capiebat; quippe ubi intravit animos pavor, id solum metuunt, quod primum formidare coeperunt. Alexander, instantibus suis ut impune abeuntem hostem sequi permitteret, "Hebetia tela esse et manus fatigatas; tanto-que cursu corpora exhausta," causatus est; revera de laevo cornu, quod adhuc in acie stare credebat, solicitus, reverti ad ferendam opem suis statuit. Jam-que signa converterat, quum equites a Parmenione missi, illius quoque partis victoriam nuntiant.

149.

The king, returning with a few followers into camp, is saved by his personal prowess from a great danger.

Sed rex nullum eo die majus periculum adiit, quam dum copias reducit in castra. Pauci eum et incompositi sequebantur ovantes victoria; quippe omnes hostes aut in fugam effusos, aut in acie credebant cecidisse. Repente ex adverso apparuit agmen equitum, qui primo inhibuere cursum, deinde Macedonum paucitate conspecta, turmas in eos concitaverunt.

Ante signa rex ibat, dissimulato magis periculo quam spreto; nec defuit ei perpetua in dubiis rebus felicitas; nam praefectum equitatus, avidum certaminis et ob id ipsum incautius in se ruentem, hasta transfixit; quo ex equo lapso, proximum, ac deinde plures eodem telo confodit. Invasere turbatos amici quoque, nec Persae inulti cadebant. Tandem Barbari, quum obscura luce fuga tutior videretur esse quam pugna, diversis agminibus abiere.

150.

Causes of the victory, the courage and prudence of the king, and
ability of his Generals.

Rex tanto periculo defunctus incolumes suos reduxit
in castra.   Ceterum hanc victoriam majore ex parte
virtuti quam fortunae suae debuit; animo non ut antea
loco vicit.   Nam et aciem peritissime instruxit, et prompt-
issime ipse pugnavit; perculsos deinde hostes fudit;
fugientes, quod in illo ardore animi vix credi potest,
prudentius quam avidius persecutus est.   Ne duces
quidem copiarum sua laude fraudandi sunt, quippe
vulnera, quae quisque excepit, indicia virtutis sunt.
Hephaestionis brachium hasta ictum est, Perdiccas ac
Coenus et Menidas sagittis prope occisi.   Si vere aestimare
Macedones, qui tunc erant, volumus, fatebimur et regem
talibus ministris, et illos tanto rege fuisse dignissimos.

SELECTIONS FROM OVID.

151.

Romulus disappears during a thunderstorm. Suspicion falls upon
the nobles.

Est locus, antiqui Capreae dixere paludem ;
   Forte tuis illic Romule jura dabas.
Sol fugit et removent subeuntia nubila caelum,
   Et gravis effusis decidit imber aquis.
Hinc tonat, hinc missis abrumpitur ignibus aether ; 5
   Fit fuga ; rex patriis astra petebat equis.
Luctus erat falsae-que patres in crimine caedis ;
   Haesisset-que animis forsitan illa fides ;
Sed Proculus Longa veniebat Julius Alba,
   Luna-que fulgebat, nec facis usus erat,   10
Quum subito motu sepes tremuere sinistrae.
   Rettulit ille gradus, horruerunt-que comae.

152.

He reappears as a god to Julius Proculus, and gives instructions
for his worship.

Pulcher et humano major trabea-que decorus
   Romulus in media visus adesse via,
Et dixisse simul, " Prohibe lugere Quirites,   15
   Nec violent lacrimis numina nostra suis :

Tura ferant, placent-que novum pia turba Quirinum,
　　Et patrias artes militiam-que colant."
Jussit, et in tenues oculis evanuit auras.
　　Convocat hic populos, jussa-que verba refert.　　20
Templa deo fiunt; collis quoque dictus ab illo est,
　　Et referunt certi sacra paterna dies.

153.
Treacherous entrance of Sextus into Gabii.

Ultima Tarquinius Romanae gentis habebat
　　Regna, vir injustus, fortis ad arma tamen.
Ceperat hic alias, alias everterat urbes,
　　Et Gabios turpi fecerat arte suos.
Namque trium minimus, proles manifesta Superbi,　5
　　In medios hostes nocte silente venit.
Nudarant gladios: "Occidite," inquit, "inermem!
　　Hoc cupiant fratres, Tarquinius-que pater,
Qui mea crudeli laceravit verbere terga."
　　Dicere ut hoc posset, verbera passus erat.　　10
Luna fuit: spectant juvenem, gladios-que recondunt
　　Terga-que, deducta veste, notata vident.

154.
He is chosen leader, and betrays the town to his father.

Flent quoque, et ut secum tueatur bella, precantur.
　　Callidus ignaris annuit ille viris.
Jam-que potens misso genitorem appellat amico,　15
　　Perdendi Gabios quod sibi monstret iter.
Hortus odoratis suberat cultissimus herbis,
　　Sectus humum rivo lene sonantis aquae.

Illic Tarquinius mandata latentia nati
   Accipit, et virga lilia summa metit.   20
Nuntius ut rediit, decussa-que lilia dixit,
   Filius, " Agnosco jussa parentis," ait.
Nec mora : principibus caesis ex urbe Gabina,
   Traduntur ducibus moenia nuda suis.

155.
The Golden Age.

Quam bene Saturno vivebant rege, priusquam
   Tellus in longas est patefacta vias !
Nondum caeruleas pinus contempserat undas,
   Effusum ventis praebuerat-que sinum.
Nec vagus, ignotis repetens compendia terris,   5
   Presserat externa navita merce ratem.
Illo non validus subiit juga tempore taurus ;
   Non domito frenos ore momordit equus ;
Nec domus ulla fores habuit ; non fixus in agris,
   Qui regeret certis finibus arva, lapis.   10
Ipsae mella dabant quercus, ultro-que ferebant
   Obvia securis ubera lactis oves.
Non acies, non ira fuit, non bella, neque ensem
   Immiti saevus duxerat arte faber.

156.

The time is at hand for the sign from heaven. The people stand
   at daybreak in anxious expectation before the palace. The
   king comes forth and raises his hands in prayer. A clap of
   thunder is heard.

Mollis erat tellus rorata mane pruina ;
   Ante sui populus limina regis adest.

Prodit, et in solio medius consedit acerno ;
　　Innumeri circa stant-que silent-que viri.
Ortus erat summo tantummodo margine Phoebus ;　5
　　Solicitae mentes spe-que metu-que pavent.
Constitit, atque caput niveo velatus amictu,
　• Jam bene dîs notas sustulit ille manus ;
Atque ita, " Tempus adest promissi muneris," inquit :
　　" Pollicitam dictis, Jupiter, adde fidem."　　10
Dum loquitur, totum jam Sol emerserat orbem ;
　　Et gravis aetherio venit ab axe fragor.
　　　　　　　•

157.

The shield falls : a young bullock is sacrificed to Jupiter. Pre-
cautions to guard the divine gift.

Ter tonuit sine nube deus, tria fulgura misit—
　　Credite dicenti ; mira sed acta loquor !
A media caelum regione dehiscere coepit ;　　15
　　Submisere oculos cum duce turba suos :
Ecce levi scutum versatum leniter aura
　　Decidit : a populo clamor ad astra venit.
Tollit humo munus caesa prius ille juvenca,
　　Quae dederat nulli colla premenda jugo.　　20
Tum memor imperii sortem consistere in illo,
　　Consilium multae calliditatis init.
Plura jubet fieri simili caelata figura ;
　　Error ut ante oculos insidiantis eat.

158.

Spring, not winter, should begin the year ; for in spring nature
teems with new life.

Dic, age, frigoribus quare novus incipit annus,
　　Qui melius per ver incipiendus erat ?

Omnia tunc florent, tunc est nova temporis aetas,
    Et nova de gravido palmite gemma tumet,
Et modo formatis operitur frondibus arbos,   5
    Prodit et in summum seminis herba solum,
Et tepidum volucres concentibus aëra mulcent,
    Ludit et in pratis luxuriat-que pecus.
Tum blandi soles, ignota-que prodit hirundo,
    Et luteum celsa sub trabe figit opus;   10
Tum patitur cultus ager et renovatur aratro;
    Haec anni novitas jure vocanda fuit.

159.

Birth and exposure of Romulus and Remus.

Silvia Vestalis caelestia semina partu
    Ediderat, patruo regna tenente suo.
Is jubet auferri parvos et in amne necari.
    Quid facis? ex istis Romulus alter erit.
Jussa recusantes peragunt lacrimosa ministri;   5
    Flent tamen et geminos in loca jussa ferunt.
Albula, quem Tiberim mersus Tiberinus in undis
    Reddidit, hibernis forte tumebat aquis.
Hic, ubi nunc Fora sunt, lintres errare videres,
    Qua-que jacent valles, maxime Circe, tuae,   10
Huc ubi venerunt, neque enim procedere possunt
    Longius, ex illis unus et alter ait.

160.

The bearers pity them, but are obliged to perform their task.

"At quam sunt similes! et quam formosus uterque
    Plus tamen ex illis iste vigoris habet.
Si genus arguitur vultu, nisi fallit imago,   15
    Nescio quem vobis suspicor esse deum.

At si quis vestrae deus esset originis auctor,
　In tam praecipiti tempore ferret opem.
Ferret opem certe, si non ope mater egeret,
　Quae facta est uno mater et orba die.　　　20
Nata simul, moritura simul, simul ite sub undas
　Corpora." Desierat deposuit-que sinu.
Vagierunt ambo pariter : sensisse putares.
　Hi redeunt udis in sua tecta genis.

161.

The cradle is brought safe to shore, and the babes are suckled by
a wolf.

Sustinet impositos summa cavus alveus unda ;　25
　Heu quantum fati parva tabella vehit !
Alveus in limo silvis appulsus opacis,
　Paulatim fluvio deficiente, sedet.
Venit ad expositos (mirum) lupa feta gemellos.
　Quis credat pueris non nocuisse feram ?　　30
Non nocuisse, parum est ; prodest quoque, quos lupa
　nutrit.
　Prodere cognatae sustinuere manus ?
Constitit et cauda teneris blanditur alumnis
　Et fingit lingua corpora bina sua.
Marte satos scires ; timor abfuit ; ubera ducunt,　35
　Et sibi permissi lactis aluntur ope.

162.

Daedalus had been confined by Minos, King of Crete, in the
labyrinth which he had himself constructed. Finding all
other means of escape closed, he proposes to his son Icarus to
force a passage through the air.

" Possidet en terras, et possidet aequora Minos :
　Nec tellus nostrae, nec patet unda fugae.

Restat iter caelo : caelo tentabimus ire :
  Da veniam coepto, Jupiter alte, meo.
Non ego sidereas affecto tangere sedes.   5
  Qua fugiam dominum nulla, nisi ista, via est."
Ingenium mala saepe movent.   Quis crederet unquam,
  Aerias hominem carpere posse vias.
Remigium volucres disponit in ordine pennas ;
  Et leve per lini vincula nectit opus.   10
Ima-que pars ceris astringitur igne solutis :
  Finitus-que novae jam labor artis erat.

163.

He cautions the boy not to fly too high nor too low.

Tractabat ceram-que puer pennas-que renidens ;
  Nescius haec humeris arma parata suis.   14
Cui pater " His," inquit, " patria est adeunda carinis ;
  Hac nobis Minos effugiendus ope.
Aëra non potuit Minos, alia omnia clausit ;
  Quem licet, inventis aëra rumpe meis.
Me pennis sectare datis : ego praevius ïbo :
  Sit tua cura sequi : me duce tutus eris.   20
Nam sive aetherias vicino sole per auras
  Ibimus, impatiens cera caloris erit :
Sive humiles propiore freto jactabimus alas,
  Mobilis aequoreis penna madescet aquis.
Inter utrumque vola : ventos quoque nate timeto : 25
  Qua-que ferunt aurae vela secunda dato."

164.

They start on their expedition.

Dum monet aptat opus puero, monstrat-que moveri ;
  Erudit infirmas ut sua mater aves.

Inde sibi factas humeris accommodat alas ;
   Per-que novum timide corpora librat iter.   30
Jam-que volaturus parvo dedit oscula nato :
   Nec patriae lacrimas continuere genae.
Monte minor collis, campis erat altior aequis ;
   Hinc data sunt miserae corpora bina fugae.
Et movet ipse suas, et nati respicit alas   35
   Daedalus, et cursus sustinet usque suos.
Jam-que novum delectat iter : posito-que timore,
   Icarus audaci fortius arte volat.

165.

Icarus flies too near the sun.   The heat melts the wax, and he falls
into the sea.

Jam Samos a laeva fuerant Naxos-que relictae,
   Et Paros, et Clario Delos amata deo :   40
Quum puer incautis nimium temerarius ausis,
   Altius egit iter deseruit-que ducem.
Vincla labant et cera deo propiore liquescit ;
   Nec tenues ventos brachia mota tenent.
Territus e summo despexit in aequora caelo !   45
   Nox oculis pavido venit oborta metu.
Decidit, atque cadens, "Pater, o pater, auferor," inquit.
   Clauserunt virides ora loquentis aquae.
At pater infelix, nec jam pater, "Icare," clamat,
   "Icare," clamat, "ubi es? quo-ve sub axe volas? 50
Icare," clamabat : pennas aspexit in undis.
   Ossa tegit tellus ; aequora nomen habent.

166.

The army of King Tarquin is besieging Ardea. At a banquet given by Sextus the conversation turns on the fidelity of their wives.

Cingitur interea Romanis Ardea signis,
  Et patitur lentas obsidione moras.
Dum vacat, et metuunt hostes committere pugnam,
  Luditur in castris, otia miles agit.
Tarquinius juvenis socios dapibus-que mero-que   5
  Accipit. Ex illis rege creatus ait:
"Dum nos difficilis pigro tenet Ardea bello
  Nec sinit ad patrios arma referre deos
Ecquid in officio torus est socialis? et ecquid
  Conjugibus nostris mutua cura sumus?"   10
Quisque suam laudat. Studiis certamina crescunt,
  Et fervent multo lingua-que cor-que mero.

167.

Collatinus proposes to ride to Rome and judge for themselves. Lucretia is found spinning.

Surgit cui dederat clarum Collatia nomen:
  "Non opus est verbis, credite rebus," ait,   14
"Nox superest; tollamur equis urbem-que petamus."
  Dicta placent, frenis impediuntur equi.
Pertulerant dominos. Regalia protinus illi
  Tecta petunt, custos in fore nullus erat.
Ecce nurum regis fusis per colla coronis
  Inveniunt posito pervigilare mero.   20
Inde cito passu petitur Lucretia; nebat;
  Ante torum calathi lana-que mollis erat.
Lumen ad exiguum famulae data pensa trahebant;
  Inter quas tenui sic ait ipsa sono.

168.

She is talking about her absent husband and her fears for his
safety; he suddenly presents himself.

"Mittenda est domino, nunc nunc properate puellae,
    Quamprimum nostra facta lacerna manu.   26
Quid tamen auditis? Nam plura audire potestis;
    Quantum de bello dicitur esse super?
Postmodo victa cades; melioribus, Ardea, restas
    Improba, quae nostros cogis abesse viros.   30
Sint tantum reduces! Sed enim temerarius ille
    Est meus, et stricto quolibet ense ruit.
Mens abit, et morior, quoties pugnantis imago
    Me subit, et gelidum pectora frigus habet."
Desinit in lacrimas, intenta-que fila remittit,   35
    In gremio vultum deposuit-que suum.
Hoc ipsum decuit. Lacrimae decuere pudicae,
    Et facies animo digna-que par-que fuit.
"Pone metum, venio;" conjux ait. Illa revixit
    De-que viri collo dulce pependit onus.   40

169.

The clan of the Tabii undertake the sole charge of the war
against Veii.

Una domus vires et onus susceperat Urbis:
    Sumunt gentiles arma professa manus,
Egreditur castris miles generosus ab îsdem,
    E quîs dux fieri quilibet aptus erat
Ut celeri passu Cremeram tetigere rapacem   5
    Turbidus hibernis ille fluebat aquis.
Castra loco ponunt: destrictis ensibus ipsi
    Tyrrhenum valido Marte per agmen eunt

Non aliter quam quum Libyca de rupe leones
  Invadunt sparsos lata per arva greges.   10
Diffugiunt hostes inhonesta-que vulnera tergo
  Accipiunt : Tusco sanguine terra rubet.
Sic iterum sic saepe cadunt.   Ubi vincere aperte
  Non datur, insidias arma-que caeca parant.
Campus erat, campi claudebant ultima colles   15
  Silva-que montanas occulere apta feras.
In medio paucos armenta-que rara relinquunt,
  Cetera virgultis abdita turba latet.

170.

They fall into an ambuscade.   Escape is hopeless ; all they can
do is to sell their lives dearly.

Ecce, velut torrens, undis pluvialibus auctus,
  Aut nive, quae Zephyro victa repente fluit,   20
Per sata per-que vias fertur, nec, ut ante solebat,
  Riparum clausas margine finit aquas,
Sic Fabii latis vallem discursibus implent,
  Quos-que vident, sternunt ; nec metus alter inest.
Quo ruitis generosa domus ? male creditis hosti. 25
  Simplex nobilitas perfida tela cave.
Fraude perit virtus.   In apertos undique campos
  Prosiliunt hostes, et latus omne tenent.
Quid faciant pauci contra tot milia fortes ?
  Quid-ve quod in misero tempore restet, habent ?
Sicut aper silvis longe Laurentibus actus   31
  Fulmineo celeres dissipat ore canes ;
Mox tamen ipse perit : sic non moriuntur inulti
  Vulnera-que alterna dant-que ferunt-que manu.
Una dies Fabios ad bellum miserat omnes   35
  Ad bellum missos perdidit una dies.

171.

Hercules, returning through Latium with the oxen of Geryon, is
entertained by Evander. Cacus steals two of the oxen.

Puppibus egressus, Latia stetit exul in herba
    Felix exilium cui locus ille fuit.
Nec mora longa fuit, stabant nova tecta ; nec alter
    Montibus Ausoniis Arcade major erat.
Ecce boves illuc Erytheidas applicat Heros,   5
    Emensus longi claviger orbis iter.
Dum-que huic hospitium domus est Tegeaea, vagantur
    Incustoditae laeta per arva boves.
Mane erat ; excussus somno Tirynthius hospes
    De numero tauros sentit abesse duos.   10
Nulla videt taciti quaerens vestigia furti ;
    Traxerat aversos Cacus in antra feros.

172.

The thief betrayed by the lowing of the oxen.

Cacus Aventinae timor atque infamia silvae
    Non leve finitimis hospitibus-que malum.
Dira viro facies ; vires pro corpore ; corpus   15
    Grande ; pater monstri Mulciber hujus erat.
Pro-que domo, longis spelunca recessibus ingens
    Abdita, vix ipsis invenienda feris.
Ora super postes affixa-que brachia pendent,
    Squalida-que humanis ossibus albet humus.   20
Servata male parte boum Jove natus abibat ;
    Mugitum rauco furta dedere sono.
" Accipio revocamen," ait, vocem-que secutus
    Impia per silvas ultor ad antra venit.

173.

Vengeance.

Ille aditum fracti praestruxerat objice montis   25
   Vix juga movissent quinque bis illud opus.
Nititur hic humeris (caelum quoque sederat illis),
   Et vastum motu collabefactat onus.
Quod simul evulsum est, fragor aethera terruit ipsum
   Icta-que subsedit pondere molis humus.   30
Prima movet Cacus collata proelia dextra,
   Rem-que ferox saxis stipitibus-que gerit.
Quîs ubi nil agitur, patrias male fortis ad artes,
   Confugit, et flammas ore sonante vomit.
Quas quoties proflat, spirare Typhoea credas,   35
   Et rapidum Aetnaeo fulgur ab igne jaci.
Occupat Alcides; adducta-que clava trinodis
   Ter quater adversi sedit in ore viri.
Ille cadit, mixtos-que vomit cum sanguine fumos;
   Et lato moriens pectore plangit humum.   40

174.

Jupiter summons a council of the gods to debate on the measures to be taken for punishing mankind.

Quae Pater ut summa vidit Saturnius arce
Ingemit, atque animo dignas Jove concipit iras,
Consilium-que vocat.   Tenuit mora nulla vocatos.
Est via sublimis caelo manifesta sereno,
Lactea nomen habet, candore notabilis ipso.   5
Hac iter est superis ad magni tecta Tonantis
Regalem-que domum.   Dextra laeva-que deorum
Atria nobilium valvis celebrantur apertis.
Plebs habitant diversa locis.   A fronte potentes

Caelicolae clari-que suos posuere penates.   10
Hic locus est, quem, si verbis audacia detur,
Haud timeam magni dixisse Palatia caeli.
Ergo ubi marmoreo Superi sedere recessu,
Celsior ipse loco, sceptro-que innixus eburno,
Terrificam capitis concussit ter-que quater-que   15
Caesariem, cum qua terram, mare, sidera movit.

175.

Fearing to use fire lest he should destroy heaven as well as earth,
he resolves to send a flood.

Jam-que erat in totas sparsurus fulmina terras ;
Sed timuit, ne forte sacer tot ab ignibus aether
Conciperet flammas, longus-que ardesceret axis.
Esse quoque in fatis reminiscitur, adfore tempus, 20
Quo mare, quo tellus, correpta-que regia caeli
Ardeat, et mundi moles operosa laboret.
Tela reponuntur, manibus fabricata Cyclopum.
Poena placet diversa, genus mortale sub undis
Perdere, et ex omni nimbos demittere caelo.   25
Protinus Aeoliis Aquilonem claudit in antris,
Et quaecunque fugant inductas flamina nubes ;
Emittit-que Notum.

176.

Notus and Iris work the will of the gods.   Neptune and the rivers
called in to assist.

Madidis Notus evolat alis,
Terribilem picea tectus caligine vultum ;
Barba gravis nimbis, canis fluit unda capillis,   30
Fronte sedent nebulae ; rorant pennae-que sinus-que.

Ut-que manu lata pendentia nubila pressit,
Fit fragor; hinc densi funduntur ab aethere nimbi.
Nuntia Junonis, varios induta colores,
Concipit Iris aquas, alimenta-que nubibus affert.   35
Sternuntur segetes, et deplorata coloni
Vota jacent, longi-que labor perit irritus anni.
Nec caelo contenta suo Jovis ira, sed illum
Caeruleus frater juvat auxiliaribus undis.
Convocat hic amnes.   Qui postquam tecta tyranni
Intravere sui, "Non est hortamine longo   41
Nunc, ait, utendum; vires effundite vestras.
Sic opus est; aperite domos, ac mole remota,
Fluminibus vestris totas immittite habenas."

177.

Crops, trees, temples, are carried away.   Everything is one vast
shoreless sea.

Jusserat.   Hi redeunt, ac fontibus ora relaxant,   45
Et defrenato volvuntur in aequora cursu.
Ipse tridente suo terram percussit; at illa
Intremuit, motu-que sinus patefecit aquarum.
Exspatiata ruunt per apertos flumina campos,
Cum-que satis arbusta simul pecudes-que viros-que 50
Tecta-que cum-que suis rapiunt penetralia sacris.
Si qua domus mansit, potuit-que resistere tanto
Indejecta malo, culmen tamen altior hujus
Unda tegit, pressae-que labant sub gurgite turres. 54
Jam-que mare et tellus nullum discrimen habebant;
Omnia pontus erat; deerant quoque littora ponto.
Occupat hic collem; cymba sedet alter adunca,
Et ducit remos illic ubi nuper ararat.

178.

Marine monsters sport in the woods, sea-nymphs visit the cities.
The very mountain-tops are now covered.

Ille super segetes aut mersae culmina villae
Navigat; hic summa piscem deprendit in ulmo.
Figitur in viridi, si fors tulit, ancora prato,
Aut subjecta terunt curvae vineta carinae.
Et, modo qua graciles gramen carpsere capellae,   5
Nunc ibi deformes ponunt sua corpora phocae.
Mirantur sub aqua lucos urbes-que domos-que
Nereides; silvas-que tenent delphines et altis
Incursant ramis, agitata-que robora pulsant.
Nat lupus inter oves; fulvos vehit unda leones,   10
Unda vehit tigres; nec vires fulminis apro,
Crura nec ablato prosunt velocia cervo,
Obruerat tumulos immensa licentia ponti,
Pulsabant-que novi montana cacumina fluctus

G

NOTES

1. **sapientium** : the most famous of 'the seven sages' was Solon.

   sciatis : the Subjunctive is always used with *forsitan*.

2. **exerceor,** *I train myself.*

   qui tollit, *he who,* etc.

3. **libris Sibyllinis** : these were magic books, supposed to contain the fate of Rome.

   num, *whether.*

   delirare, *lit.* to make a crooked furrow in ploughing.

4. **praetextatis** : the *toga praetexta* was a robe with a purple border worn by children.

   placuit, *a resolution was passed.*

   actum in senatu, *the question in the Senate was.*

5. **familias,** an old Genitive attached to *mater, pater, filius.*

   vellet, *meant.*

6. **servo tunicam** : after *detraho* the Dative of the *person* and Accusative of the *thing* is used.

   vapulet : *vapulo* is Active in form but Passive in meaning.

   eum, *i.e.* Plutarchus.

   quod, *the fact that.* The clause *quod multaret* is the Subject to *convenire.*

7. **Maximi,** *i.e.* Q. Fabius Maximus Cunctator, the famous opponent of Hannibal.

   maxima concordia convenire, *that there was a thorough understanding between the pair.*

   retineret, *maintained.*

8. **si quid rei novae,** *anything strange.*

manibus : the soul of the departed.

laudibus dicendis : Dative of *purpose.*

ponit, *offers.*

25. annos : after *natus* the number of years is put in the
Accusative.

firmum, *sound.*

quin, with the Subjunctive, is used after such expressions
as *non dubito, quis dubitat, fieri non potest, negari non
potest,* and the like, when there is a negative in the sentence, either implied or expressed.

26. desisset, contracted Pluperfect from *desino.*

cessante vi, *as the force died away.*

in naturam, *to its natural position.*

an properly introduces the second part of a double question ; sometimes, as here, the first part must be supplied,
whether his force was gone or, etc.

27. Sertorius, one of the most extraordinary men of the Roman
Republic, was of obscure birth.   He served under Marius,
and was compelled to fly from Rome at the time of the
Sullan proscription.   He took refuge in Spain, where the
natives chose him as their leader.   Here he fought with
success against the Romans for many years, but was ulti-
mately assassinated.

Lusitano, *Lusitania,* the modern Portugal.

visum sibi esse, *it had appeared to him.*

quod opus esset : *opus* here used as an Adjective.

28. Histiaeus, a Greek tyrant, had been summoned to Darius'
court on suspicion of treachery.   For other information
about him, *see* Miltiades, 88.

servo : Dative of *person.*   The construction is *deradit
capillum servo.*

compungit, *he tattooes.*

ut deradat : indirect command dependent on *mandasse.*

non esse frustra, *the instructions were not given without
some reason.*

29. quin, *nay rather.*

depressuri, *likely to overwhelm.*

Stoica : the Stoic philosophers prided themselves on scorn-
ing pain.

an: *cf.* 26, note.

ploratus : Accusative after *cientem.*

turbatione, *i.e.* he looked pale, but uttered no expression of fear.

30. deflagravit : the metaphor is taken from a fire burning low. We should say, *when the fury of the gale abated.*

quid hoc est quod, *how is it that.*

an conveniret, *whether it suited his dignity.*

si quid videor, *if I seem at all.*

ratione audienda : Ablative after *dignus.*

Aristippus responderit, *the answer of Aristippus will do.*

tui : Genitive after *simillimo.*

31. Lysander, a Spartan general, brought the war against Athens to a close, and established the thirty tyrants at Athens. *See* Alcibiades, 123.

perlatum esse, *that information had been given.*

Ephoros : the Ephors were the ruling magistrates at Sparta.

quanta sanctitate, *of the great justice with which.*

scriberet : co-ordinate with *daret.*

magnam enim : supply *he said.*

effert, *extols.*

imprudens, *unconsciously.*

32. hujus, *the latter, i.e.* his military exploits.

ex quo, *from which fact.*

cum posset, concessive, *although.*

accipere : *ut* with Subjunctive is a more usual construction after *hortor.*

careret, *could do without them.*

33. Chium, *Chios,* an island in the Aegean Sea, off the coast of Asia Minor.

aspiciebant, *looked to him to lead them.*

qui praeerant : supply *eos.*

concursu, *by overwhelming numbers.*

quum, *although.*

quae exciperet : consecutive.

qui pervenerunt, *and they.*

34. stans, *while standing in the stable.*

quo, final, *in order that,* is used when there is a Comparative in the sentence.

removeretur, *be deprived of.*
altius quam ut posset, *too high for it to be able.*
remittere calces, *to kick out.*
excutiebat, *brought out.*
nitida, *in good condition.*
aeque . . . ac, *just . . . as.*

35. Antiochum: *cf.* 15, nota.
novem annos: *cf.* 25, note.
amplius: *quam* may be omitted after *amplius, plus,* or *minus* if the Substantive denotes a measure.
faciam, *I will do it, i.e.* take you.
eam-que tenentem, *with my hand on the altar.*

36. quum videre: *quum* temporal is used with the Indicative in the sense of *quo tempore.* Notice that it does not refer to any particular occasion.
non segnius inhaerentem, *as he hung on all the tighter.*

37. talentis: Ablative of *price.*
experturi: Nominative, not Genitive.
quin, *but.*
isti: contemptuous.
qui non posset, concessive, *although.*

38. aestuaret, *was restive.*
jactare, niti, conari, moliri: Historic Infinitives. These are used in a vivid or excited narrative; they generally come several together, and may be translated as Indicatives. Notice that the subject *ille* is in the Nominative, not in the Accusative.

39. Bucephalus, *Ox-head.*
quod, *that.*
securus, *assured of his master's safety.*

40. lecti, *couches,* to recline on at the banquet.
lectis: *circumdo* is used with two constructions, either Accusative and Dative as here, or Ablative and Accusative, *lectos auleis.*
regem judicaturum: indirect statement, depending on a Verb of *saying,* which must be supplied.

41. justa arma sumpserat, *was completely armed.*
oleo nitens: athletes oiled their limbs before taking part in a contest.

coronatus, *i.e.* as if already victorious.

occupatum : translate by a Finite Verb.

subductis pedibus, *tripping up his heels.*

42. arrepto, *snatching up hastily.*

pressit, *he concealed.*

asperaret, *annoy.*

inseruisset oculos, *set eyes on.*

infirmam aetatem, *i.e.* the boys.

43. Sertorius: *see* 27, note.

universa acie, *united forces.*

carpi : dependent on *jussit.*

quorsum ea res tenderet, *what this pointed to.* Indirect question dependent on *cognoscere.*

universum conatus, *if he attempted to attack the whole body.*

44. ut alter . . . non dubitarit: consecutive clause, *the other did not hesitate.*

stultitiae : Genitive, after a Verb of *condemning.* We should say *condemned the folly of.*

fidei, *as a reward for his good faith.*

45. Tiro was a freedman, and secretary of Cicero, whom he had left ill at Patrae, in Achaia, north of the Peloponnese.

s. p. d., *salutem plurimam dicit,* a Roman way of beginning a letter.

Thyreum, in Acarnania, south of the Ambracian Gulf.

placebat, *it is my wish.* In writing letters, the writer often has in his eye the time when the letter will be read; therefore, instead of the Present and Perfect, uses the Imperfect and Pluperfect.

poteris: supply *facere, you can manage that.* There was no regular post in those days, so letters had to be sent by private messenger.

Curius, a banker at Patrae.

46. Andricus had brought a letter from Tiro to Cicero.

M. T. C., Marcus Tullius Cicero.

postridie quam is used like *post-quam.*

omnibus literis careo, *I have no literary work.* Tiro was Cicero's amanuensis, and wrote to his dictation.

medico : Dative after *promitti.*

mercedis depends on *tantum* (understood).

ex eo, *i.e.* from mental worry.

literas humanitatem-que, *literary tastes.*

peto facias : *ut* omitted, as often in indirect commands.

ministretur : Impersonal.

47. Aegypta, a freedman of Cicero.

Idus : the Ides of April were on the 13th day of the month.

Hermia, a slave of Cicero.

maximi facio, *I think very highly of.*

confer, *employ.*

scripta jam, etc. : what follows is a postscript.

48. A letter from Cicero to his wife Terentia.

Tullia, Cicero's daughter.

Cicero, *i.e.* Cicero's son, Marcus Cicero.

Idus: the Ides of October were on the 15th day of the month.

superiores, *the former letter.*

redditae, *delivered.*

sive, *or rather.*

in quam rempublicam : the civil war between Pompey and Caesar was on the point of breaking out.

ut, *so that.*

quid sentiam : Cicero's sympathies were with Pompey, but he dreaded the results of victory.

dabimus operam, *we will do our best.*

49. longius primo, *at first at some distance.*

macie confectus, *emaciated.*

noctes vigilabantur, *sleepless nights were passed.*

proscribebatur, *it was advertised.*

50. sterni sibi, *a room to be got ready.*

fingeret, *might conjure up.*

concuti, etc. : Historic Infinitives. *Cf.* 38, note.

obfirmare animum, *he braced his nerves.*

ut in limine, *apparently at the threshold.*

aream, *the open court,* here in the middle of the house.

51. A letter from Pliny the Younger, describing an eruption of Mount Vesuvius and the death of his uncle the elder Pliny.

Misenum, a promontory of Campania.

propius noscendum, *worth a closer study.*

facit copiam, *he gives leave.*

quod scriberem : final.

figuras, *phases.*

52. quo propius, *the nearer.*

ut ita faceret : indirect command depending on *monenti.*

Pomponianum, the villa of Pomponius at Stabiae, a little village four miles south of Pompeii.

contrarius ventus : the wind was blowing on shore, and prevented him from starting.

ut leniret : final.

excitabatur, *was heightened.*

53. jam dies alibi, *there was daylight everywhere else.*

ecquid admitteret, *whether the sea would allow them a passage.*

frigidam : supply *aquam.*

54. area, *the court-yard;* here outside the house, not inside as in 50.

per, *under colour of.*

egressi tecta, *when clear of the houses.*

vestigio, *position.*

processerat, *had advanced into the sea.*

55. superstites : supply *vos esse.*

nostrae : supply *saluti.*

effuso cursu : *at full speed.*

posse : supply *fugere.*

una : Adverb.

addere gradum, *to quicken her steps.*

moretur : Subjunctive, because she gave it as her reason.

56. precarentur, augerent : Subjunctive, because not speaking of any particular person.

non vocem parum fortem, *no cowardly expression.*

suspensam noctem, *a night of suspense.*

57. hic : Adverb, *here.*

provehi, *to swim out.* praecedere : Historic Infinitives.

58. varios orbes volvit, *describes all sorts of circles.*

adnatantis : supply *delphini.*

hujus, *the latter, i.e.* the boy.

extrahi, revolvi : Passives used like the Greek Middle.

59. Ostiam, Ostia, the port at the mouth of the Tiber.

eorum, *i.e. Poenorum.*

qui dicerent: final.

bella quae, *such wars as.*

idem : supply *populus.*

Capenam portam : this was a gate on the south-east side of Rome.

fecit, *took care.*

veniret : from *veneo.*

60. rideas : the common constructions after *licet* are Present Infinitive or Subjunctive with *ut* omitted.

non ut discederem, *not so as to depart, i.e. without departing.*

non est quod, *there is no reason why.*

ut, interrogative, *how.*

auctore me, *on my authority.*

Diana, the goddess of hunting ; Minerva, of poetry.

SCENES FROM THE CIVIL WAR.

B.C. 49—31.

61. ageret, trajecisset : notice the change of tense. *Ageret,* Imperfect, of an action still going on ; *trajecisset,* Pluperfect, of an action completed.

res : never translate *res* by *things ;* always think what it means, and choose the best word to suit the sense.

nec, *and . . . not ;* the *and* carries on the force of *quum,* the *not* belongs to *contentus.*

provinciae, *i.e.* the two Gauls, Cisalpine and Transalpine.

Hispanias, *i.e.* Spain on each side of the Ebro.

62. relicto Euphrate : *see* Ablative absolute, Appendix A. His only chance of obtaining provisions lay in keeping near the river.

circumfusi, lit. *poured around ;* translate *swarming around.*

ludibrio : the so-called Dative of *purpose ;* translate *served as a jest.*

63. At Rome Pompey proved himself quite incompetent to preserve order. The streets became a prey to gangs of ruffians whose constant conflicts produced a reign of ter-

ror. A collision between two of these bands headed by Milo and Clodius resulted in the death of the latter.

ut fit, *as is usual;* a ladies' five minutes.

obviam fieri, *to meet,* followed by Dative.

expeditus, when used of soldiers, means *without baggage;* here, *lightly clad,* as if prepared for the fray.

hora undecima, an hour before sunset. The Roman day was divided into twelve hours, from sunrise to sunset.

hic, *the latter,* Milo.

cadaver : Accusative after *sustulit.*

ferri jussit : *jubeo* is followed by Present Infinitive, not, like other Verbs of *commanding,* by *ut* with Subjunctive.

64. The fall of Crassus, and still more the death of Julia, wife of Pompey and daughter of Caesar, put an end to the agreement between the two generals. The final rupture was caused by a demand on the part of Pompey that Caesar should resign his command. The tribunes protested and fled to Caesar's camp. He at once put his army in motion.

ne qua suspicio : in final clauses *ne quis* is used, in consecutive *ut nullus.*

qui finis erat : *qui* agrees with *finis,* not with *flumen.*

quod si, *but if.*

omnia agenda erunt, *everything will have to be done.*

etiam nunc : no general might lead an army across the boundary line formed by this river ; thus to cross it was a declaration of war. .

65. cunctanti, lit. *to him delaying ;* translate *as he delayed.*

ad quem audiendum : *ad* with Gerundive implies purpose ; *e.g.* ad urbem capiendam, *to take the city.*

supervenerant, *had arrived at his camp.*

pro concione, *before the assembly.*

66. Romam : not *Romae,* because the news was brought *to* Rome and announced there.

iter habebat, *was on his way.*

causa : Ablative of a *Substantive* used like a *Preposition.*

67. redacto agrees with *Domitio.*

secundum superum mare, *along the coast of the Adriatic.*

sub noctem, *at nightfall.*

68. As Caesar had no fleet to follow Pompey himself, he went to

Spain, where there was a large force of Pompeians, whom he finally forced to surrender without a battle. While absent in Spain part of his forces under D. Brutus were besieging Massilia (Marseilles) by land and sea. The struggle was obstinate, but on Caesar's return the town, weakened by famine and pestilence, submitted.

haec, Caesar's operations in Spain.

huc, *to this number.*

sed delectos : in translating, take the words in the following order : *Caesar attribuerat ei classi fortissimos viros, delectos ex omnibus legionibus.*

ei : translate by Definite Article.

nostri, *our men, i.e.* Caesar's.

aequo animo objiciebant, *coolly opposed.*

manu ferrea, *grappling irons.*

69. After leaving Spain Caesar returned to Rome, where he was elected consul. He then followed Pompey to the East, and a decisive battle was fought at Pharsalia, resulting in a complete victory for Caesar.

huic rei defuerunt, *failed to meet the attack.*

redierunt, *had recourse to.*

consisteret, excederent, peterent : three consecutive clauses expressing the *result* of the vigour of the charge.

70. ut, *when,* temporal, is used with Indicative ; generally with Aorist.

Praetoria Porta : the Praetorian Gate faced the enemy ; the Decuman was in the rear of the camp.

circumeo, confirmo : Present, in the sense of immediate Future.

versarentur, *were engaged.*

71. After his defeat at Pharsalia Pompey took ship, closely followed by Caesar, and eventually sailed for Egypt, where he expected a friendly reception. Here, however, he was decoyed into a small boat and treacherously murdered by order of the Egyptian court, who hoped by this means to win the favour of the conqueror.

Pelusium, a city on the mouth of the Nile.

patris, Ptolemaeus XII., who had received his kingdom from the Roman people through Pompey's influence.

ut reciperetur : indirect command depending on a Verb
of *asking* implied in *misit.*

clam consilio inito, *forming their design secretly.*

cremandum : the Gerundive is the best construction
after *curo.*

72. Caesar, who had arrived in Egypt in pursuit of Pompey, now
turned his attention to the affairs of that country. The
young King Ptolemaeus was contending for the throne
with his sister Cleopatra. Caesar attempted to settle the
dispute, but as he had only a few soldiers with him, the
people of Alexandria suddenly rose and blockaded him in
that city. For a long time his position was one of great
danger, but on the arrival of fresh troops he gained a complete victory in a battle on the Nile.

suffossa : this refers to the underground channels (*specus*)
by which water was conveyed from the Nile.

exprimere contendit, *he set to work to pump out.*

ut conferant : indirect command depending on *dat
negotium.*

animum conferre, *to give their whole attention.*

73. pontem : the Harbour of Alexandria was divided into two
parts by a mole, in which there were two bridges to allow
the passage of vessels. The mole was in the hands of the
enemy, but Caesar had gained a footing on it, and occupied
one of the bridges.

illis, *i.e.* the Egyptians.

veriti ne : notice the construction with Verbs of fearing :
vereor ne veniat, *I fear he will come;* vereor ut veniat,
I fear he will not come.

laeva : supply *manu.*

74. Caesar's delay in Egypt permitted the Pompeians to collect
their forces in Africa. Cato and other leaders (among
them Labienus, one of Caesar's most distinguished officers
in Gaul, who had deserted him), had formed an alliance
with Juba, King of Numidia. Caesar returned to Italy,
and after quelling a mutiny among his troops, landed in
Africa in the winter B.C. 47. A decisive battle was fought
at Thapsus, resulting in the complete overthrow of the
Pompeians. Cato committed suicide at Utica. The two

sons of Pompey escaped from the battlefield to raise an army in Spain, where they were finally defeated at the battle of Munda.

capite nudo, so that he might be recognized by all.

quid, *why?*

iste, *that fellow*, contemptuous.

legione decima : the 10th was Caesar's favourite legion.

atque ita : break this sentence up and make *contortum* a Finite Verb.

adverso pectori, *right into the chest.*

75. canere, *to sound the charge.*

ab universis, *all along the line.*

resisti : Infinitive Passive used impersonally, *it was impossible to check ;* lit. *it was not able to be resisted.*

equo admisso, *giving his horse the rein.*

praesidio, *their support, i.e.* the elephants.

76. non videtur, *it seems unfair to pass over.*

pondere suo : qualifies *premeret.*

in sublime, *up into the air.*

quantum viribus poterat, *with his utmost strength.*

77. convocatos : break up the Participle into Finite Verb and Conjunction.

agere, *to insist.*

dormitum : the Supine in *um* is used only after a Verb of *motion; e.g.* cubitum eo, *I go to bed.*

animo praesenti, *deliberately.*

78. Petreio : Petreius had been one of Pompey's lieutenants in Spain.

Zamam : a town celebrated for Scipio's final victory over Hannibal.

coenatus esset : *coeno* has a Deponent Participle. · *Cf. nupta, potus.*

per virtutem, *to have died an honourable death.*

infirmiorem, *since he was weaker.*

videretur : notice the sequence after an Historic Present.

79. During Caesar's supremacy at Rome he commenced a series of reforms, many of which were intended to improve the position of the provinces. These reforms, and especially the introduction of foreigners into the Senate, were un-

popular at Rome ; added to this was the growing idea that Caesar intended to take the title of King. A conspiracy was accordingly formed against him, and he was assassinated in the Senate-House, March 15, B.C. 44.

spectacula : gladiatorial and other shows.

epulis : the number of the guests is stated to have been 200,000.

fastos correxit : the Roman calendar had fallen into great confusion. By Caesar's new arrangement the year began with January instead of March, and every fourth year was made a leap year.

80. oratio : this is a speech of Cicero's against Antony after Caesar's death.

Lupercalia : a festival in honour of the god Pan, celebrated in February by priests called Luperci.

dissimulat, *i.e.* Antony.

collega, Caesar.

coronatus, *crowned with laurel.* Caesar is said to have valued this privilege, as it concealed his baldness.

ita . . . ut, *though . . . yet.*

qui temptares : consecutive.

captabas, *you were appealing to.*

81. proximis diebus, *for some days before.*

idus Martiae, *March* 15.

immolantem : refers to Caesar.

Brutus : one of the conspirators.

82. specie officii, *with a show of deference.*

partes : a metaphor from the stage.

quo : final, only used when there is a Comparative in the sentence.

sunt qui, *there are some who :* followed by Subjunctive, unless the persons referred to are actually known.

83. A public funeral was decreed for Caesar. The funeral oration delivered by Antony created such excitement that the murderers were forced to withdraw from the vengeance which threatened them. After some time a triumvirate was formed by Octavius, who had been named by Caesar as his heir, Lepidus, who happened to be in command of an army on the point of setting out for Spain, and

H

Antony. Rome was once more given up to the horrors of a proscription, the most famous victim being Cicero. In the year B.C. 42, Antony and Octavius routed the forces of the conspirators in two engagements at Philippi.

Tarquinium : L. Tarquinius Superbus, seventh and last king of Rome, was expelled by an ancestor of Brutus.

Bononia : a small island on the Rhine.

vota, *objects.*

ut ingenia, *corresponding to their characters.*

agitabat : must be repeated with each Nominative.

ultionis : Genitive dependent on *cupido.*

inultus pater, *the thought that his father was unavenged.* Caesar was his father by adoption, really his great-uncle.

Sullana proscriptio : Sulla published daily lists of victims. These were unprotected by law, and rewards were offered for their heads.

84. Caesar, *i.e.* Octavius.

locum, *i.e.* Philippi.

sub oculis mirantis, *under his wondering eyes ;* lit. *under the eyes of him wondering.*

Notice the Subjunctives : renuntiaret, *final ;* esset, *indirect question ;* tenderet, Subjunctive, although *a Relative clause,* because it qualifies a word in *Oratio obliqua.*

85. a quo, *i.e.* the messenger.

administratum esset, Impersonal, *the order was executed.*

extentam : translate by a Finite Verb and Conjunction.

ita, *with these words.*

86. Antony now assumed the government of the Eastern Provinces, Octavius that of the Western. A hollow agreement was maintained between the two for some years, but Antony became a slave to the charms of Cleopatra, the beautiful Queen of Egypt, and by his conduct alienated the affections of the Romans. At last war broke out, and Antony was defeated at the battle of Actium, B.C. 31. To avoid falling into the hands of the conqueror he killed himself, and Octavius was left in sole command of the empire.

militis : Singular for Plural.

saevire debuerat, *ought to have been furious with.*

The Present Infinitive in Latin refers to *the same time* as the word on which it depends.

prior, *i.e.* before Cleopatra.

induta maximos cultus, *dressed with great splendour.*

sic morte soluta est, *she passed away in death.*

LIVES OF EMINENT GREEKS.

MILTIADES.

87. iisdem temporibus, B.C. 507. Miltiades, an Athenian, had succeeded his uncle as tyrant of the Thracian Chersonese.

Scythis, a nomad or wandering people inhabiting the country north of the Danube.

pontem, *a bridge of boats.*

abesset : Subjunctive, because part of his orders, "Wait while I am away."

quibus singulis, *to each of whom.*

The Greek colonies in Asia Minor were all subdued by Cyrus, King of the Persians.

Darius gave them a rope with sixty knots. They were to untie one each day, and if he did not return before they came to the last knot, they were to break down the bridge and return home.

88. Europam fore : this is a continuation of Miltiades' speech, depending on *dixit* (understood).

ne res, *prevented the design from being carried into execution.*

idem expedire, *they had not the same interests as the people.*

quo, *i.e.* Darius.

The tyrants knew that the fall of Darius involved their own. The selfish argument of Histiaeus prevailed.

preventura : the better construction after *non dubito* is *quin* with the Subjunctive.

tam multis consciis, Ablative Absolute, *since so many were witnesses.*

89. ducenta : supply *milia.*

Sardes : when the Ionians revolted, the Athenians and Eretrians sent a small fleet to assist them.

abreptos : translate by Finite Verb and Conjunction.

Marathona : notice Greek form of Accusative.

Phidippides completed the distance (150 miles) within three days.   His exertions, however, were unavailing, for the Spartans refused to start until the new moon.

90. praetores : a Roman title for the Greek Strategus.

castra flerent, *i.e. they should take the field.*

auxilio : the so-called Dative of *purpose.*

Plataea : a small town in Boeotia always faithful to Athens.

valuerit : this tense of the Subjunctive is used after an Historic tense to express *actual* consequence.

91. The Plain of Marathon is in the form of a horseshoe, surrounded on three sides by rocky hills.   At each extremity there was a marsh in which many of the vanquished perished.

equitum : other authorities make no mention of the presence of the cavalry during the battle.

92. quo imperio, *while holding this command.*

in eo esset ut, *the town was on the point of.*

Regis, the King of Persia.

93. proditionis : after Verbs of *accusing* and *condemning* the charge is put in the *Genitive, e.g.* capitis, *a capital charge.*

discessisset : Subjunctive, because they gave this as their reason for accusing him.

infectis rebus, *without accomplishing anything.*

verba fecit, *pleaded his cause.*

THEMISTOCLES.

94. Neocli : the Genitive singular of Greek proper names in *es* ends in *i* more often than in *is, e.g. Pericles,* Gen. *Pericli* or *Periclis.*

Duxit, *married ; duco* (with Accusative) is used of a man marrying a woman, *nubo* (with Dative) of a woman marrying a man.

Halicarnassus : a Greek colony in Caria, on south-west coast of Asia Minor.

liberius, *too extravagantly.*

eam, *i.e. contumeliam.*

serviens : distinguish servio, *I am a slave to* (with Dative), servo, *I keep* (with Accusative).

res major, *business of importance.*

quae opus erant, *what was needful. Opus* is here used as an Indeclinable Adjective.

quo factum est ut, *the result was.*

95. capessendae reipublicae, *undertaking public business.*

ferociorem, *more spirited.*

The conversion of Athens into a naval power was the work of Themistocles, but it was connected with the war with Aegina, not with Corcyra.

redibat, *came in. Redire* is regularly used of *revenue.* Do not confuse *reddo, reddere,* compound of *do* (Transitive), *redeo, redire,* compound of *eo* (Intransitive).

largitione, *corruption.*

fregit, *broke the power of.*

praedones consectando : the Adjectival form *praedonibus consectandis* is more common with *Transitive* Verbs.

quum . . . tum, *both . . . and.*

ornavit, supply *Athenienses.*

quantae saluti fuerit : notice (1) the indirect question, (2) the Dative of *purpose.* Translate *how far this served to save.*

tantis quantas, *with such great forces as.*

96. Marathoniam : *see* Miltiades.

peti, *to be aimed at.*

Delphos : at Delphi there was a small opening in the ground through which a vapour ascended. Under the influence of this vapour the Pythia, or priestess, was supposed to give inspired answers.

quo valeret, *what this pointed to.*

eum, is attracted into the Gender and Number of *murum.*

superiores, *those they had before.*

Salamina : a *small* island therefore the Preposition is omitted. Notice Greek form of Accusative.

97. dimicari, Impersonal, *the battle should be fought.*

qui occuparent, paterentur : final clauses.

trecentarum navium, *consisting of three hundred ships.*

pari proelio, *after a drawn battle.*

superasset, *should have sailed round.*

98. astu, a Greek word, *the city ;* generally of Athens, as *urbs*
    of Rome.   It is doubtful whether there is any evidence
    for this statement.

    universos, *if they remained together.*

    dispersos, *if they separated.*

    fidelissimum must be taken out of the Relative clause,
    the most faithful slave he had.   This is common with
    Superlatives.

    suis verbis refers to Themistocles, the Nominative of
    the principal clause ; *ei . . . ejus* to Xerxes.

    potuerit : *see* 90, note *valuerit.*

99. eodem does not agree with *gradu.*

    id agi ut, *that plans were being formed.*

    fecerat : Indicative, because not part of the message.

    dissolveretur, excluderetur : notice the change of
    Nominative.

    altera victoria : supply *est.*

    quae possit : consecutive, lit. *of such a kind as can be.*

    post memoriam, *in the recollection.*

100. conati : the Lacedaemonians made as an excuse that Athens,
     if the walls were rebuilt, might again be occupied by an
     enemy, and so become a common danger to all Greece ;
     their real object was to weaken the power of the Athenians.

     qui vetarent : notice the Mood, and construe it rightly.

     ut tum exirent quum, *they should not leave until.*

     facerent, parcerent, congererent : indirect com-
     mands dependent on *praecepit.*

     putarent : Subjunctive, because dependent on a word
     in *Oratio obliqua.*

     sacellis, sepulcris : Ablatives of *matter.*

101. ut venit, ut duceret : notice difference of Mood, and be
     careful in translating.

     operam dedit, *he took pains* or *did his best.*

     fallere : supply Accusative.

     superesse, *remained unfinished.*

     ephoros : those were the five magistrates elected at
     Sparta, whose power exceeded even that of the heredi-
     tary kings.

     contendit, *maintained.*

quibus haberetur : adjectival, qualifying *viros.* The Indicative could not be used here, even in *Oratio recta,* as reference is not made to any particular individuals.

illos : Subject to Infinitive *mittere.*

retinerent : his words were, *keep me as a hostage.*

ut ne: often used instead of *ne* alone, especially with words like *prius, quidem, quis,* which with the *ne* form one idea.

102. Athenienses : supply *fecisse.*

quod, *what ;* the antecedent is omitted.

quo, final, *in order that ;* used only when there is a Comparative in the sentence.

testularum suffragiis : Ostracism was an appeal to the country, used only in great emergencies, to settle the claims of rival statesmen. The question put to the people was whether the safety of the State demanded the banishment of any citizen. Each voter wrote a name on a shell, and if more than 6000 votes were recorded against any single man, he was banished for ten years.

accusarent : when Pausanias was condemned at Sparta, evidence was also found which implicated Themistocles.

103. proditionis : Objective Genitive after a Verb of *condemning.*

propter se, *i.e.* Themistocles ; *iis,* the Corcyreans.

in fidem reciperet, *received him under his protection.*

difficile enim esse, *saying that it was difficult.*

Pydna : in Macedonia, on the Thermaic Gulf.

104. eo : Adverb.

sibi esse pereundum, *he must die.*

Thucydides : a Greek historian who wrote an account of the Peloponnesian war.

105. Themistocles veni : *cf.* Hannibal peto pacem, *it is I, Hannibal, who am begging for peace.*

Graiorum : Partitive Genitive depending on *plurima.*

idem, *I too.*

ipse : supply *esse coepi.*

in tuto, *in safety.*

id agi ut : *see* 99, note.

circumiretur : notice change of Nominative.

106. veniam dedit, *granted his request.*

commodius, *with greater fluency.*

Thucydides, on the contrary, only says that he learned as much Persian as he could.

morbo : Ablative of cause. In English we use the Genitive, *he died of fever.*

sumpsisse : the subject (*illum*) must be supplied. The collection of Verbs at the end of this sentence makes it very awkward. The order is *cum desperaret se posse praestare.*

concederetur : Subjunctive, because part of Thucydides' statement.

Asia, *i.e.* Asia Minor.

Magnesia, a city in Caria.

PAUSANIAS.

107. ut . . . sic, *though . . . yet.*

viginti equitum : supply *milibus.*

majora concupiscere, *to aspire to higher power.*

donum dedisse : the subject (*se*) must be supplied from *suo.*

108. usus, *meeting with.*

elatius se gerere, *to behave more arrogantly.*

Byzantium : a Greek colony on the site of the modern Constantinople.

qui redderet : notice the Mood.

tibi muneri : notice double Dative.

misit : the Romans in letter-writing arranged the tenses with reference to the time when the letter would be received. Xerxes would say, "Pausanias *has* sent me," etc.

nuptum : Supine, we should say *in marriage.*

ne cui rei parcat, *to spare no pains.*

ea, *his promises.*

109. pecunia : Ablative of *separation.* It need not be translated.

sua sponte, *unauthorized.*

cultum, *mode of life.*

utebatur governs both *apparatu* and *veste.* If you cannot think of one word which will do for both, try two.

Colonas qui locus : when the antecedent to a Relative

is in apposition to another word it is placed in the Relative clause and attracted into the case of the Relative— *to Colonae, a place which.*

quum . . . tum : *cf.* 95, note.

clava, *the Scytale.*

110. regi : Pausanias was not actually king, but regent, acting for the infant son of Leonidas.

neque eo magis, *nor was he on that account any the freer.*

quod vocatur : *qui vocantur* would be equally good Latin.

existimabatur, *i.e.* Pausanias.

non goes with *oportere.*

judicari : Impersonal. Notice the two methods of expressing necessity.

111. interim : the clauses may be taken in the order they are written ; *laxavit* and *cognovit*, of course, are the principal Verbs.

eodem, *to the same place.*

pereundum : Impersonal Gerund, because an Intransitive Verb.

praetereunda : Personal, because a Transitive Verb.

gravitas, *caution.*

Notice that *prius* is separated from *quam.*

Taenari : Locative. Taenarum was the most southerly promontory in Greece ; now Cape Matapan.

nefas, *sacrilege,*

in ara-que : -*que* is properly placed after the first word in its own clause, but if the first is a monosyllable it is sometimes put on to the second.

hanc juxta : the Preposition *juxta* is often placed after the word it governs ; *hanc* refers to *ara.*

si quis quid loqueretur, *anything any one said.*

112. supplicem dei may be taken two ways : (1) objectively, *suppliant to the god ;* (2) subjectively, *the god's suppliant.*

causae : *cf.* Latin Primer, § 131.

meritum de illo optime, *who had been so kind a master ;* lit. *had deserved so well of him.*

satius : Comparative of satis, *preferable.* They did not wish the temple to be violated.

113. **paucis gradibus**: Ablative of *measure.*

    Chalcioecos, *of the Brazen House,* an epithet of Minerva.

    quo celerius : why is *quo* used instead of *ut ?*

    dicitur matrem : the Personal construction is more usual with such words as *dicor, videor, credor.*

    magno natu : Ablative of *quality* with epithet, *of a great age.*

    in primis attulisse, *was one of the first to bring.*

    eodem quo ii, *to the same place as those were buried.*

    Delphici : an Adjective ; supply *oracle.*

ALCIBIADES.

114. **experta :** supply *esse.*

    laborem animi, *mental strain.*

115. **Syracusanis :** Syracuse was on the east coast of Sicily. This was contrary to the policy of Pericles, who always warned the Athenians to abstain from foreign conquests.

    id, *the expedition.*

    Hermae : these were busts of the god Hermes, placed at the doors of the houses at Athens.

    convenire in, *to point to.* It is far more likely to have been some enemy of Alcibiades, who hoped by this means to put a stop to the expedition.

    opera forensi : it was common for nobles to act as advocates gratuitously, to win popularity.

116. **consuetudinem,** *i.e.* their distrust of eminent citizens.

    violasset : why Subjunctive ?

    Elidem : on the west coast of the Peloponnese.

117. **inimicos,** *private enemies ;* **hostes,** *public foes.*

    se, *Alcibiades ;* **illos,** *the Athenians.* The principal Verb must be supplied from *praedicare.*

    Deceleam : the fort was only ten miles from Athens.

118. **id Alcibiadem :** double Accusative after a Verb of *concealing.*

    ea, *such.*

    Atheniensium : Genitive depending on *opes.*

    Samum, *Samos,* an island near the coast of Asia Minor, where the Athenians had established their head-quarters.

    ab hoc, *Pisander.*

praeficitur, *he was appointed.*

120. Piraeum : the port of Athens, five miles distant from the city, but joined to it by long walls.

sic, *so thoroughly.*

populo persuasum erat : Verbs which govern a Dative of the *person* in the Active are used Impersonally in the Passive.

quin here equals *qui non.*

Cyme : a town on the coast of Aeolis, in Asia Minor. The battle was fought during the absence of Alcibiades, and contrary to his instructions.

121. Pactye : a town in the Thracian Chersonese.

Aegos flumen : better known by its Greek name *Aegos potamos, Goats' River.* It was on the European side of the Hellespont ; Lysander was on the other side.

eo introduces *quod valerent,* and need not be translated.

Thracum, *i.e.* the Asiatic Thracians.

eum, *Lysander.*

122. si quid secundi, *if any success.*

reum, *responsible.*

123. Pharnabazus was Satrap of the Persian provinces near the Hellespont.

tyranni : when Lysander conquered Athens he established a government of thirty of his partisans, who, owing to their cruelty, were called the Thirty Tyrants.

accuratius sibi agendum, *he must deal more strictly.*

quae regi essent, *the agreement between the king.*

124. tulit, *resist.*

quem : the antecedent *eum* is omitted.

quem superari diffidebant : this can hardly be translated literally, *to conquer whom they distrusted their power.*

EPAMINONDAS.

125. servivit, *aimed at.*

temporibus, *opportunities.*

126. Cyziceno, *Cyzicus,* a Greek town on the Propontis (Sea of Marmora).

ad suam voluntatem, *i.e.* he bribed Micythus to be his confederate.

127. brevitate respondendi concinnus, *happy in re-partee.*

perpetua oratione, *a set speech.*

vultis : notice the change of Number.

128. si quis, *any one who.*

conferre, *to apply it.*

129. id, *i.e.* their disobedience to the law.

crimini dabant, *laid to his charge.*

Leuctra : a small town in Boeotia.

Graeciam in libertatem vindicavit, *asserted the freedom of Greece.*

130. Mantinea : on the frontier of Arcadia, the central division of the Peloponnese.

sitam, *depended.*

ex hastili, *broken off from the shaft.*

THE BATTLE OF ARBELA, B.C. 331.

131. rex : Darius, the Persian king.

ad itinera occupanda : *ad* with Accusative of Gerundive expresses *purpose* like a final clause=*ut occuparet.*

graviore comitatu, the heavier part of his train which would delay the march.

equite circumdato, *stationing the cavalry.*

in utrumque : Accusative, because *motion* is implied.

praemissum : translate by a Finite Verb and Conjunction.

jubet : the *Historic* Present is often used for vividness in Latin, translate by a Past tense.

132. armari, *to arm,* like the Middle Voice in Greek.

patentibus campis : in the battle of Issus the narrowness of the plain had prevented Darius from taking advantage of his superiority in numbers.

summa, substantive, *sum-total.*

Alexander's army consisted now of 40,000 foot and 7000 horse.

stadia : a stadium was a little less than a furlong.

causa non suberat, *there was no immediate cause.*

perculsis : Dative depending on *supervenisset, panic-stricken as they were.*

quod si, *but if.*

potuit : Indicative, not Subjunctive, because the *condition* is sufficiently expressed by the meaning of the Verb itself.

ipsos, *the soldiers.*

compotes sui, *regaining their self-possession.*

ex praesentibus, *under the circumstances.*

133. sive . . . sive, *whether . . . or* (Conditional), must be carefully distinguished from *utrum . . . an, whether . . . or* (Interrogative).

explicabatur, *lay extended.*

taedio : Ablative of *cause,* translate by a final clause.

quin contenderent : *cf.* 25, note.

134. artium : Objective Genitive, depending on *peritissimus.*

intempesta nocte, *the dead of night.*

ad haec, *in addition to this.*

motura : Neuter, as the words with which it agrees are lifeless.

Ciliciae : the battle of Issus was fought in Cilicia.

135. absentiam : as at the battle of Granicus.

furtum noctis, *a treacherous night attack.*

poeniteat : after *malo, nolo,* etc., the Subjunctive is often used with *ut* omitted.

quod suaserat : notice the Mood, *what Parmenio actually had advised.*

136. non alias, *at no other time.*

verbenas : branches of laurel or myrtle used when sacrificing.

Victoriam, the goddess of victory.

an potius torqueret : the first part of the question is omitted, (*whether this was best or*) *whether he should not rather divert his attack.*

137. distinguish carefully { *ortus* from *orior, rise.* / *orsus* from *ordior, begin.* / *ausus* from *audeo, dare.*

imperia, *their commands,* not *his orders.*

injussu : (like *jussu*) only used in the Ablative.

compellatum : Accusative after *excitavit*. Translate by a clause.

posset, *i.e. excitare* (understood).

138. securus : *sine cura. Se* (old form of *sine*), when compounded, implies *separation*, *e.g. se-cedo, se-d-itio.*

coepisset : Subjunctive, because it is the reason Parmenio himself gave for *wonder*, not the author's.

metuam, Conjunctive, *why should I fear ?*

139. silentio : the Ablative of *manner* requires an epithet or the Preposition *cum*, except in the case of a few words, *vi fraude, clamore, silentio,* etc., but *cum dolore, cum gaudio.*

tuendum, do not confuse *tueor, I look after,* with French *tuer, kill.*

a latere invehi, *to make a flank attack.*

140. dimissae : the chariots had spears in front and scythes projecting from each wheel.

nec must be taken closely with *sensim,* not with *cedebant.*

equitibus jussis, *by ordering the cavalry.*

vicerimus : in English we use the *Present* tense, Latin is more accurate.

ne . . . subducat, *he must not withdraw a single man. N.B. virium* does not come from *vir.*

141. quo armari possent, *to arm themselves with.*

ancipiti, lit. *two-headed.* They had met with a disaster (*malum*) both in front and rear.

Macedonas : Greek form of Accusative.

Scythas : the Scythian cavalry who were attacking the baggage.

hastatorum, the first rank of a Roman army was called *hastati.* Here it simply means *spearmen.*

phalangem : a body of men fifty deep and sixteen abreast, with spears twenty-four feet long.

142. Scytharum : Genitive depending on *duce.*

qualem : the Relatives *quantus* and *qualis,* when used as Pronouns, follow the same rules as *qui.*

castigare, adhortari, accendere : *Historic Infinitives* are sometimes used in narrative as principal sentences. They generally express *excitement,* and come several together. They may be translated by Indicatives. The subject of an Historic Infinitive is put in the *Nominative* case.

Persae, the antecedent to *qui*, is here put into the Relative clause.

143. Agriani: these had been placed in reserve to prevent the left wing from being outflanked.

subditis calcaribus, *putting spurs to their horses.*

obverti in se, *to engage them.*

averso, Alexander's rear.

sui: Objective Genitive depending on *immemores.*

maxime, *most closely.*

caesi regis decus, *the glory of killing a monarch.*

144. ipsum, *his master.*

quin: *cf.* 133, note.

aequo Marte, *with equal Fortune*, the god of war used for war itself.

cognati et armigeri : Nominative to *turbavere.*

145. an vitaret: *see* 136, *an torqueret* (note).

sensim : a number of Adverbs have the ending *sim* or *tim*, *e.g. paulatim, praesertim, divisim.*

adversa ora fodiebant, *struck at the faces of those who opposed him in front.*

prospectum oculorum, *the view.*

haud secus quam, *as if*, lit. *not otherwise than.*

habenarum, *the lash.*

146. alia, *different.*

utrius-que partis res, *the combat on either side.*

abundans multitudine, *with his overwhelming numbers.*

in quo discrimine, *the critical position things were in.*

subveniretur, Impersonal, *help was sent;* this is all part of the message.

agmen :ˊNominative.

frendente, *gnashing his teeth at the thought that.*

sibi : after *eripio* a *person* deprived is generally Dative, a *thing* Ablative with Preposition.

147. nisi quod, *except the fact that.*

alii . . . alii, *some . . . others.*

148. non modo equals *non modo non.*

   caplebat, *could hold.*

   metuunt, *men fear.*

   instantibus: Dative after *causatus est.*

   ut permitteret: indirect command depending on *in-stantibus.*

   tela esse: indirect statement depending on *causatus est.*

   signa converterat, *had wheeled round;* lit. *reversed the standards.*

149. pauci et incompositi: in English we omit the Con-junction.

   fugam, acie: notice the cases; *effusos* implies motion, *cecidisse* does not.

   dissimulo, *I pretend not to be what I am, dissemble;* simulo, *I pretend to be what I am not, sham.*

   in dubiis rebus, *at a crisis.*

   nec Persae, *i.e.* many fell on both sides.

   diversis, *fled in different bodies.*

150. defunctus, *quit of.*

   majore ex parte, *in a greater degree.*

   antea, *i.e.* at Issus.

   in illo ardore, *considering the excitement.*

   prudentius quam avidius: *quam* is naturally fol-lowed by the same degree of comparison as precedes it.

   quod: the antecedent is the whole clause, *a thing which.*

SELECTIONS FROM OVID.

151, 5. missis ignibus, *with shooting fires.*

   7. falsae belongs in sense to *crimine, under a false suspicion.*

   11. sinistrae: the Romans considered the left-hand side the lucky one.

152, 13. trabea: this was supposed to be the origin of the use of the striped toga on state occasions by Roman magistrates.

   15. dixisse depends on *visus.*

18. **patrias artes** : Romulus, as the founder of the state, calls himself *Father*.

21. **fiunt** : the *i* in *fio* is long except before *er*, *fieri*.
collis, *i.e.* the Quirinal.

22. **certi dies**, February 17.

153, 4. **Gabios** : Gabii, a Latin town near Rome.

5. **Superbi** : Tarquin was called Superbus; his youngest son Sextus by his conduct proved himself like his father.

154, 16. **quod** : interrogative, agreeing with *iter*.

18. **humum** : Accusative of respect, *with its ground divided*.

24. **nuda** equals nudata, *stripped*.

155, 1. Saturn was the father of Jupiter, by whom he was afterwards dethroned.

3. **pinus** : the material of which the ship was made put for the ship itself.

10. **lapis,** *boundary stone.*
qui regeret, *to mark out.*

12. **securis,** *to their masters free from care.*

14. **saevus** : the smith is called *cruel* because he forges destructive weapons.

156, 3. **prodit** : from *prodeo.*

5. **margine,** *horizon.*

7. **caput velatus** : the (so-called) Accusative of *respect* is often used by poets in speaking of parts of the body or dress after a Passive Verb, where the Ablative Absolute would be used in prose. *E.g. Capite velato, cf. oculos dejecta decoros.*

10. **fidem,** *fulfilment.*
pollicitam : used in a Passive sense. *Cf. professa,* 169, line 2.

157, 14. **acta,** etc., *my tale is strange but true.*

17. **versatum,** *wafted.*

21. **illo,** *i.e.* the shield.

24. **insidiantis,** *of the thief.*

158, 5. **modo** : Adverb.

6. **seminis herba,** *the young seedling.*

9. **blandi** : supply *sunt.*

I

11. **cultus** : Accusative plural.

159, 1. **partu ediderat,** *had brought forth.*

caelestia : Mars was the father of Romulus and Remus.

2. **patruo** : Amulius, who had expelled his elder brother Numitor.

5. **recusantes,** *though loth.*

7. **Tiberinus** : an old king of Alba, was drowned in the Albula, which was afterwards called the Tiber.

12. **unus et alter,** *one or other of the servants.*

160, 16. **vobis esse,** *you have* (for your father).

18. **praecipiti tempore,** *moment of danger.*

19. A god could not be in two places at once.

22. **corpora,** *poor babes.*

sinu, *from his bosom.*

23. **sensisse,** *they realized their fate.*

vagiĕrunt : notice the quantity. It is unusual, but other instances occur. *Cf.* 151, line 12.

161, 25. **impositos,** *its burden.*

29. **feta,** *a she-wolf.*

31. **prodere** : the Accusative is (*eos*), *quos lupa nutrit.*

sustinuere, *have not shrunk from.*

35. **ubera ducunt,** *they suck.*

Marte satos, *the progeny of Mars.*

162, 6. **ista,** *i.e.* through the sky.

7. **mala,** *misfortunes;* " Necessity is the mother of invention."

9. **remigium,** *to act like oars.*

10. **opus,** *fabric.*

163, 17. **potuit** : supply *claudere.*

18. **aëra rumpe,** *force a passage through the air.*

21. **vicino sole,** *too near the sun.*

26. **vela secunda dato,** *trim your sails to follow.*

164, 34. **miserae** : because its end was so disastrous.

165, 40. **Clario,** *Claros,* a small town in Ionia, where there was an oracle of Apollo.

43. **deo,** *the sun-god.*

47. **auferor,** *I am torn from you.*

49. **nec jam,** *now no longer.*

50. quo-ve sub axe, *in what part of the heavens.*

52. nomen: the sea was thenceforward called the Icarian Sea.

166, 1. Ardea : a town in Latium, about twenty miles south of Rome.

2. lentas obsidione moras : this cannot be translated literally, but the meaning is plain.

3, 4. vacat, luditur: both used Impersonally.

6. rege creatus, *the king's son,* Sextus.

7. difficilis, *stubborn.*

8. Victorious soldiers often suspended their weapons in the temples on their return home.

9. torus socialis, *our wives.*

167, 13. Collatia : he had received the name of Collatinus from the town Collatia, of which his father was governor. He was cousin to Sextus.

15. nox superest, *the night is young.*   Look out *superest.*

20. posito mero, *with wine set before her.*

24. tenui, *gentle.*

168, 28. esse super, *to be left.*

36. deposuit-que : -*que* is here placed after the first word in *sense.*

34. me subit, *presents itself to me.*

169, 2. professa : a Past Participle of a Deponent Verb, but used in a Passive sense.   *Cf.* 156, line 10.

3. isdem : the same part of the city ; called a camp, because they were bent on war.

5. Cremeram : a stream near Veii.

7. loco, *in a suitable place.*

8. Tyrrhenum : Veii was a city in Etruria ; its army is sometimes called Tyrrhenian, sometimes Tuscan.

9. non aliter : notice the different ways in which a simile is introduced.

Libyca, *African.*

15. ultima, *the extremities.*

170, 19. torrens : Nominative to *fertur.*

24. inest, *is in their hearts.*

25. male creditis, *you do wrong to trust.*

30. quid-ve habent, *what resource have they left.*

31. **Laurentibus** : the Laurentine woods were near the mouth of the Tiber.

32. **fulmineo ore,** *with his lightning tusk.*

34. **dant-que ferunt-que,** *they give and take.*

171,   1. **exul** : Evander, who came from Arcadia, in Peloponnese. *Cf.* line 4.

3. **nec alter,** *no other.*

4. **Ausoniis** : *i.e.* Latium.

Arcade : the Arcadian Evander.

5. **Erytheïdas** : one of the famous labours of Hercules was to fetch the oxen of Geryon, King of Erytheia, an island in the far West.

7. **Tegeaea domus,** *house of Evander.* Tegea was a town in Arcadia.

8. **laeta per arva,** *through the rich pastures.*

9. **Tirynthius** : Hercules was brought up at Tiryns, near Argos.

12. **aversos,** *backwards.*

172, 13. **Aventinae silvae** : afterwards one of the hills on which Rome was built.

15. **pro,** *in proportion to.*

21. **servata male,** *badly kept, i.e.* lost ; Ablative Absolute.

Jove natus : Hercules was the son of Jupiter and Alcmena.

22. **furta,** *the stolen oxen.*

173, 27. **caelum** : Hercules had supported the heavens on his shoulders while Atlas fetched for him the golden apples from the Garden of the Hesperides.

31. **collata dextra,** *in fair fight, man to man.*

33. **male fortis,** *like a coward.*

35. **Typhoea,** *Typhoeus,* a giant, buried by Jupiter beneath Mount Aetna.

174,   1. **quae** : *i.e.* the wickedness of man.

Saturnius : Jupiter was the son of Saturn.

5. **Lactea nomen habet** : *it is called the Milky Way.*

8. **celebrantur** : Ovid's idea of the gods is borrowed from the morning levee of a Roman noble.

9. **diversa** : the epithet which properly belongs to *locis* is transferred to *Plebs.*

175, 20. **esse in fatis,** *that it was written in the book of fate.*

22. **operosa,** *so painfully constructed.*

23. **Cyclopum** : attendants of Vulcan who forged the thunderbolts.

26. **Aeoliis,** *Aeolus,* King of the Winds, kept them confined in a cave.

27. **inductas nubes,** *the gathered clouds.*

176, 29. **vultum :** *cf.* **156,** line 7, note.

34. **varios induta colores:** *cf.* line 29. Notice the Accusative here refers to dress.

35. **concipit,** *draws up.* The popular superstition that the rainbow draws up water to the clouds still exists in the west of England.

37. **vota,** *hopes.*

39. **caeruleus frater** : Neptune, so called from the colour of the sea.

40. **amnes,** *the river-gods.*

41. **est** : to be taken with *utendum.*

177, 45. **fontibus ora relaxant,** *open their fountain-heads.*

48. **sinus aquarum,** *her secret springs.*

57. **hic,** *one man.*

58. **ducit remos,** *pulls his oars.*

178, 5. **modo qua,** *where just now.*

8. **Nereides,** *the sea-nymphs,* daughters of Nereus.

9. **agitata,** *swayed to and fro.*

11. **vires fulminis:** *cf.* **152,** line 14.

13. **immensa licentia,** *unbridled power.*

APPENDIX A.

THE ABLATIVE ABSOLUTE.

THE translation of the Ablative Absolute is a difficulty which recurs so frequently that a few examples for imitation are given below.

It should first be translated LITERALLY, taking first the Subject, whether Substantive or Pronoun, *e.g.*—

> Omnes, relicto tribuno, Scipionem comitati sunt.
> *The tribune having been left*, all accompanied Scipio.

It should then be turned, *e.g.*—

> I. By FINITE VERB with Conjunction *and*, *e.g.*—
>
> > *All left the tribune and* accompanied Scipio.
>
> II. By an ADVERBIAL SENTENCE, *e.g.*—
>
> > Plerisque admirantibus Fabricius discessit.
> > Since
> > When   } *many wondered* Fabricius departed.
> > Although
>
> *N.B.*—The context will show which kind of Adverbial sentence is required.
>
> III. By an ADVERBIAL PHRASE, *e.g.*—
>
> > *Amidst the general astonishment* Fabricius departed.
> > Inspectante populo mortuus est.
> > *In the sight of the people* he expired.
>
> IV. By a PARTICIPLE—
>
> > Hostis, gladio educto impetum fecit.
> > The enemy { *drawing his sword* / *with drawn sword* } made an attack.
>
> but not, *having drawn his sword*, unless the Verb is Deponent.

APPENDIX B.

A FORM OF ANALYSIS FOR COMPOUND SENTENCES.

Quum enim M. Naevinus tribunus plebis accusaret eum ad populum, diceret-que accepisse a rege Antiocho pecuniam, ut conditionibus mollibus pax cum eo populi Romani nomine fieret, tum Scipio, pauca praefatus, quae dignitas vitae suae atque gloriae postulabat, ad templum discessit.

PRINCIPAL SENTENCE.

Tum,

Scipio

ad templum discessit.

DEPENDENT CLAUSES.

1 { Quum M. Naevinus tribunus plebis accusaret eum ad populum } TEMPORAL CLAUSES.

2 { diceret-que

{ se a rege Antiocho pecuniam accepisse } INDIRECT STATEMENT.

{ ut conditionibus mollibus pax cum eo populi Romani nomine fieret } FINAL CLAUSE.

3 { pauca praefatus } PARTICIPIAL CLAUSE.

{ quae dignitas vitae suae atque gloriae postulabat. } RELATIVE CLAUSE.

VOCABULARY

A.

ā *or* ăb, prep. with abl. *by, from.*

abdo, -dĭdi, -dĭtum, v. 3, *hide, conceal.*

ăbeo, -īvi *or* -ii, -ĭtum, -īre, v. *go away, depart.*

ăbhinc, adv. *since, ago.*

abjĭcio, -jēci, -jectum, v. 3, *throw or cast away.*

abrĭpio, -ui, -eptum, v. 3, *carry off, drag away, hurry away.*

abrŏgo, -āvi, -ātum, v. 1, *repeal, annul, cancel.*

abrumpo, -rūpi, -ruptum, v. 3, *break off, rend, tear asunder.*

abscēdo, -cessi, -cessum, v. 3, *go away, depart, retire.*

abscindo, -scĭdi, -scissum, v. 3, *cut off, tear away.*

absens, -tis, part. and adj. *absent, distant.*

absentia, -ae, f. *absence.*

absolvo, -vi, -ūtum, v. 3, *loosen from, acquit, despatch.*

abstĭnentia, -ae, f. *abstinence, self-control, integrity.*

abstĭneo, -ui, -tentum, v. 2, *hold or keep away from, refrain.*

absum, -fui, -esse, v. *be away, be absent, be distant.*

ăbundantia, -ae, f. *plenty, abundance.*

ăbundo, -āvi, -ātum, v. 1, *abound, be rich.*

āc, conj. *and.*

Ācastus, -i, m. *Acastus.*

accēdo, -cessi, -cessum, v. 3, *approach, draw near, agree to, be added.*

accendo, -di, -sum, v. 3, *set on fire, light, inflame, kindle.*

accĭdo, -cĭdi, v. 3, *fall at, to, or near, arrive, happen.*

accĭpio, -cēpi, -ceptum, v. 3, *receive, accept, entertain, undertake.*

accommŏdo, -āvi, -ātum, v. 1, *suit, fit, lend, adapt.*

accŭbo, -ui, -ĭtum, v. 1, *lie near, recline.*

accūrātē, adv. *carefully, strictly.*

accūrātus, -a, -um, adj. *careful, exact, full.*

accurro, -curri, -cursum, v. 3, *run to, hasten up.*

accursus, -ūs, m. *a running together, concourse, arrival.*

accūsātor, -ōris, m. *accuser, plaintiff.*

K

accūso, -āvi, -ātum, v. 1, *accuse, blame.*

ācer, ācris, ācrĕ, adj. *sharp, keen, swift, spirited.*

ăcerbus, -a, -um, adj. *bitter, unripe, harsh, ill-tempered.*

ăcernus, -a, -um, adj. *of maple.*

ăcies, -ei, f. *battle array, line of battle, battle.*

ăcīnăces, -is, m. *scimitar, sabre.*

acquīro, -sīvi, -sītum, v. 3, *gain, get, acquire.*

acrīter, adv. *sharply, keenly, stoutly, warmly.*

actus, -a, -um, part. *See* ăgo.

ăcuo, v. 3, *sharpen.*

ăcūtus, -a, -um, adj. *sharp.*

ad, prep. with acc. *to, at, near.*

addo, -dĭdi, -dĭtum, v. 3, *add;* add- gradum, *quicken one's steps.*

addūco, -xi, -ctum, v. 3, *bring to, draw to, induce.*

ădeo, adv. *so.*

ădeo, -īvi *or* -ii, -ĭtum, -īre, v. *go to, approach, undergo.*

ădhaereo, -haesi, -haesum, v. 2, *stick, cling to.*

ădhĭbeo, -ui, -ĭtum, v. 2, *apply, use, admit.*

ădhortor, -ātus, v. 1, dep. *exhort, encourage.*

ădhuc, adv. *hitherto, as yet, still.*

ădĭgo, -ēgi, -actum, v. 3. *drive, force, bind.*

ădĭpiscor, ădeptus, v. 3, dep. *get, obtain.*

ădĭtus, -ūs, m. *approach, access, entrance.*

adjungo, -nxi, -nctum, v. 3, *join to, attach, annex.*

adjŭvo, -jūvi, -jūtum, v. 1, *help, assist.*

Admētus, -i, m. *Admetus.*

admĭnistro, -āvi, -ātum, v. 1, *manage, govern.*

admīrābĭlis, -e, adj. *wonderful.*

admīrātio, -ōnis, f. *wonder, admiration.*

admīror, -ātus, v. 1, dep. *wonder at, admire.*

admitto, -mīsi, -missum, v. 3, *admit, spur on, apply, commit, allow.*

admŏdum, adv. *very, very much.*

admŏneo, -ui, -ĭtum, v. 2, *advise, warn.*

admŏveo, -mōvi, -mōtum, v. 2, *bring* or *put to* or *near, apply.*

adnăto, -āvi, -ātum, v. 1, *swim to.*

adnītor, -nīsus *or* -nixus, v. 3, dep. *press* or *lean upon, strive, endeavour.*

ădŏlescens, -tis, c. *young man* or *woman.*

ădŏlescentulus, -i, m. *stripling.*

ădŏlesco, -ēvi, -ultum, v. 3, *grow up.*

ădŏrior, -ortus, -īri, v. dep. *attack.*

ădorno, -āvi, -ātum, v. 1, *adorn.*

adsĭlio, -sĭlui, -sultum, v. 4, *spring upon, jump at.*

adsto, -stĭti, v. 1, *stand at, near by,* or *still, assist.*

adsum, -fui, -esse, v. *be present, be at hand.*

adsurgo, -surrexi, -surrectum, v. 3, *rise up, mount, rise.*

ădūlor, -ātus, v. 1, dep. *flatter.*

ăduncus, -a, -um, adj. *crooked, curved.*

ădūro, -ussi, -ustum, v. 3, *burn, scorch, parch.*

advĕna, -ae, c. *stranger.*

advĕnio, -vēni, -ventum, v. 4, *come to, approach, arrive.*

advento, -āvi, -ātum, v. 1, *approach.*

adventus, -ūs, m. *approach, arrival.*

adversārius, -i, m. *enemy, opponent.*

adversum *and* adversus, prep.
and adv. *against, towards,
opposite to, contrary.*

adversus, -a, -um, adj. *opposite,
over against, unfortunate.*

adverto, -ti, -sum, v. 3, *direct,
apply, notice.*

advespĕrasco, v. 3, incep. *grow late.*

advŏco, -āvi, -ātum, v. 1, *call,
summon, invite.*

ădўtum, -i, n. *shrine.*

aedes, -is, f., in sing. *temple,*
in plur. *house.*

aedĭfĭcium, -i, n. *building, house.*

aedĭfĭco, -āvi, -ātum, v. 1, *build.*

Aedīlis, -is, m. *Aedile.*

aeger, -gra, -grum, adj. *sick,
faint, weak.*

Aegos flumen, *Aegospotami,* lit.
*the goats' river, flows into the
Hellespont.*

aegrē, adv. *hardly, with difficulty,
painfully.*

aegrĭtūdo, -dĭnis, f. *sickness,
sorrow, uneasiness.*

Aegypta, -ae, m. *Aegypta.*

Aegyptius, -a, -um, adj. *of Egypt,
Egyptian.*

Aeŏlis, -ĭdis, f. *Aeolis.*

Aeŏlius, -a, -um, adj. *of Aeolus*
(*king of the winds*).

aequālis, -e, adj. *equal, of the
same age.*

aeque, adv. *equally, as well;*
aeque ac, *as well as.*

aequo, -āvi, -ātum, v. 1, *equal,
level.*

aequor, -ŏris, n. *sea.*

aequŏreus, -a, -um, adj. *of the sea.*

aequus, -a, -um, adj. *equal, level,
even, just, fair.*

āer, āĕris, m. *air.*

aerĕus, -a, -um, adj. *brazen.*

āĕrius, -a, -um, adj. *airy, lofty.*

aes, aeris, n. *brass, copper.*

aestas, -ātis, f. *summer.*

aestĭmo, -āvi, -ātum, v. 1, *value,
think, reckon.*

aestuo, -āvi, -ātum, v. 1, *boil,
rage, fret.*

aestus, -ūs, (1) *heat,* (2) *tide.*

aetas, -ātis, f. *age.*

aether, -ĕris, m. *upper* or *pure
air, heaven.*

aethĕrius, -a, -um, *celestial.*

Aetnaeus, -a, -um, adj. *of Aetna.*

affābĭlis, -e, adj. *courteous, con-
descending.*

affectio, -ōnis, f. (1) *feeling,* (2)
love.

affecto, -āvi, -ātum, v. 1, *aim at,
aspire to.*

affĕro, attŭli, allātum, afferre, v.
bring to, allege, contribute.

affĭcio, -fēci, -fectum, v. 3, *move,
influence, weaken.*

affīgo, -fixi, -fixum, v. 3, *fasten.*

affīnis, -e, (1) adj. *near, related by
marriage;* (2) as subs. *a relation by marriage.*

affīnĭtas, -ātis, f. *relationship by
marriage.*

affirmo, -āvi, -ātum, v. 1, *assert.*

afflīgo, -ixi, -ictum, *dash against,
damage.*

Afranius, -i, m. *Afranius.*

Africa, -ae, f. *Africa.*

Afrĭcānus, -a, -um, adj. *African.*

ăge *and* ăgĭte, *come.*

ăgellus, -i, m. *small plot of
ground.*

ăger, -ri, m. *field, land.*

aggrĕdior, -gressus, v. 3, dep.
go to, apply to, attack.

agĭto, -āvi, -ātum, v. 1, *rouse,
drive, vex, exercise.*

agmen, -ĭnis, n. *train, line of
march, column.*

agnosco, -nōvi, -nĭtum, v. 3,
recognise, own, understand.

ăgo, ēgi, actum, v. 3, (1) *drive;*
apros currus pecudes : (2) *do,
act, deal with:* (3) *treat with,
negotiate;* ăgo noctem, *pass
the night;* ăgo otia, *keep holi-
day.*

Agriāni, -ōrum, m. *Agriani.*
aio, v. defect. *say.*
ālă, -ae, f. (1) *wing;* (2) *wing of army;* (3) *body of cavalry.*
ălăcer, -cris, -e, adj. *brisk, spirited, courageous.*
ălăcrĭtas, -ātis, f. *spirit.*
ălacrĭter, adv. *readily, eagerly.*
Albă Longă, *Alba Longa, an ancient town in Latium.*
albeo, v. 2, *be white.*
Albŭla, -ae, *ancient name of the river Tiber.*
albus, -a, -um, adj. *white, hoary.*
Alcĭbiădes, -is, m. *Alcibiades.*
Alcīdes, -ae, m. *a name of Hercules as grandson of Alceus.*
ālea, -ae, f. *dice, hazard, chance.*
Alexander, -dri, m. *Alexander.*
Alexandria, -ae, f. *Alexandria in Egypt, founded by Alexander the Great.*
ălias, adv. (1) *elsewhere,* (2) *at another time.*
ălĭbi, adv. *elsewhere.*
ăliēno, -āvi, -ātum, v. 1, *separate, estrange.*
ăliēnus, -a, -um, adj. *foreign, strange.*
ălĭmentum, -i, n. *food, nourishment.*
ălĭquando, adv. *at some time or other, formerly, hereafter.*
ălĭquanto *and* ălĭquantum, adv. *of place* and *time, a little, somewhat, considerably.*
ălĭquis, -qua, -quid, pron. indef. *any one, some one.*
ălĭquot, indecl. adj. *a few, several.*
ălĭter, adv. *otherwise;* aliter ac, *otherwise than.*
ălius, -a, -ud, adj. *other, another,* alii . . . alii, *some . . . others;* alius ac or atque, *different from.*
allātus, part. *See* affĕro.
allŏquor, -lŏcūtus, v. 3, dep. *address.*

ălo, ălui, altum, v. 3, *feed, nourish.*
altē, adv. *on high, deeply, far.*
alter, -ĕra, -ĕrum, adj. *one of two, the other, second.*
alternus, -a, -um, adj. *alternate, by turns.*
altĭtūdo, -ĭnis, f. *height, depth.*
altum, -i, n. *the sea, the deep.*
altus, -a, -um, adj. *lofty, high, deep.*
ălumnus, -i, m. *nursling, foster-child.*
alveus, -i, m. *hollow, tub* or *small boat, cradle, bed of river.*
ambĭtio, -ōnis, f. *ambition.*
ambo, -bae, -bo, adj. *both.*
ambustus, -a, -um, part. *burnt, scorched.*
ămīcĭtia, -ae, f. *friendship.*
ămictus, -a, -um, part. *clothed.*
ămictus, -ūs, m. *clothing, dress, robe.*
ămĭcŭlum, -i, n. *mantle, scarf.*
ămīcus, -a, -um, adj. *friendly.*
ămīcus, -i, m. *friend.*
āmitto, -mīsi, -missum, v. 3, *let go, lose.*
amnis, -is, n. *river.*
ămo, -āvi, -ātum, v. 1, *love, like.*
ămor, -ōris, m. *love.*
amplector, -exus, v. 3, dep. *embrace.*
amplius, comp. adv. *more, longer.*
amplus, -a, -um, adj. *large, spacious, roomy, splendid.*
ampŭto, -āvi, -ātum, v. 1, *cut off, lop off, prune.*
an, conj. *or, whether.*
anceps, -cĭpĭtis, adj. *doubtful, double.*
ancŏra, -ae, f. *anchor.*
Andricus, -i, m. *Andricus.*
Androclus, -i, m. *Androclus.*
ango, -xi, -ctum, v. 3, *strangle, choke, vex.*
angustiae, -arum, f. *strait, pass, defile.*
angustus, -a, -um, adj. *narrow.*

ănĭma, -ae, f. *life, breath, soul;* efflare animam, *give up the ghost.*

ănĭmadverto, -ti, -sum, v. 3, *observe, notice.*

ănĭmal, -ālis, n. *animal.*

ănĭmus, -i, m. *mind, spirit, courage, will, opinion.*

annāles, -ium, n. *yearly records, annals.*

annuo, v. 3. *nod to, consent, approve.*

annus, -i, m. *year.*

annuus, -a, -um, adj. *yearly;* annuum tempus, *space of a year.*

antĕ, prep. with acc. *before.*

antĕ, adv. *before.*

antea, adv. *before, formerly.*

antĕcēdo, -cessi, -cessum, v. 3, *go before, excel.*

ante-eo, -īvi or -ii, -īre, v. *go before, surpass.*

antĕfĕro, -tŭli, -lātum, -ferre, v. *put before, prefer.*

antĕquam, conj. *before that.*

antesto, -āvi, -ātum, v. 1, *stand before, excel.*

Antiochus, -i, m. *Antiochus, king of Syria.*

antīquus, -a, -um, adj. *ancient.*

Antōnius, -ii, m. *Antony.*

antrum, -i, n. *cave, den.*

ănus, -ūs, f. *old woman.*

anxĭĕtas, -ātis, f. *sorrow, uneasiness.*

anxius, -a, -um, adj. *uneasy, concerned.*

ăper, -pri, m. *wild boar.*

ăpĕrĭo, -ĕrui, -ertum, v. 4, *open, lay bare, disclose.*

ăpertē, adv. *openly, clearly.*

ăpertus, -a, -um, adj. *open, exposed.*

Apion, -ōnis, m. *Apion.*

Apollo, -ĭnis, m. *Apollo.*

appărātus, -ūs, m. *preparation, equipment, pomp.*

appāreo, -ui, -ĭtum, v. 2, *appear.*

apparo, -āvi, -ātum, v. 1, *prepare, provide.*

appello, -āvi, -ātum, v. 1, *call, address, appeal to.*

appello, -pŭli, -pulsum, v. 3, *drive or bring to;* (of ships) *bring to land.*

Appius, *A. Claudius Caecus.*

applĭco, -āvi and -ui, -ātum, v. 1, *fasten, attach, bring to land.*

appōno, -pŏsui, -pŏsĭtum, v. 3, *put near, serve up, appoint.*

apprĕhendo, -di, -sum, v. 3, *seize, grasp with the mind, understand.*

apprŏpinquo, -āvi, -ātum, v. 1, *approach.*

appulsus, -a, -um, part. *See* appello.

Āprīlis, -e, adj. *of April.*

apto, -āvi, -ātum, v. 1, *fit, adjust, get ready, furnish.*

aptus, -a, -um, adj. *fit, suitable, adapted.*

ăpud, prep. with acc., *at, near, with, among.*

Āpūlia, -ae, f. *Apulia.*

ăqua, -ae, f. *water.*

ăquĭla, -ae, f. (1) *eagle,* (2) *the standard of a Roman legion.*

Aquĭlo, -ōnis, m. *north wind.*

āra, -ae, f. *altar.*

ărātrum, -i, n. *plough.*

Arbēla, -ōrum, n. *Arbela.*

arbĭtror, -ātus, v. 1, dep. *think.*

arbor *and* arbos, -ŏris, f. *tree.*

arbustum, -i, n. *copse, shrub.*

Arcas, -ădis, adj. *Arcadian.*

arceo, -ui, -ĭtum, v. 2, *keep off, hinder, guard.*

arcesso, -īvi, -ītum, v. 3, *send for, call.*

arcus, -ūs, m. *bow.*

Ardea, -ae, f. *Ardea, a town in Latium.*

ardens, -tis, adj. *burning, eager, fiery.*

ardeo, -si, -sum, v. 2, *burn, glow,*
be eager.

ardesco, v. 3, incep. *take fire,*
become inflamed.

ardor, -ōris, m. *burning, heat,*
brightness, eagerness.

ārea, -ae, f. *court, courtyard.*

ărēna, -ae, f. *sand, shore, the*
amphitheatre.

Ărētes, -is, m. *Aretes, one of*
Alexander's generals.

argenteus, -a, -um, adj. *silver, of*
silver.

argentum, -i, n. *silver, money.*

Ārgi or Argos, -ōrum, m. *Argos,*
capital of Argolis.

Argīlius, -i, m. *Argilius.*

argumentum, -i, n. *argument,*
proof, plot of a play.

arguo, -ui, -ūtum, v. 3, *prove,*
convince, convict, refute.

Aristăgŏras, -ae, m. *Aristagoras,*
tyrant of Miletus.

Aristander, -dri, m. *Aristander.*

Aristippus, -i, m. *Aristippus.*

Aristŏtĕles, -is, m. *Aristotle.*

arma, -ōrum, n. *arms, armour;*
(of ships) *gear.*

armentum, -i, n. *cattle.*

armĭger, -era, -um, (1) adj.
armed; (2) as subs. *an armed*
man, shield-bearer.

armo, -āvi, -ātum, v. 1, *arm,*
furnish, equip.

ăro, -āvi, -ātum, v. 1, *plough.*

arrĭpio, -ui, -eptum, v. 3, *snatch*
at, seize.

ars, artis, f. *skill, art, cunning,*
design.

Artăbazus, -i, m. *Artabazus.*

Artaphernes, -is, m. *Artaphernes.*

artē, adv. *closely, thickly,*
tightly.

Artĕmisia, ae, f. *Artemisia, wife*
of Mausolus.

Artĕmisium, -i, n. *Artemisium,*
north of Euboea.

artĭcŭlātē, adv. *distinctly.*

ărundo, -ĭnis, f. (1) *reed;* (2)
reed pipe or flute.

arvum, -i, n. *field.*

arx, arcis, f. *citadel, fort.*

ascendo, -di, -sum, v. 3, *climb*
up, mount; (of ships) *go on*
board.

Ăsia, -ae, f. *Asia.*

aspectus, -ūs, m. (1) *glance, sight,*
view; (2) *look, appearance.*

aspĕro, -āvi, -ātum, v. 1, *make*
rough, rouse, irritate.

aspĭcio, -exi, -ectum, v. 3, *look*
at, behold, perceive.

asporto, -āvi, -ātum, v. 1, *carry*
away, transport.

assentio, -sensi, -sensum, v. 4,
assent, agree to.

assĭdeo, -sēdi, -sessum, · v. 2, *sit*
by or near, besiege.

assuesco, -suēvi, -suētum, v. 3,
(1) *be accustomed;* (2) *accustom,*
habituate.

astringo, -inxi, -ictum, v. 3,
draw close, tighten, fasten up.

astrum, -i, n. *star.*

astu, n. indecl. *city* (especially
Athens).

at, conj. *but.*

āter, -tra, -trum, adj. *black, dark.*

Athēnae, -ārum, f. *Athens.*

Athēniensis, -e, adj. *Athenian.*

athlēta, -ae, m. *wrestler, prize-*
fighter.

atque, conj. *and.*

atrium, -i, n. *hall.*

attendo, -endi, -entum, v. 3, *stretch*
or bend; animum, *direct atten-*
tion.

attentus, -a, -um, adj. *bent on,*
attentive.

Attĭca, -ae, f. *Attica.*

attingo, -tĭgi, -tactum, v. 3,
touch, reach, border on; (in
speaking) *touch upon, under-*
take.

attŏnĭtus, -a, -um, adj. *amazed,*
bewildered.

attrĭbuo, -ui, -ūtum, v. 3, *assign.*
auctor, -ōris, m. (1) *originator, cause*; (2) *writer*: (3) *instigator*; auctor legis, *proposer of a law.*
auctorĭtas, -ātis, f. *authority, influence, reputation.*
audācia, -ae, f. *boldness, assurance.*
audacter, adv. *boldly.*
audax, -ācis, adj. *bold.*
audens, -entis, adj. *daring.*
audeo, ausus, v. 2, *venture, dare.*
audio, -īvi, -ītum, v. 4, *hear, listen.*
aufĕro, abstŭli, ablātum, v. *take* or *carry away, snatch away, steal.*
augeo, auxi, auctum, v. 2, *increase, strengthen, enrich.*
aulaeum, -i, n. *curtain.*
aura, -ae, f. *breeze, breath of wind.*
aureus, -a, -um, adj. *golden.*
aurīga, -ae, c. *charioteer.*
auris, -is, f. *ear.*
aurōra, -ae, f. *dawn.*
aurum, -i, n. *gold.*
auspĭcium, -i, n. (1) *divination from birds, auspices*; (2) *any sign or token.*
ausum, -i, n. *attempt, enterprize.*
aut, conj. *or*; aut . . . aut, *either . . . or.*

autem, conj. *again, on the other hand, but.*
auxĭliāris, -e, adj. *helping, aiding.*
auxĭlium, -i, n. *help, aid*; in plur. *auxiliary troops.*
ăvārē, adv. *covetously, greedily.*
ăvārĭtia, -ae, f. *greed, avarice.*
ăvārus, -a, -um, adj. *greedy, covetous, eager.*
ăvello, -velli or -vulsi, -vulsum, v. 3, *pull* or *tear away, separate.*
āversus, -a, -um, adj. *turned away*; (of troops) *the rear*; "aversos feros," *back foremost.*
āverto, -ti, -sum, v. 3, *turn away* or *aside, turn anything from its proper channel.*
Aventīnus, -a, -um, adj. *of the Aventine Hill.*
ăvĭcŭla, -ae, f. *little bird.*
ăvĭdē, adv. *greedily, eagerly.*
ăvĭdus, -a, -um, adj. *greedy, eager.*
ăvis, -is, f. *bird.*
āvŏco, -āvi, -ātum, v. 1, *call away, withdraw*; (of the mind) *distract.*
ăvuncŭlus, -i, m. *uncle.*
ăvus, -i, m. *grandfather.*
axis, -is, m. (1) *axle*; (2) *sky, heaven.*

B.

Băbўlon, -ōnis, f. *Babylon.*
Bactriānus, -a, -um, adj. *Bactrian.*
bālĭneum, -i, n. *bath.*
balneae, -ārum, f. *public baths.*
barba, -ae, f. *beard.*
barbărus, -a, -um, (1) adv. *foreign, barbarous*; (2) as subs. *barbarian.*
bellātor, -ōris, m. *warrior.*
bellē, adv. *prettily, elegantly.*
bello, -āvi, -ātum, v. 1, *wage war.*

bellum, -i, n. *war.*
běnĕ, adv. *well.*
běnignus, -a, -um, adj. *kind.*
Bessus, -i, m. *Bessus.*
bestia, -ae, f. *beast.*
bĭbo, bĭbi, bĭbitŭm, v. 3, *drink.*
bīni, -ae, -a, adj. *two by two, two.*
bis, adv. *twice.*
blandē, adv. *kindly, courteously.*
blandior, -ītus, v. 4, dep. *flatter, fawn upon, caress.*

blandus, -a, -um, adj. *smooth, flattering, agreeable, courteous.*

Boeōtius, -a, -um, adj. *Boeotian.*

bŏnum, -i, n. *a good;* in plur. (1) *property, goods;* (2) *blessings, gifts, prosperity.*

bŏnus, -a, -um, adj. *good, noble, virtuous, kind.*

bos, bŏvis, c. *ox, cow.*

brachium, -i, n. *arm, limb.*

brĕvi, adv. *in a short time.*

brĕvis, -e, adj. *short.*

brĕvĭtas, -ātis, f. *shortness, conciseness.*

brĕvĭter, adv. *shortly.*

Brĭtannia, -ae, f. *Britain.*

Brundŭsium, -i, n. *Brundusium,* now *Brindisi.*

Brūtus, -i, m. *Brutus, one of Caesar's officers, commanded at Masillia.*

Brūtus, M., *one of Caesar's murderers.*

bŭbulcus, -i, m. *herdsman.*

Būcĕphălus, -i, m. *Bucephalus, Alexander's celebrated horse.*

Bўzantium, -i, n. *Byzantium, built on the site of Constantinople.*

C.

C. = *Caius.*

căcūmen, -ĭnis, n. *summit.*

Căcus, -i, *Cacus, a giant who infested the Aventine Hill.*

cădāver, -ĕris, n. *carcase.*

cădo, cĕcĭdi, cāsum, v. 3, *fall, happen, abate;* (of sun) *set.*

caecus, -a, -um, adj. *blind, dark, secret.*

Caecus, *surname of Appius Claudius.*

caedes, -is, f. *slaughter, murder, bloodshed.*

caedo, cĕcīdi, caesum, v. 3, *cut, beat, kill.*

caelestis, -e, adj. *heavenly.*

caelĭcŏla, -ae, c. *heavenly being.*

caelo, -āvi, -ātum, v. 1, *engrave, emboss.*

caelum, -i, n. *heaven, sky.*

Caenus, -i, m. *Caenus.*

caerŭleus, -a, -um, adj. *dark blue, azure, sable.*

Caesar, -ăris, m. *Caesar.*

caesăries, -ei, f. *hair, locks.*

călăthus, -i, m. *basket.*

calcar, -āris, n. *spur.*

calceus, -i, m. *shoe.*

Cālēni, -ōrum, m. *people who lived at Cāles in Campania.*

călĭdus, -a, -um, adj. *hot.*

cālīgo, -ĭnis, f. *darkness.*

callĭdē, adv. *craftily.*

callĭdĭtas, -ātis, f. *craft, subtilty.*

callĭdus, -a, -um, adj. *crafty, shrewd.*

callis, -is, c. *path.*

călor, -ōris, m. *heat, ardour.*

Calpurnia, -ae, f. *Calpurnia, last wife of Julius Caesar.*

Calvīnus, -i, m. *Calvinus.*

calx, calcis, f. *heel.*

campester, -tris, -tre, adj. *on or belonging to a plain, flat, level.*

campus, -i, m. *plain.*

candĭdus, -a, -um, adj. *white, bright, fair, pure.*

candor, -ōris, m. *whiteness, radiance.*

cănis, -is, c. *dog.*

Cannae, -ārum, f. *Cannae, a village in Apulia where Hannibal defeated the Romans.*

Cannensis, -e, adj. *of Cannae.*

căno, cĕcĭni, cantum, v. 3, *sing, play;* (of trumpet) *sound.*

cānus, -a, -um, adj. *white, hoary.*

căpax, -ācis, adj. *roomy, large.*

căpella, -ae, f. *she-goat.*

Căpēna, -ae, f. porta, *one of the gates of Rome.*

căpesso, -sīvi, -sītum, v. 3, *take hold of, undertake;* rempublicam, *engage in public affairs.*

căpillus, -i, m. *hair.*

căpio, cēpi, captum, v. 3, (1) *take, capture;* (2) *charm, captivate;* (3) *obtain, hold.*

căpĭtālis, -e, adj. *of or belonging to life;* cap- periculum, *a matter of life and death;* cap- supplicium, *punishment of death;* cap- odium, *deadly hatred.*

căpĭtōlium, -i, n. *the Capitol at Rome.*

Caprea, -ae, f. *Caprea.*

captīvus, -a, -um, (1) adj. *captive;* (2) as subs. *prisoner.*

capto, -āvi, -ātum, v. 1, *catch, snatch at, entrap.*

Căpua, -ae, f. *Capua, town in Campania.*

căput, -ĭtis, n. *head, capital;* damnare capitis, *condemn to death.*

carbo, -ōnis, m. *coal.*

căreo, -ui, -ĭtum, v. 2, *be without, be destitute of.*

cărīna, -ae, f. *keel of ship, ship.*

cărĭtas, -ātis, f. *love, affection.*

carpo, -psi, -ptum, v. 3, *pluck, gather;* (of animals) *browse;* viam, *pursue one's way.*

Carthāginiensis, -e, adj. *Carthaginian.*

Carthāgo, -ĭnis, f. *Carthage.*

cārus, -a, -um, adj. *dear, precious, beloved, costly.*

căsa, -ae, f. *cottage, hut.*

Casca, -ae, m. *Casca, one of Caesar's murderers.*

cassis, -ĭdis, f. *helmet.*

cassĭta, -ae, f. *lark.*

Cassius, -i, m. *Cassius.*

castellum, -i, n. *castle, fort.*

castīgo, -āvi, -ātum, v. 1, *chastise, punish, reprove.*

castra, -ōrum, n. *camp.*

cāsus, -ūs, m. (1) *fall;* (2) *chance, accident;* (3) *misfortune.*

cătēna, -ae, f. *chain, fetter.*

căterva, -ae, f. *crowd.*

Cato, -ōnis, m. *Cato, M. Porcius.*

cauda, -ae, f. *tail.*

caupo, -ōnis, m. *innkeeper.*"

causa, -ae, f. (1) *cause, reason;* (2) *pretext, excuse;* (3) (in law) *suit, case;* causâ, abl. *for the sake of.*

causor, -ātus, v. 1, dep. *plead.*

cautē, adv. *cautiously, carefully.*

cautus, -a, -um, adj. *wary, cautious.*

căveo, cāvi, cautum, v. 2, *beware, guard against.*

căverna, -ae, f. *cavern, den.*

căvillor, -ātus, v. 1, dep. *banter, speak satirically.*

căvus, -a, -um, adj. *hollow.*

cēdo, cessi, cessum, v. 3, *yield;* (of armies) *retreat, depart.*

cělěber, -bris, -bre, (1) *crowded,* (2) *famous.*

cělěbrātus, -a, -um, adj. *renowned.*

cělěbro, -āvi, -ātum, v. 1, (1) *frequent, throng;* (2) *honour, praise.*

cěler, -ěris, -ěre, adj. *swift.*

cělěritas, -ātis, f. *swiftness, speed.*

cělěrĭter, adv. *quickly.*

cēlo, -āvi, -ātum, v. 1, *hide, conceal.*

celsus, -a, -um, adj. *high, lofty.*

censeo, -ui, censum, v. 2, (1) *count, reckon;* (2) *value, esteem;* (3) *express an opinion* (especially by voting), *vote.*

centum, adj. indecl. *a hundred.*

centūrio, -ōnis, *captain, centurion.*

cēra, -ae, f. (1) *wax;* (2) especially in plur. *writing tablets.*

cerno, crēvi, crētum, v. 3, (1)
see, distinguish; (2) *decide.*

certāmen, -ĭnis, n. *contest.*

certē, adv. *assuredly, surely, at
all events.*

certior, comp. adj.; certiorem
facere, *to inform;* certior fieri,
to be informed.

certo, adv. *surely, certainly.*

certo, -āvi, -ātum, v. 1, *strive,
fight.*

certus, -a, -um, adj. (1) *established, fixed;* certum est, *it is
determined;* (2) *sure, trusty.*

cerva, -ae, f. *deer.*

cervĭcal, -ālis, n. *pillow.*

cervix, -īcis, f. *neck, shoulders.*

cervus, -i, m. *stag.*

cessator, -ōris, m. *loiterer, idler.*

cesso, -āvi, -ātum, v. 1, (1) *leave
off, delay;* (2) *be idle.*

cētĕrum, conj. *but.*

cētĕrus, -a, -um, adj. *the rest, the
remainder.*

Chabrias, -ae, m. *Chabrias.*

Chalcioecus, adj. *of the brazen
house (epithet of Minerva).*

Chersŏnēsus, -i, f. *peninsula,
especially the Thracian Chersonese, where Gallipoli now
stands.*

Chilon, -ōnis, m. *Chilon.*

Chios, -i, f. *Chios, off coast of
Ionia.*

cĭbus, -i, m. *food.*

cieo, cīvi, cĭtum, v. 2, *stir up,
rouse, call by name.*

Cĭlĭcia, -ae, f. *Cilicia, a district
south-east of Asia Minor.*

Cimber, -bri, m. *Cimber, one of
Caesar's murderers.*

cingo, -xi, -ctum, v. 3, *surround.*

cĭnis, -ĕris, c. *ashes, cinders.*

circā *and* circum, adv. and prep.
with acc., *round, around, near.*

circĭter, adv. *about.*

circuĭtus, -ūs, m. *going round,
circuit.*

circumdo, -dĕdi, -dătum, v. 1,
surround.

circumeo, -īvi *or* -ii, circuĭtum,
-īre, v. *march* or *go round,
surround.*

circumfundo, -fūdi, -fūsum, v. 3,
pour round, surround.

circumsĕdeo, -sēdi, -sessum, v. 2,
sit around, besiege, invest.

circumsto, -stĕti, v. 1, (1) *stand
around;* circumstantes, *the by-
standers;* (2) *surround, besiege.*

circumvĕhor, -vectus, v. 3, dep.
ride, drive, or *sail round.*

circumvĕnio, -vēni, -ventum, v.
4, (1) *come round, beset;* (2)
distress; (3) *deceive.*

circus, -i, m. *ring, circle, especially Circus Maximus at Rome.*

cĭtatus, -a, -um, (1) part. *see
cito;* (2) adj. *quick, rapid;*
citato gradu, *at full speed;*
citato equo, *at full gallop.*

cĭto, adv. *quickly, swiftly.*

cĭto, -āvi, -ātum, v. 1, (1) *stimulate, provoke;* (2) *summon;* (3)
appeal to.

citra, adv. and prep. with acc.
*on this side, on the near side
of.*

cĭtus, -a, -um, adj. *swift, rapid.*

cīvīlis, -e, adj. *of* or *belonging to
citizens, civil.*

cīvis, -is, c. *citizen.*

cīvĭtas, -ātis, f. *state, government.*

clādes, -is, f. *disaster, defeat.*

clam, (1) adv. *secretly;* (2) prep.
with acc. *unknown to, without
the knowledge of.*

clāmo, -āvi, -ātum, v. 1, *cry out,
shout.*

clāmor, -ōris, m. *cry, shout,
noise, din.*

clangor, -ōris, m. *clang, clash.*

clārē, adv. *distinctly, clearly,
aloud.*

clārĭtas, -ātis, f. (1) *brightness;* (2) *renown, reputation.*

Clărius, -a, -um, adj. *of Claros, a small island off Ionia, where there was an oracle of Apollo.*

clārus, -a, -um, adj. (1) *bright;* (2) *famous.*

classiārius, -i, m. *marine, sailor;* in plur. gen. *naval forces.*

classis, -is, f. *fleet.*

Claudius, -i, m. *Claudius.*

claudo, -si, -sum, v. 3, *shut, close, bar.*

clāva, -ae, f. *club.*

clāvĭger, -ĕri, m. *club-bearer, epithet of Hercules.*

clēmens, -entis, adj. *gentle, merciful.*

clēmentia, -ae, f. *mercy, forbearance.*

Clīnias, -ae, m. *Clinias, father of Alcibiades.*

Clōdius, -i, m. *Clodius.*

clўpeus, -i, m. *shield.*

Cn., *short for "Cnaeus."*

coactus, part. *See* cōgo.

coena, -ae, f. *supper.*

coenātus, -a, -um, part. *having dined.*

coeno, -āvi, -ātum, v. 1, *sup, dine.*

coëo, -ivi *or* -ii, -ĭtum, -īre, v. *come together, meet, assemble.*

coepi *and* coeptus sum, v. *begin.*

coeptum, -i, n. *attempt.*

cōgĭtatio, -ōnis, f. *thinking, thought.*

cōgĭtātum, -i, n. *thought, design.*

cōgĭto, -āvi, -ātum, v. 1, *think.*

cognātus, -a, -um, (1) adj. *kindred;* (2) as subs. *a relation.*

cognĭtus, -a, -um, part. *See* cognosco.

cognōmen, -ĭnis, n. *surname.*

cognosco, -nōvi, -nĭtum, v. 3, *perceive, understand, discover, investigate.*

cōgo, coēgi, coactum, v. 3, (1) *gather together, collect;* (2) *drive;* (3) *compel.*

cŏhors, -rtis, f. *troop, band.*

cŏhortor, -ātus, v. 1, dep. *encourage, address* (especially soldiers).

collăbĕfacto, v. 1, *cause to reel, overthrow.*

Collātia, -ae, f. *Collatia, a town in Latium.*

collātus, -a, -um, part. *See* confero.

collaudo, -āvi, -ātum, v. 1, *praise, commend.*

collēga, -ae, m. *colleague.*

collĭgo, -ēgi, -ectum, v. 3, (1) *collect;* (2) with reflexive pron. *rally;* (3) *infer, conclude.*

collis, -is, m. *hill.*

collŏco, -āvi, -ātum, v. 1, *place together, pitch, station, quarter.*

collŏquium, -i, n. *conversation, parley.*

collŏquor, -lŏcūtus, v. 3, dep. *talk together, converse, hold a conference.*

collum, -i, n. *neck.*

cŏlo, -ui, cultum, v. 3, (1) *cultivate, till, tend, worship;* (2) *live in, frequent.*

Cŏlōnae, -ārum, *Colonae, small town in the Troad.*

cŏlōnia, -ae, f. *colony.*

cŏlōnus, -i, m. *farmer.*

cŏlor *and* cŏlos, -ōris, m. *colour, complexion, beauty.*

cŏma, -ae, f. (1) *hair;* (2) *foliage.*

cŏmes, -ĭtis, c. *companion, comrade.*

cŏmĭtātus, -ūs, m. *retinue.*

cŏmĭtor, -ātus, v. 1, dep. (1) act. *accompany;* (2) pass. *be accompanied* (so especially in perf. part. comitatus).

commeātus, -ūs, m. *provisions, supplies.*

commĕmŏro, -āvi, -ātum, v. 1,
(1) *call to mind, recall;* (2)
remind; (3) *mention, relate.*

commĭnus, adv. *at close quarters,
hand to hand.*

commĭsĕreor, -ĕrĭtus, v. 2, dep.
have compassion or *pity.*

committo, -mīsi, -missum, v. 3,
commit, intrust, (of battles)
begin, engage.

commŏdē, adv. *suitably, con-
veniently.*

commŏdum, -i, n. *advantage,
profit.*

commŏdus, -a, -um, adj. *con-
venient, suitable.*

commŏror, -ātus, v. 1, dep. *stay,
dwell.*

commŏveo, -mōvi, -mōtum, v. 2,
*move violently, rouse, agitate,
disturb.*

commūnio, -īvi, -ītum, v. 4,
fortify, intrench.

commūnis, -e, adj. *common,
general;* in commūne, *for the
general advantage.*

commūtātio, -ōnis, f. *change.*

compăro, -āvi, -ātum, v. 1, (1)
put together, compare; (2)
furnish, provide.

compăvesco, v. 3, *be very much
afraid.*

compello, -āvi, -ātum, v. 1,
address, summon.

compello, -pŭli, -pulsum, v. 3,
drive together, force.

compendium, -i, n. *gain.*

compĕrio, -pĕri, -pertum, v. 4,
find out, discover.

compes, -ĕdis, f. *fetter.*

compĕtitor, -ōris, m. *rival can-
didate.*

compīlo, -āvi, -ātum, v. 1, *rob.*

complector, -exus, v. 3, dep.
embrace.

compleo, -ēvi, -ētum, v. 2, *fill
up.*

complexus, -ūs, m. *embrace.*

complŏro, -āvi, -ātum, v. 1,
bewail.

complūres, -a *and* -ia, adj. *several,
many.*

compŏno, -pŏsui, -pŏsĭtum, v. 3,
(1) *place together;* (2) *compose;* comp- librum, *write a
book;* (3) *arrange, settle.*

compos, -ŏtis, adj. *having the
mastery of.*

comprĕhendo, -di, -sum, v. 3,
(1) *seize, arrest;* (2) *seize with
the mind, understand.*

compressē, adv. *closely, earnestly.*

compulsus, part. *See* compello.

compungo, -nxi, -nctum, v. 3,
prick, brand.

concēdo, -cessi, -cessum, v. 3,
(1) neut. *go away, retire,
yield;* (2) act. *grant, allow.*

concentūs, -ūs, m. *harmony,
agreement.*

concĭdo, -cĭdi, v. 3, *fall, break
down, perish.*

concĭlio, -āvi, -ātum, v. 1, (1)
win over; (2) *bring about.*

concĭlium, -i, *council, assembly.*

concinnus, -a, -um, adj. *neat,
elegant.*

concio, -ōnis, f. *assembly.*

concĭpio, -cēpi, -ceptum, v. 3,
(1) *take in, perceive;* (2) *devise,
imagine.*

concĭto, -āvi, -ātum, v. 1, *rouse,
provoke, disturb.*

concordia, -ae, f. *harmony, friendship.*

concŭpisco, -īvi, -ītum, v. 3,
covet, aim at.

concurro, -curri, -cursum, v. 3,
run together, assemble, charge.

concursus, -ūs, m. (1) *running
together, assembly;* (2) *charge,
onset.*

concŭtio, -cussi, -cussum, v. 3,
(1) *shake,* (of chains) *rattle;*
(2) *disturb, terrify.*

condemno, -āvi, -ātum, v. 1,
condemn, sentence, convict.

condĭtio, -ōnis, f. (1) *condition,
circumstances;* (2) *terms.*

condo, -dĭdi, -dĭtum, v. 3, (1)
build, found; (2) *establish;*
(3) *store up.*

condūco, -xi, -ctum, v. 3, (1)
lead or *bring together;* (2) *hire;*
(3) *result in.*

conféro, contŭli, collātum,
-ferre, v. (1) *bring together,
collect;* (2) *consult, confer;*
(3) with signa, arma, and
manus, etc., *join battle, engage;*
conferre se, *to betake oneself;*
(4) *bestow.*

confestim, adv. *immediately.*

confĭcio, -fēci, -fectum, v. 3, (1)
prepare, accomplish; (2) *use
up, weaken, destroy.*

confīdo, -fīsus, v. 3, *rely firmly
on, trust to.*

confirmo, -āvi, -ātum, v. 1, (1)
establish, strengthen; (2) *encourage;* (3) *assert.*

confĭteor, -fessus, v. 2, dep. *confess, own.*

conflicto, -āvi, -ātum, v. 1, (1)
struggle; (2) *vex, harass.*

conflīgo, -xi, -ctum, v. 3, *struggle,
fight.*

confluo, -xi, v. 3, *flow* or *flock
together.*

confŏdio, -fōdi, -fossum, v. 3,
stab, pierce, batter.

confūgio, -fūgi, v. 3, *flee for
refuge, have recourse to.*

confūsus, -a, -um, part. and
adj. *mingled* or *jumbled together.*

congĕro, -gessi, -gestum, v. 3,
bring or *pile together.*

congrĕdior, -gressus, v. 3, *go* or
come together, meet.

conjĭcio, -jēci, -jectum, v. 3,
(1) (of darts) *hurl;* (2) *conclude,
guess.*

conjungo, -nxi, -nctum, v. 3,
join together, unite.

conjūrātus, (1) part.; (2) as subs.
conjūrāti, *conspirators.*

conjūro, -āvi, -ātum, v. 1, *swear
together, conspire.*

conjux, -jŭgis, c. *husband* or
wife.

connītor, -nīsus *or* nixus, v. 3,
dep. *strive, endeavour.*

cōnor, -ātus, v. 1, dep. *attempt.*

conscendo, -di, -sum, v. 3, *climb
up, mount.*

conscisco, -scīvi, -scītum, v. 3,
approve, decree; sibi mortem
consc-, *kill oneself.*

conscius, -a, -um, adj. *privy to,
cognizant of, accomplice.*

conscrībo, -psi, -ptum, v. 3,
(1) *enroll, levy;* (2) *compose,
write.*

consecro, -āvi, -ātum, v. 1, *consecrate, dedicate.*

consector, -ātus, v. 1, dep. (1)
pursue; (2) *strive after, emu-
late.*

consensio, -ōnis, f. *consent, agreement.*

consĕquor, -sĕcūtus, v. 3, dep.
(1) *follow, pursue;* (2) *over-
take;* (3) *imitate.*

conservo, -āvi, -ātum, v. 1, *keep,
preserve.*

consīdo, -sēdi, -sessum, v. 3, (1)
sit down; (2) (of soldiers)
encamp, take post; (3) *abate.*

consĭlium, -i, n. (1) *assembly;*
(2) *deliberation;* (3) *plan, purpose, device;* (4) *wisdom, judgment, generalship.*

consĭmĭlis, -e, adj. *very like.*

consisto, -stĭti, -stĭtum, v. 3, (1)
stop, halt; (2) *consist of.*

consōlor, -ātus, v. 1, dep. *com-
fort.*

conspectus, -ūs, m. *sight, view,
presence.*

conspĭcio, -spexi, -spectum, v.

3, *behold, observe, make out, descry.*

constans, -antis, adj. *firm, steadfast.*

constantia, -ae, f. *firmness, resolution.*

consterno, -āvi, -ātum, v. 1, *terrify.*

constĭtuo, -ui, -ūtum, v. 3, (1) (of soldiers) *arrange, post ;* (2) *establish ;* (3) *organize.*

consto, -stĭti, -stātum, v. 1, (1) *stand still, remain steadfast ;* (2) used impersonally, constat, *it is clear, it is agreed.*

constringo, -nxi, -ctum, v. 3, *tie up.*

consuesco, -suēvi, -suētum, v. 3, *be accustomed.*

consuetūdo, -ĭnis, f. *custom ;* ex consuetudine, *according to custom.*

consul, -ŭlis, m. *consul.*

consŭlāris, -e, (1) adj. *consular ;* (2) as subs. *one who has been consul.*

consŭlātus, -ūs, m. *consulship.*

consŭlo, -sŭlui, -sultum, v. 3, *consult, take thought for, provide for.*

consulto, adv. *on purpose.*

consulto, -āvi, -ātum, v. 1, *deliberate, discuss.*

consultum, -i, n. *decree.*

consūmo, -psi, -ptum, v. 3, (1) (of food) *devour ;* (2) (of property) *squander ;* (3) (of life) *destroy, kill ;* (4) (of time) *spend, waste.*

contemno, -psi, -ptum, v. 3, *despise.*

contemptim, adv. *scornfully.*

contendo, -di, -tum, v. (1) *strain, exert ;* (2) *push on, hasten ;* (3) *fight.*

contentio, -ōnis, f. *strife, dispute.*

contentus, -a, -um, adj. *satisfied.*

contĭnens, -entis, adj. *temperate.*

contĭnens, -entis, f. *mainland.*

contĭneo, -ui, -tentum, v. 2, *hold* or *bind together, hold in, prevent.*

contĭnuo, adv. *forthwith.*

contĭnuus, -a, -um, adj. *unbroken, continuous.*

contorqueo, -torsi, -tortum, v. 2, *whirl, brandish.*

contra, (1) adv. *over against, opposite, on the other hand ;* (2) prep. with acc. *against.*

contrārius, -a, -um, adj. *opposite, contrary, opposed.*

contueor, -tuĭtus, v. 2, dep. *look on, survey.*

contŭmax, -ācis, adj. *obstinate, stubborn.*

contŭmēlia, -ae, f. *insult.*

contundo, -tŭdi, -tunsum, v. 3, *bruise, crush, pound.*

conturbo, -āvi, -ātum, v. 1, *throw into confusion.*

convello, -velli, -vulsum, v. 3, *tear up, wrench off* or *asunder.*

convĕnio, -vēni, -ventum, v. 4, (1) *come together, assemble ;* (2) *suit ;* (3) impers. convenit, *it is agreed.*

converto, -ti, -sum, v. 3, *turn round, turn towards, wheel.*

convexo, -āvi, -ātum, v. 1, *squeeze together.*

convīvium, -i, n. *banquet.*

convŏco, -āvi, -ātum, v. 1, *call together, summon.*

coŏpĕrio, -rui, -rtum, v. 4, *cover wholly, overwhelm.*

coŏrior, -ortus, v. 4, dep. *rise up.*

cōpia, -ae, f. (1) *plenty, wealth ;* (2) *liberty, leave ;* so copiam facere; copiae, *forces.*

cŏquus, -i, m. *cook.*

cor, cordis, n. *heart.*

cōram, (1) adv. *face to face, openly ;* (2) prep. with abl. *in the presence of.*

Corcȳra, ae, f. *Corcyra.*

Corcȳraeus, -a, -um, adj. *of Corcyra.*

Corfinium, -i, n. *Corfinium, town in Samnium.*

cornu, -ūs, n. (1) *horn;* (2) *wing of an army;* (3) *trumpet.*

cŏrōna, -ae, f. *crown, garland.*

cŏrōno, -āvi, -ātum, v. 1, *crown, wreathe.*

corpus, -ŏris, n. *body.*

corrĭgo, -rexi, -rectum, v. 3, *set straight, correct.*

corrĭpio, -rĭpui, -reptum, v. 3, *seize upon, snatch up, lay hold of.*

corrumpo, -rūpi, -ruptum, v. 3, *destroy, spoil, corrupt* (especially of bribery).

cras, adv. *to-morrow.*

crassus, -a, -um, adj. *thick, dense, dull.*

Crassus, -i, m. *Crassus.*

creber, -bra, -brum, adj. *thick, frequent, repeated.*

crebresco, -brui, v. 3, incep. *thicken, increase.*

crēdo, -dĭdi, -dĭtum, v. 3, (1) *trust, intrust;* (2) *put confidence in, believe.*

Crĕmĕra, -ae, *Cremera, a small river in Etruria.*

crĕmo, -āvi, -ātum, v. 1, *burn, consume.*

creo, -āvi, -ātum, v. 1, (1) *produce, especially in* part. creatus, *sprung from;* (2) *make, elect.*

cresco, crēvi, crētum, v. 3, *grow, increase.*

crīmen, -ĭnis, n. (1) *charge;* (2) *crime.*

Crĭtias, -ae, m. *Critias, the most famous of the thirty tyrants at Athens.*

Croesus, -i, m. *Croesus.*

Crŏtōnensis, -e, adj. *of Croton, a Greek colony in Bruttium.*

crūdēlis, -e, adj. *cruel.*

crūdēlitas, -ātis, f. *cruelty.*

crūdēlĭter, adv. *cruelly.*

cruentus, -a, -um, adj. *blood-stained.*

cruor, -ōris, m. *blood.*

crus, crūris, n. *leg.*

cŭbĭcŭlum, -i, n. *bedroom.*

culmen, -ĭnis, n. *top, summit.*

culpa, -ae, f. *fault, blame.*

culpo, -āvi, -ātum, v. 1, *blame.*

cultus, -a, -um, adj. (1) (of land) *cultivated;* (2) (of manners) *polished.*

cultus, -ūs, m. (1) *cultivation, care, culture;* (2) *worship;* (3) *dress.*

cum, prep. with abl. *with, together with.*

cunctor, -ātus, v. 1, dep. *delay, hesitate.*

cunctus, -a, -um, adj. *all together, the whole.*

cūneus, -i, m. (1) *wedge;* (2) *troops in the shape of a wedge.*

cŭpĭdē, adv. *eagerly.*

cŭpĭdĭtas, -ātis, f. *desire, eagerness, ambition.*

cŭpīdo, -ĭnis, f. but m. in Horace, *desire.*

cŭpĭdus, -a, -um, adj. *eager.*

cŭpio, -īvi, -ītum, v. 3, *desire.*

cur, adv. *why.*

cūra, -ae, f. (1) *care, attention;* (2) *administration, charge;* (3) *anxiety.*

cūria, -ae, f. *senate-house.*

Curius, -i, m. *Curius.*

cūro, -āvi, -ātum, v. 1, (1) *care for, attend to;* with gerundive, curare faciundum, *to get a thing done;* (2) *administer, govern.*

curro, cucurri, cursum, v. 3, *run.*

currus, -ūs, m. *chariot.*

cursor, -ōris, m. *runner, courier.*

cursus, -ūs, m. *running, voyage, journey, course.*

curvus, -a, -um, adj. *crooked, bent.*

custōdio, -īvi, -ītum, v. 4,
   guard.
custos, -ōdis, c. *guard.*
Cўclōpes, -um, *the Cyclops, who*
   furnished Zeus with thunder-
   bolts forged in Mount Aetna.
cymba, -ae, f. *boat.*

Cyme, -es, f. *Cyme, town in*
   Asia Minor.
Cyprus, -i, f. *Cyprus.*
Cyzicēnus, -a, -um, adj. *of*
   Cyzicus, a town in an island of
   the same name on the Pro-
   pontis.

D.

D. = *Decius.*
Daedālus, -i, m. *Daedalus.*
damnātio, -ōnis, f. *condemnation.*
damno, -āvi, -ātum, v. 1, *con-*
   demn.
damnum, -i, n. *hurt, loss,*
   damage.
Dāmon, -ōnis, m. *Damon.*
daps, dápis, f. *feast, banquet.*
Dārius, -i, m. *Darius.*
Dātis, -is, m. *Datis.*
dē, prep. with abl. (1) *from,*
   especially *down from* ; (2) (of
   time) de media nocte = *about* ;
   (3) *of, concerning.*
dēbeo, -ui, -itum, v. 2, *owe* ; with
   infin. translate by *must, ought,*
   should.
dēbīlis, -e, adv. *weak, feeble.*
dēcēdo, -cessi, -cessum, v. 3, *de-*
   part, retreat, withdraw, stray.
Dēcēlēa, -ae, *Decelea, fortress*
   north-west of Athens occupied
   by the Spartans.
dĕcem, adj. indecl. *ten.*
dĕcemplex, -icis, adj. *tenfold.*
dēcerno, -crēvi, -crētum, v. 3, (1)
   distinguish, judge, decide ; (2)
   decide by combat ; ferro ; (3)
   resolve.
dĕcet, -cuit, v. 2, impers. *it is*
   seemly or *becoming.*
dēcīdo, -cīdi, v. 3, *fall down.*
dĕcĭmus, -a, -um, adj. *tenth.*
dēcĭpio, -cēpi, -ceptum, v. 3,
   deceive.
dēclāro, -āvi, -ātum, v. 1, (1)
   show, make clear ; (2) *announce.*

declīnātio, -ōnis, f. *a turning*
   aside, turn.
dĕcŏro, -āvi, -ātum, v. 1, *adorn,*
   embellish.
dĕcōrus, -a, -um, adj. *comely,*
   graceful.
dēcrētum, -i, n. *decree.*
dĕcŭmānus, -a, -um, adj. *of the*
   tenth ; dec- porta, *see* note
   on 70.
decurro, -cucurri *and* -curri, -cur-
   sum, v. 3, *run down.*
dĕcus, -ŏris, n. *grace, splen-*
   dour, glory ; juvenum, *the*
   flower ; -oris, *beauty.*
dĕcŭtio, -cussi, -cussum, v. 3,
   beat down.
dēdĕcus, -ŏris, n. *disgrace, dis-*
   honour.
dēdītio, -ōnis, f. *surrender.*
dēdo, -dĭdi, -dĭtum, v. 3, (1)
   surrender ; (2) *give oneself up,*
   devote.
dēdūco, -xi, -ctum, v. 3, (1) *lead*
   or draw down ; (2) *lead in*
   triumph, escort ; (3) (of troops)
   withdraw ; (4) (of colonies)
   lead forth ; (5) *land.*
dēfātīgo, -āvi, -ātum, v. 1,
   fatigue, wear out.
dēfendo, -di, -sum, v. 3, (1) *ward*
   off, repel ; (2) *guard, protect.*
defensio, -ōnis, f. *defence.*
dēfensor, -ōris, m. *protector.*
dēfĕro, -tŭli, -lātum, -ferre, v. (1)
   bring or *carry down* ; (2) *con-*
   fer, bestow ; (3) *bring word, in-*
   form against.

dēfessus, -a, -um, part. *weary.*

dēfĭcio, -fēci, -fectum, v. 3, (1) *forsake, revolt from;* (2) *fail, abate, subside.*

deflāgro, -āvi, -ātum, v. 1, *burn out, cease burning, abate.*

deflecto, -xi, -xum, v. 3, *turn aside.*

dēformis, -e, adj. *unsightly.*

dēfrēnātus, -a, -um, adj. *unbridled.*

dēfungor, -functus, v. 3, dep. (1) *discharge;* (2) *die* (hence defunctus, *dead*).

dēgusto, -āvi, -ātum, v. 1, *taste.*

dēhisco, v. 3, *yawn, split asunder.*

dĕinceps, adv. *in succession.*

dĕinde, adv. *then, next, afterwards.*

dējĭcio, -jēci, -jectum, v. 3, *throw* or *cast down, dislodge, rob* or *deprive of.*

dēlābor, -lapsus, v. 3, dep. *sink, slip,* or *fall down.*

dēlectatio, -ōnis, f. *pleasure, delight.*

dēlecto, -āvi, -ātum, v. 1, *delight, charm.*

dēlectus, -ūs, m. (1) *choice;* (2) (of troops) *levy.*

dēleo, -ēvi, -ētum, v. 2, *blot out, destroy.*

dēlībĕro, -āvi, -ātum, v. 1, *think over, consult, take counsel, especially consult an oracle.*

dēlictum, -i, n. *fault, offence.*

dēlĭgo, -āvi, -ātum, v. 1, *bind, fasten.*

dēlĭgo, -lēgi, -lectum, v. 3, *choose, pick out* (especially of soldiers).

dēlīro, -āvi, -ātum, v. 1, *be crazy* or *silly.*

dēlĭtesco, -tui, v. 3, incep. *hide oneself, lurk, lie hid.*

Dēlos, -i, *Delos, in the Aegean Sea.*

Delphi, -ōrum, *Delphi, in Phocis, celebrated for the oracle of Apollo.*

Delphĭcus, -a, -um, adj. *of Delphi.*

delphīnus, -i, *and* delphis, -īnis, m. *dolphin.*

dēmens, -entis, adj. *mad.*

dēmentia, -ae, f. *madness.*

dēmēto, -messui, -messum, v. 3, *mow* or *cut down.*

dēmigro, -āvi, -ātum, v. 1, *depart.*

dēmīror, -ātus, v. 1, dep. *wonder at.*

demitto, -mīsi, -missum, v. 3, *drop, send down lower.*

dēmōlior, -ītus, v. 4, dep. *pull down, destroy.*

dēmonstro, -āvi, -ātum, v. 1, (1) *point out, indicate;* (2) *prove.*

dēmulceo, -mulsi, -mulsum, v. 2, *stroke, caress.*

dēmum, adv. *at length.*

dēnarro, -āvi, -ātum, v. 1, *tell, relate.*

dēnĭque, adv. *at last, lastly.*

dēnŏto, -āvi, -ātum, v. 1, *mark, point out.*

dens, dentis, m. *tooth.*

densus, -a, -um, adj. *close, thick, crowded.*

dēnuntio, -āvi, -ātum, v. 1, *announce, declare, order, threaten.*

dēnuo, adv. *anew, afresh, again.*

dēpello, -pŭli, -pulsum, v. 3, *drive away, expel, deter.*

dēplōro, -āvi, -ātum, v. 1, *lament, bewail, despair of.*

dēpōno, -pŏsui, -pŏsĭtum, v. 3, *lay down* or *aside.*

dēporto, -āvi, -ātum, v. 1, *carry off, banish, gain.*

dēprendo, -di, -sum, v. 3, *catch.*

dēprĭmo, -pressi, -pressum, v. 3, *press down, trample on;* (of ships) *sink.*

dēpugno, -āvi, -ātum, v. 1, *fight it out, fight hard.*

dērādo, -si, -sum, v. 3, *shave.*

dērīdeo, -rīsi, -rīsum, v. 2, *laugh at.*

dērīpio, -rīpui, -reptum, v. 3, *tear away, plunder.*

descendo, -di, -sum, v. 3, *go down; ex equo, dismount.*

dēscisco, -ivi, -itum, v. 3, *withdraw, fall off, desert.*

desero, -rui, -rtum, v. 3, *forsake, abandon, desert.*

dēsertor, -ōris, m. *deserter.*

dēsidērium, -i, n. *longing for, yearning, affection.*

dēsidēro, -āvi, -ātum, v. 1, *long for, miss.*

dēsilio, -silui, -sultum, v. 4, *leap down.*

dēsino, -sivi, -situm, v. 3, (1) act. *leave off;* (2) neut. *cease.*

dēsipio, v. 3, *rave.*

dēsisto, -stiti, -stitum, *leave off, cease.*

despērātio, -ōnis, f. *despair.*

despēro, -āvi, -ātum, v. 1, *despair.*

despicio, -spexi, -spectum, v. 3, (1) *look down;* (2) *despise.*

destino, -āvi, -ātum, v. 1, *design, purpose.*

destituo, -ui, -ūtum, v. 3, (1) *set down, place;* (2) *abandon, forsake.*

destringo, -nxi, -ctum, v. 3, *strip off;* (of a sword) *draw.*

dēsum, -fui, -esse, v. *be wanting or missing.*

dētergeo, -si, -sum, v. 2, *wipe off, cleanse.*

dēterreo, -ui, -itum, v. 2, *frighten, discourage, prevent.*

dētineo, -tinui, -tentum, v. 2, *keep back, detain, engage.*

dētraho, -xi, -ctum, v. 3, *draw or take off or away.*

deūro, -ussi, -ustum, v. 3, *burn, consume.*

dēus, -i, m. *god.*

dēversor, -ātus, v. 1, dep. *put up, lodge.*

dēverto, -ti, -sum, v. 3, *turn aside, put up, lodge.*

dēvincio, -vinxi, -vinctum, v. 4, *bind, tie.*

dēvinco, -vici, -victum, v. 3, *conquer, subdue.*

dexter, -era, -erum, or -tra, -trum, adj. (1) *right;* (2) *fortunate.*

dextēra or dextra, -ae, f. *right hand.*

diadēma, -ātis, n. *diadem.*

Diăgŏras, -ae, m. *Diagoras.*

Diāna, -ae, f. *Diana.*

dīco, -āvi, -ātum, v. 1, *dedicate.*

dico, dixi, dictum, v. 3, *say, tell; dic- jus, pronounce judgment.*

dictātor, -ōris, m. *dictator.*

dictātūra, -ae, f. *dictatorship.*

dictum, -i, n. *saying, word.*

dīduco, -xi, -ctum, v. 3, *tear asunder, rend, divide.*

dies, -ei, c. sing. m. plur. *day.*

differo, distuli, dilātum, differre, v. (1) *disperse;* (2) (of the mind) *distract;* (3) (of rumours) *spread abroad, publish;* (4) (of time) *put off, delay;* (5) n. *differ.*

differtus, -a, -um, part. *stuffed.*

difficilis, -e, adj. *difficult, stubborn, hard to please, dangerous.*

diffido, -fisus, v. 3, *distrust.*

diffūgio, -fūgi, v. 3, *flee in different directions, disperse.*

digitus, -i, m. *finger.*

dignitas, -ātis, f. (1) *worth;* (2) *office;* (3) *grandeur, authority.*

dignor, -ātus, v. 1, dep. *think worthy, deign.*

dignus, -a, -um, adj. *worthy.*

dilābor, -lapsus, v. 3, dep. *fall asunder, disappear, decay.*

dilăcěro, -āvi, -ātum, v. 1, *tear in pieces.*

diligens, -entis, adj. *careful, assiduous.*

diligenter, adv. *carefully.*

dīlĭgentia, -ae, f. *carefulness, diligence.*

dīlĭgo, -lexi, -lectum, v. 3, *love, be fond of.*

dīmĭco, -āvi, -ātum, v. 1, *fight.*

dīmitto, -mīsi, -missum, v. 3, *dismiss, disband, lose, give up, omit, let slip.*

Diomedon, -ontis, m. *Diomedon.*

Diŏnȳsius, -i, m. *Dionysius.*

Dioxippus, -i, m. *Dioxippus.*

dīrĭgo, -rexi, -rectum, v. 3, (1) *set straight,* (of troops) *draw up;* (2) *direct, guide;* navem or cursum.

dīrĭpio, -rĭpui, -reptum, v. *tear asunder, plunder.*

dīrus, -a, -um, adj. *awful, dreadful.*

discēdo, -cessi, -cessum, v. 3, *depart.*

discerno, -crēvi, -crētum, v. 3, (1) *separate;* (2) *distinguish, determine.*

discindo, -scĭdi, -scissum, v. 3, *tear asunder.*

discĭplina, -ae, f. (1) *learning, training, discipline;* (2) militaris dis-, *tactics;* philosophiae, *school* or *system.*

discors, -cordis, adj. (1) *at variance;* (2) *different.*

discrīmen, -ĭnis, n. (1) *distinction;* (2) *critical moment;* (3) *danger.*

discursus, -ūs, m. *raid.*

discŭtio, -cussi, -cussum, v. 3, *dash to pieces, shatter;* (of mist) *disperse.*

dīsertus, -a, -um, adj. *eloquent.*

dispergo, -si, -sum, v. 3, *scatter, disperse.*

displĭceo, -ui, v. 2, *displease.*

dispōno, -pŏsui, -pŏsĭtum, v. 3, *distribute, station.*

dispŭto, -āvi, -ātum, v. 1, *argue.*

dissĭmĭlis, -e, adv. *unlike.*

dissĭmĭlĭtūdo, -ĭnis, f. *difference.*

dissĭmŭlo, -āvi, -ātum, v. 1, *disguise, hide.*

dissĭpo, -āvi, -ātum, v. 1, *scatter.*

dissolvo, -vi, -ūtum, v. 3, *break down.*

diu, adv. *a long while, long.*

diūtĭnus, -a, -um, adj. *lasting.*

diūturnus, -a, -um, adj. *lasting.*

dīvello, -velli, -vulsum, v. 3, *tear* or *rend asunder.*

dīversus, -a, -um, adj. *different, opposite.*

dives, -ĭtis, adj. *rich.*

dīvĭdo, -vīsi, -vīsum, v. 3, *divide.*

dīvīnus, -a, -um, adj. *divine.*

dīvĭtiae, -arum, f. *riches.*

dīvum, -i, n. *sky, open air.*

do, dĕdi, dătum, v. 1, *give, offer.*

dŏceo, -cui, -ctum, v. 2, *teach.*

dŏlor, -ōris, m. *pain, sorrow, vexation.*

dŏlus, -i, m. *deceit, guile, treachery.*

dŏmĭcĭlium, -i, n. *dwelling.*

dŏmĭnātio, -ōnis, f. *despotism.*

dŏmĭnus, -i, m. *master, owner.*

dŏmo, -ui, -ĭtum, v. 1, *tame, break in, subdue.*

dŏmus, -ūs, f. *house;* domi, *at home.*

dōnec, conj. *till, until, as long as.*

dōno, -āvi, -ātum, v. 1, *give, present.*

dōnum, -i, n. *gift.*

dormio, -īvi, -ītum, v. 4, *sleep.*

dŭbĭto, -āvi, -ātum, v. 1, *doubt, hesitate.*

dŭbius, -a, -um, adj. *doubtful, wavering;* sine dubio, *without doubt.*

dŭcenti, -ae, -a, adj. *two hundred.*

dūco, -xi, -ctum, v. 3, (1) *lead;* gladium, *fashion;* remos, *row;* lanam, *spin;* (2) bellum, *prolong;* (3) *think.*

ductus, -ūs, m. *leading, command.*

dulcis, -e, adj. *sweet.*

dum, conj. (1) *while, whilst,* with indic. ; (2) *till, until,* gen. with subjunct.

duo, -ae, -o, adj. *two.*

dūrus, -a, -um, adj. *hard.*

dux, dŭcis, c. *leader, general, guide.*

E.

e, prep. *See* ex.

ēbĭbo, -bĭbi, -bĭbĭtum, v. 3, *drink off.*

ĕburnus, -a, -um, adj. *ivory.*

ecce, adv. imperative, *lo! behold!*

ecquid, interrog. adv. *whether.*

ēdīco, -xi, -ctum, v. 3, *declare, publish, decree.*

ēdisserto, -āvi, -ātum, v. 1, *tell* or *hold forth.*

ēdĭtus, -a, -um, adj. *high, lofty.*

ēdo, -dĭdi, -dĭtum, v. 3, *give forth, produce;* (of sound) *utter;* (of shows) *exhibit.*

ĕdo, ēdi, ēsum, v. *eat.*

ēdŭco, -āvi, -ātum, v. 1, *bring up, educate.*

ēdūco, -xi, -ctum, v. 3, *lead forth;* educ- gladium, *draw.*

effero, extŭli, ēlātum, -ferre, v. 1, *bring* or *carry forth,* especially a dead body for burial; (2) (of soil) *produce;* (3) *raise, extol,* laudibus; so ēlatus, *carried away, elated.*

effĭcio, -fēci, -fectum, v. 3, *bring to pass, accomplish.*

effĭgies, -ei, *image, representation, ghost, apparition.*

efflo, -āvi, -ātum, v. 1, *breathe out;* animam, *breathe your last.*

effŏdio, -fōdi, -fossum, v. 3, *dig up* or *out.*

effŭgio, -fūgi, v. 3, *escape.*

effulgeo, -si, v. 2, *shine forth.*

effundo, -fūdi, -fūsum, v. 8, *pour forth, spread out.*

effūsus, -a, -um, adj. *spread out, extensive;* eff- cursu, *at full ---ed;* so eff- fugâ.

ēgeo, -ui, v. 2, *want, need, be without.*

ĕgo, pron. *I;* egomet, *I myself.*

ēgrĕdior, -gressus, v. 3, dep. *step, march, go out.*

ēgrĕgius, -a, -um, adj. *uncommon, distinguished, noble, excellent.*

ējĭcio, -jēci, -jectum, v. 3, *throw* or *cast out, expel.*

ējusmŏdi, adv. *of such a kind.*

ēlanguesco, -gui, v. 3, incep. *grow faint* or *cold.*

ēlātē, adv. *proudly.*

Electra, -ae, f. *Electra.*

ĕlĕphantus, -i, m. *elephant.*

ēlīdo, -si, -sum, v. 3, *strike, dash out, squeeze.*

ēlĭgo, -lēgi, -lectum, v. 3, *pick out, choose.*

ēlinguis, -e, adj. *speechless.*

Ēlis, -ĭdis, f. *Elis, country on the west of Peloponnesus.*

ēlŏquentia, -ae, f. *eloquence.*

ēlŏquor, -lŏcūtus, v. 3, dep. *speak out, declare.*

ēlūceo, -xi, v. 2, *shine forth.*

ēlūdo, -si, -sum, *parry, deceive, escape.*

ēlūgeo, -xi, v. 2, *leave off mourning.*

ēmātūresco, -rui, v. 3, incep. *grow ripe.*

ēmendo, -āvi, -ātum, v. 1, *correct, improve.*

ēmergo, -si, -sum, v. 2, (1) act. *raise;* gen. with se, *rise up;* (2) n. *come forth, arise.*

ēmētior, ēmensus, v. 4, dep. (1) *measure;* (2) *pass, traverse.*

ēmĭneo, -ui, v. 2, (1) *stand out, project;* (2) *be conspicuous, excel.*

ēmĭnus, adv. *opposite to* comminus, *at a distance.*

ēmitto, -mīsi, -missum, v. 3,
send forth or *out;* animam,
expire.

ĕmo, ēmi, emptum, v. 3, *buy.*

en, interj. *lo! behold!*

ēneco, -cui, -ctum *and* -ātum, v.
1, *kill.*

ĕnim, conj. *for, indeed.*

ēnĭtesco, v. 3, incep. *shine
forth.*

ēnŏto, -āvi, -ātum, v. 1, *mark out,
observe.*

ensis, -is, m. *sword.*

ēnuntio, -āvi, -ātum, v. 1, *report,
declare.*

eo, īvi *or* ii, ĭtum, ire, v. *go.*

eo, adv. *thither.*

eōdem, adv. *to the same place.*

Epămīnondas, -ae, m. *Epaminondas.*

ĕphēbus, -i, m. *youth.*

Ephĕsus, -i, *Ephesus.*

ĕphŏrus, -i, m. *ephor, chief
magistrate at Sparta.*

ĕpistŏla, -ae, f. *letter.*

ĕpŭlae, -ārum, f. *feast, banquet.*

ĕpŭlor, -ātus, v. 1, dep. *feast.*

ĕques, -ĭtis, m. sing. *knight;*
plur. *cavalry.*

ĕquester, -tris, -e, adj. *of cavalry.*

ĕquĭdem, adv. gen. of 1st pers.
I for my part, indeed.

ĕquĭtātus, -ūs, m. *cavalry.*

ĕquus, -i, m. *horse.*

Ēretria, -ae, *Eretria, town in
Euboea.*

Ĕretriensis, -e, adj. *of Eretria.*

ergo, adv. *therefore.*

ērĭgo, -rexi, -rectum, v. 3, *raise
up, arouse.*

ērĭpio, -rĭpui, -reptum, v. 3,
snatch away, rescue.

erro, -āvi, -ātum, v. 1, *wander,
stray, roam.*

error, -ōris, m. *mistake, delusion,
error.*

ērŭdio, -īvi, -ītum, v. 4, *teach,
instruct.*

ērŭdītus, -a, -um, adj. *learned,
accomplished.*

ērumpo, -rūpi, -ruptum, v. 3,
burst forth, break through.

ēruo, -ui, -ŭtum, v. 3, *dig, tear,
root up.*

ēruptio, -ōnis, f. *sally.*

Erythēis, -idis, adj. *of Erytheia, a fabulous island in
the west.*

escendo, -di, -sum, v. 3, *mount
or climb up.*

et, conj. *and;* et . . . et, *both
. . . and.*

ĕtiam, conj. *also, even;* etiam
atque etiam, *again and again.*

ĕtiamsi, conj. *although, even if.*

etsi, conj. *although.*

Ētrūria, -ae, f. *Etruria.*

Euboea, -ae, f. *Euboea.*

Euphrātes, -is, m. *Euphrates.*

Eurōpa, -ae, f. *Europe.*

ēvādo, -si, -sum, v. 3, (1) n.
go forth, turn out; (2) act.
escape.

ēvānesco, -nui, v. 3, incep.
vanish.

ēvĕho, -vexi, -vectum, v. 3, *carry
forth.*

ēvello, -velli, -vulsum, v. 3, *pull
or tear out.*

ēvĕnio, -vēni, -ventum, v. 4, *come
forth, happen;* esp. impers.
evenit, *it happens.*

ēventus, -ūs, m. *occurrence, accident, result.*

ēverbĕro, -āvi, -ātum, v. 1, (1)
beat; (2) *stimulate.*

ēverto, -ti, -sum, v. 3, *upset, over-
turn.*

ēvĭdens, -entis, adj. *clear.*

ēvīto, -āvi, -ātum, v. 1, *shun,
avoid.*

ēvŏlo, -āvi, -ātum, v. 1, *fly forth.*

ex *and* ē, prep. with abl. *out of,
from, of, according to.*

exăgĭto, -āvi, -ātum, v. 1, *drive
out, disturb, irritate.*

exănĭmo, -āvi, -ātum, v. 1, *deprive
of life, kill.*

exaudĭo, -īvī, -ītum, v. 4, *hear
plainly, listen to.*

excēdo, -cessi, -cessum, v. 3, (1)
depart, retire; (2) *depart from
life, die.*

excellens, -entis, adj. *distinguished, superior.*

excello, -cellui, -celsum, v. 3, *be
eminent, excel.*

excĭdo, -cĭdi, v. 3, *fall out, slip
away.*

excīdo, -cīdi, -cīsum, v. 3, *cut out,
off,* or *down.*

excĭpio, -cēpi, -ceptum, v. 3, (1)
take out; (2) *except;* (3) *receive;* (4) *come next, succeed;*
(5) *catch up;* (6) periculum, *encounter.*

excĭto, -āvi, -ātum, v. 1, *stir up,
rouse.*

exclūdo, -si, -sum, v. 3, *shut out,
cut off.*

excūso, -āvi, -ātum, v. 1, *absolve,
acquit.*

excŭtio, -cussi, -cussum, v. 3,
shake out, beat out, rouse.

'exemplum, -i, n. *pattern, model,
example.*

exeo, -īvi or -ii, -ĭtum, -īre, v.
go out or *forth, depart.*

exerceo, -ui, -ĭtum, v. 2, (1)
practise, train; (2) *employ;* (3)
vex.

exercĭtātus, -a, -um, adj. (1)
practised; (2) *vexed.*

exercĭtus, -ūs, m. *army.*

exhaurio, -hausi, -haustum, v. 4,
(1) *drain off;* vinum, *drink;*
(2) *exhaust.*

exhērēdo, -āvi, -ātum, v. 1, *dis-
inherit.*

exĭgo, -ēgi, -actum, v. 3, (1) *drive
forth;* (2) *claim;* (3) noctem,
pass, spend.

exĭguus, -a, -um, adj. *scanty,
small.*

exīlium, -i, n. *exile, banishment.*

exĭmius, -a, -um, adj. *extraordinary, choice, excellent.*

existĭmo, -āvi, -ātum, v. 1, *judge,
consider, esteem, suppose.*

exĭtus, -ūs, m. (1) *going forth,
departure;* (2) *outlet;* (3) *end,*
especially of life.

exŏnĕro, -āvi, -ātum, v. 1, *un-
load, disburden.*

exorno, -āvi, -ātum, v. 1, *adorn,
embellish;* (of a banquet) *prepare.*

expectātio, -ōnis, f. *awaiting,
expectation.*

expecto, -āvi, -ātum, v. 1, (1)
await, expect; (2) *hope for.*

expēdĭo, -īvi, -ītum, v. 4, (1) *free,
disengage, extricate;* (2) *make
ready, prepare;* (3) in 3rd pers.
and impers. *it is profitable* or
advantageous.

expēdītus, -a, -um, adj. *free,
unencumbered;* so (of soldiers)
*unencumbered by baggage, light-
armed.*

expello, -pŭli, -pulsum, v. 3,
drive or *thrust away, eject.*

expĕrientia, -ae, f. (1) *trial, ex-
periment;* (2) *practice, experi-
ence.*

expĕrĭmentum, -i, n. *trial, ex-
periment.*

expĕrior, -pertus, v. 4, *try, prove,
find.*

expĕto, -īvi, -ītum, v. 4, *long for,
covet, aim at.*

explĭco, -āvi *and* ui, -ātum *and*
ĭtum, v. 1, *unfold;* (of sails)
unfurl, spread out; (2) (of
soldiers) *deploy;* (3) (of speech)
explain, set forth.

explōrator, -ōris, m. *scout.*

explōro, -āvi, -ātum, v. 1, *search,
examine, investigate.*

expōno, -pŏsui, -pŏsĭtum, v. 3, (1) *put forth,* (of soldiers) *put on shore;* (2) *display;* (3) (of speech) *expound, explain.*

exposco, -pŏposci, v. 3, *beg, require, entreat.*

exprĭmo, -pressi, -pressum, v. 3, (1) *press* or *force out;* (2) *copy, portray, describe, depict.*

exprobro, -āvi, -ātum, v. 1, *reproach, reprove.*

expugno, -āvi, -ātum, v. 1, *take by storm* or *assault.*

exquĭro, -sīvi, -sītum, v. 3, *search out, investigate, ask.*

exsanguis, -e, adj. *bloodless;* so *fainting, lifeless.*

exsculpo, -psi, -ptum, v. 3, *cut out, erase.*

exsĕquor, -sĕcūtus, v. 3, dep. *pursue, follow.*

exsĭlio, -sĭlui, v. 4, *spring out.*

exspătior, -ātus, v. 1, dep. *spread out, leave the course.*

exspiro, -āvi, -ātum, v. 1, (1) *breathe out;* (2) *breathe one's last, expire.*

exstinguo, -nxi, -nctum, v. 3, *put out, quench;* so *destroy, kill.*

exstruo, -xi, -ctum, v. 3, *heap up, pile;* so *build, rear, erect.*

extendo, -di, -tum *and* -sum, v. 3, *spread out, stretch out, extend, prolong.*

externus, -a, -um, *outward;* so *foreign, strange.*

exterreo, -ui, -ĭtum, v. 2, *frighten, scare.*

extĭmesco, -mui, v. 3, incep. *be greatly afraid, dread.*

extollo, v. 3, (1) *lift up;* (2) *build up;* (3) *exalt.*

extra, (1) adv. *on the outside, without;* (2) prep. with acc. *outside, except.*

extrăho, -xi, -ctum, v. 3, (1) *draw forth;* (2) *extricate, release.*

extrēmus, -a, -um, superl. from exterus, *extreme, remotest, last;* in extremis rebus, *in the greatest danger.*

exul, -ŭlis, c. *banished person, exile.*

exulto, -āvi, -ātum, v. 1, (1) *spring, dance;* (2) *rejoice, exult.*

exūro, -ussi, -ustum, v. 3, *burn up, consume;* so *parch.*

F.

făber, -bri, m. *smith, carpenter.*

Fabius, -i, m. *Fabius;* Fabii, *the Fabian clan.*

Fabrĭcius, -i, m. *Fabricius.*

fabrĭco, -āvi, -ātum, v. 1, *fashion, forge.*

fābŭla, -ae, f. (1) *story* (especially *a fictitious story*), *tale;* (2) *a play.*

făcētē, adv. *wittily, humorously.*

făcies, -ēi, f. *face.*

făcĭle, adv. *easily.*

făcĭlis, -e, adj. (1) *easy;* (2) *good-natured.*

făcĭnus, -ŏris, n. *deed, action* (especially *bad deed*) *crime.*

făcio, fēci, factum, v. 3, (1) *do, make;* copiam *or* potestatem, *give an opportunity;* moram, *cause, delay;* verba, *speak;* with gen. or abl. of price, *value.* For facere certiorem, *see* certior.

factum, -i, n. *deed, act, exploit.*

falcātus, -a, -um, adj. *armed* or *furnished with scythes.*

fallo, fĕfelli, falsum, v. 3, (1) *deceive;* fidem, *break one's word;* (2) *escape the notice of.*

falso, adv. *untruly, by mistake.*

falsus, -a, -um, *deceitful, false, feigned.*

fāma, -ae, f. (1) *report, rumour, talk;* (2) *reputation, renown.*

fămĭlia, -ae, f. *family, household.*

fămĭliāris, -e, (1) adj. (of the household), so *intimate, familiar;* (2) subs. *an acquaintance, friend.*

fămŭla, -ae, f. *maidservant.*

fānum, -i, n. *temple.*

fās, n. indecl. (1) opp. to jus, *divine law;* (2) adj. *right, lawful.*

fasti, -ōrum, m. *calendar.*

fātālis, -e, adj. (1) *fated, destined;* (2) *deadly.*

fāteor, fassus, v. 2, dep. *confess.*

fătīgo, -āvi, -ātum, v. 1, *weary, tire.*

fātum, -i, n. *fate.*

făveo, fāvi, fautum, v. 3, *favour, befriend, protect.*

fax, făcis, f. *torch.*

febris, -is, f. *fever.*

fēlīcĭtas, -ātis, f. *good fortune, happiness.*

fēlīcĭter, adv. *happily, fortunately.*

fēlix, -icis, adj. *favourable, fortunate, happy.*

fēmĭna, -ae, *woman.*

fĕra, -ae, f. *wild beast.*

fĕrē, adv. *nearly, almost, about.*

fĕrīnus, -a, -um, adj. (of wild beasts) *savage.*

fermē, adv. *almost, nearly, about.*

fĕro, tŭli, lātum, ferre, v. (1) *bear, carry, bring;* (2) *produce;* (3) *endure;* aegre *or* graviter, *be vexed;* (4) *say,* especially ferunt *and* fertur; legem, *propose a law;* suffragium, *give vote;* sententiam, *debate.*

fĕrōcia, -ae, f. (1) *high spirit;* (2) *ferocity.*

fĕrōcĭter, adv. (1) *bravely;* (2) *fiercely.*

fĕrox, -ōcis, adj. (1) *high-spirited, bold;* (2) *proud, haughty.*

ferreus, -a, -um, adj. *of iron.*

ferrum, -i, n. *iron;* especially *sword.*

fĕrus, -a, -um, (1) adj. *wild, savage;* (2) subs. *a wild beast.*

ferveo, -bui, v. 2, *boil;* so *rage* or *glow.*

festīvus, -a, -um, adj. (1) *gay;* (2) *witty.*

fētus, -a, -um, adj. *newly delivered.*

fīdēlis, -e, adj. *faithful, trusty.*

fīdes, -ēi, f. (1) *faith, trust;* (2) *good faith, honesty;* (3) *promise* (especially of protection).

fīdūcia, -ae, f. *confidence, reliance.*

fīgo, -xi, -xum, v. 3, (1) *fix, fasten;* (2) *transfix, pierce.*

fīgūra, -ae, f. *form, shape, figure.*

fīlia, -ae, f. *daughter.*

fīlius, -ii *or* -i, m. *son.*

fīlum, -i, n. *thread.*

fingo, -nxi, -ctum, v. 3, (1) *shape, form, fashion, mould;* (of tongue) *lick;* (2) *form in the mind, imagine;* (3) *pretend.*

fīnio, -īvi, -ītum, v. 4, (1) *limit, bound, confine;* (2) *put an end to, finish.*

fīnis, -is, m. and f. gen. m. (1) *boundary;* (2) *territory;* (3) *end* (especially of life).

fīnĭtĭmus, -a, -um, (1) adj. *bordering on, adjoining;* (2) subs. fīnĭtĭmi, *the neighbours.*

fīo, factus sum, fĭĕri, v. 3, used as pass. *of* facio, *be made, become, occur;* certior, *see* certior.

firmĭtas, -ātis, f. *strength, stability, firmness, power.*

firmus, -a, -um, adj. *firm, stedfast.*

flagrans, -antis, adj. (1) *blazing, glowing;* (2) *ardent.*

flagro, -āvi, -ātum, v. 1, *burn, blaze, glow.*

flāmen, -ĭnis, m. *blast, gale, wind.*

flamma, -ae, f. *flame, blaze.*

flecto, -xi, -xum, v. 3, (1) act. *bend ;* (2) neut. *turn.*

fleo, flēvi, flētum, v. 2, *weep.*

flōrens, -entis, adj. *flourishing, prosperous.*

flōreo, -ui, v. 2, *flourish, bloom.*

flos, flōris, m. *flower.*

fluctus, -ūs, m. *wave.*

flūmen, -ĭnis, n. *river, stream.*

fluo, -xi, -xum, v. 3, *flow.*

flŭvius, -i, m. *river.*

fŏcŭlus, -i, m. *fire-pan, brazier.*

fŏdio, fōdi, fossum, v. 3, *dig, stab, spur.*

foedus, -a, -um, adj. *foul, hide-ous.*

foedus, -ĕris, n. *treaty.*

fons, fontis, m. (1) *spring, foun-tain ;* (2) *source* or *cause.*

for, fātus, v. 1, dep. *say, speak.*

fŏras, adv. *out of doors, forth.*

fŏrensis, -e, adj. *of the Forum, opera, services at the bar.*

fŏris, -is, f. gen. used in plur. ; fŏres, *folding-doors.*

fŏris, adv. *out of doors, outside, abroad.*

forma, -ae, f. (1) *shape, figure ;* (2) *beauty.*

formīdo, -āvi, -ātum, v. 1, (1) act. *dread ;* (2) neut. *be afraid.*

formīdo, -ĭnis, f. *dread, terror.*

formo, -āvi, -ātum, v. 1, *fashion, mould, shape.*

formōsus, -a, -um, adj. *beauti-ful, fair.*

fors, fortis, f. *chance, luck.*

forsan, adv. *perhaps.*

forsĭtan, adv. *it may be, perhaps.*

forte, adv. *by chance.*

fortis, -e, adj. *strong, stout, brave.*

fortĭter, adv. *boldly, bravely.*

fortĭtūdo, -ĭnis, f. *courage, valour, resolution.*

fortuĭtus, -a, -um, adj. *acciden-tal, casual.*

fortūna, -ae, f. (1) *fortune* (good or bad) ; (2) *state, condition.*

fŏrum, -i, n. *market-place,* esp. *Forum at Rome.*

fossa, -ae, f. *ditch, trench.*

frăgor, -ōris, m. *crash, noise, din.*

frango, frēgi, fractum, v. 3, (1) *break ;* (2) *crush, daunt, sub-due.*

frāter, -tris, m. *brother.*

fraudo, -āvi, -ātum, v. 1, *cheat, defraud.*

fraus, -dis, f. (1) *deceit ;* (2) *injury, violence, treachery.*

frĕmĭtus, -ūs, *any dull sound,* e.g., *roaring, snorting, growl-ing ;* so *shouting.*

frĕmo, -ui, -ĭtum, v. 3, *murmur, roar.*

frendo, v. 3, *gnash the teeth.*

frēno, -āvi, -ātum, v. 1, *bridle.*

frēnum, -i, n. *bit, curb, bridle.*

frēquens, -entis, adj. (1) *repeated, frequent ;* (2) *crowded.*

frĕtum, -i, n. *strait.*

frētus, -a, -um, adj. *relying on.*

frīgĭda, -ae, f. *cold water.*

frīgĭdus, -a, -um, adj. *cool, chill, cold.*

frīgus, -ŏris, n. *cold.*

frons, frondis, f. *leaf, foliage.*

frons, frontis, f. (1) *forehead ;* (2) *front of anything ;* a fronte, *in front ;* opp. to a tergo, *in the rear.*

frūmentum, -i, n. *corn.*

fruor, fructus *and* fruĭtus, v. 3, dep. *enjoy.*

frustrā, adv. *in vain.*

frustro, -āvi, -ātum, v. 1, (1) *dis-appoint ;* (2) *frustrate.*

fŭga, -ae, f. *flight.*

fŭgio, fūgi, fŭgĭtum, v. 3, (1) neut. *flee, fly ;* (2) act. *avoid, escape.*

fūgo, -āvi, -ātum, v. 1, *put to flight, disperse, rout.*

fulcio, fulsi, fultum, v. 4, *prop up, stay, support.*

fulgens, -entis, adj. *gleaming, glittering.*

fulgeo, fulsi, v. 2, *flash, gleam, glitter.*

fulgor, -ōris, m. *flash, gleam, brightness.*

fulgur, -ŭris, n. *lightning.*

fulmen, -ĭnis, n. *thunder-bolt, lightning.*

fulmĭneus, -a, -um, adj. *of lightning, flashing, murderous.*

fulvus, -a, -um, adj. *tawny.*

fūmus, -i, m. *smoke.*

funda, -ae, f. *sling.*

fundĭtor, -ōris, m. *slinger.*

fundo, fūdi, fūsum, v. 3, (1) *pour, shed;* (2) *melt;* (3) (of fruits) *pour forth, yield;* (4) (of armies) *rout.*

fundus, -i, m. *farm.*

fungor, functus, v. 3, dep. *perform, discharge.*

fūnus, -ĕris, n. *burial, funeral.*

fur, fūris, m. *thief.*

fūrax, -ācis, adj. *thievish.*

fūro, -ui, v. 3, *rage.*

fŭror, -ōris, m. *raging, rage, madness.*

furtim, adv. *by stealth.*

furtīvus, -a, -um, adj. *stolen.*

furtum, -i, n. (1) *theft;* (2) *the stolen thing; cf.* furta dedere sonum.

fūtĭlis, -e, adj. *vain, worthless.*

G.

Găbii, -ōrum, m. *Gabii, a town in Latium.*

Găbīnus, -a, -um, adj. *of Gabii.*

Gallia, -ae, f. *Gaul* (the country).

Gallus, -i, m. *Gaul* (the people).

gaudeo, gāvīsus, v. 2, *rejoice.*

gaudium, -i, n. *joy.*

gĕlĭdus, -a, -um, adj. *cold, icy.*

gĕmellus, -i, m. used in plur. *twins.*

gĕmĭni, -ōrum, m. *twins.*

gĕmĭtus, -ūs, m. *groan.*

gemma, -ae, f. (1) *bud of a plant;* (2) *jewel, gem.*

gēna, -ae, f. *cheek.*

gĕnĕrōsus, -a, -um, adj. (1) *high-born;* (2) *noble-minded.*

gĕnĭtor, -ōris, m. *father.*

gĕnius, -i, m. *spirit.*

gens, gentis, f. (1) *clan;* (2) *nation, people.*

gentīlis, -e, adj. *of the same clan.*

gĕnu, -ūs, n. *knee.*

gĕnus, -ĕris, n. (1) *birth, race, stock;* (2) *kind, sort.*

⸱⸱si, gestum, v. 3, (1) (of dress or arms) *carry, wear;* (2) (war, office or affairs) *support, conduct, administer, perform;* res gestae, *feats, exploits;* gerere morem, *comply, gratify.*

gesto, -āvi, -ātum, v. 1, *bear, carry.*

gestus, -ūs, m. *carriage of the body, action, gesture.*

glădius, -i, m. *sword.*

glōria, -ae, f. *renown, fame.*

glōriābundus, -a, -um, adj. *boasting.*

glōrior, -ātus, v. 1, dep. *boast.*

glōriōsus, -a, -um, adj. (1) *famous;* (2) *boasting.*

Gongylus, -i, m. *Gongylus.*

grăcĭlis, -e, adj. *slender.*

grădus, -ūs, m. (1) *step, pace;* addere gradum, *see* addo; (2) *position, vantage-ground.*

Graecia, -ae, f. *Greece.*

Graecus, -a, -um, adj. and subs. *Greek.*

Graii, -ōrum, m. *Greeks.*

grāmen, -ĭnis, n. *grass.*

grandis, -e, adj. (1) *large, big, great* ; (of persons) *tall* ; with natu, *advanced in years* ; (2) *lofty, noble.*

grando, -ĭnis, f. *hail.*

grătia, -ae, f. (1) *favour, regard* ; (2) *charm, beauty* ; in abl. *for the sake of* ; (3) in plur. *thanks.*

grătis, contracted abl. plur. from gratia ; gratis facere, *to give thanks.*

grătŭlābundus, -a, -um, adj. *congratulating.*

grătŭlor, -ātus, v. 1. dep. *congratulate.*

grătus, -a, -um, adj. (1) *beloved, pleasing, welcome* ; (2) *thankful.*

grăvĭdus, -a, -um, adj. *big, full.*

grăvis, -e, adj. *heavy, weighty* ; so *serious, dignified* ; gravis morbo *or* vulnere, *weighed down with.*

grăvĭtas, -ātis, f. (1) *heaviness* ; (2) (in a good sense) *dignity, importance.*

grăvĭter, adv. *heavily, severely, seriously.*

grăvo, -āvi, -ātum, v. 1, *load, weigh down.*

grĕmium, -i, n. *bosom.*

grex, grĕgis, m. *flock.*

gŭbernātor, -ōris, m. *steersman, pilot.*

gurges, -ĭtis, m. *whirlpool, current.*

H.

hăbēna, -ae, *thong, rein.*

hăbeo, -ui, -ĭtum, v. 2, (1) *have hold, keep* ; (2) *have in use, use* ; (3) *esteem, consider.*

hăbĭto, -āvi, -ātum, v. 1, (1) act. *inhabit* ; (2) n. *dwell, live.*

hăbĭtus, -ūs, m. *condition, state, appearance, carriage,* esp. *dress.*

haereo, haesi, haesum, v. 2, (1) *stick, cleave, adhere to* ; (2) *be in doubt.*

haesĭto, -āvi, *stick fast, be undecided.*

Hălĭcarnassius, -a, -um, adj. *of Halicarnassus, a city in Caria.*

Hămilcar, -āris, m. *Hamilcar.*

Hannĭbal, -ălis, m. *Hannibal.*

hăruspex, -ĭcis, m. *soothsayer.*

hasta, -ae, f. *spear.*

hastātus, -a, -um, adj. (1) *armed with a spear* ; in plur. *spearmen* ; (2) *first line of a Roman army.*

hastīle, -is, n. *shaft of a spear.*

haud, adv. *not.*

haurio, hausi, haustum, v. 4, *drain, draw, drink in.*

hĕbes, -ĕtis, adj. *blunt, dull.*

Hellespontus, -i, m. *Hellespont, now the Dardenelles.*

Hĕlōtes, m. *Helot, Spartan slaves.*

Hephaestion, -ōnis, m. *Hephaestion.*

herba, -ae, f. *grass, blade of grass.*

Hercle, adv. *by Hercules.*

Hermes, m. *Hermes* ; in plur. *Hermae, statues* or *busts of Hermes.*

Hermia, -ae, m. *Hermia.*

hĕros, -ōis, m. *demi-god, hero.*

heu, inter. *alas!*

hīberna, -ōrum, n. *winter quarters.*

hībernus, -a, -um, adj. (of winter) *wintry.*

hic, haec, hoc, pron. *this.*

hīc, adv. *here.*

hiems, -ĕmis, f. (1) *winter* ; (2) *storm.*

hīlăris, -e, adj. *merry, cheerful.*

hīlărĭtas, -ātis, f. *cheerfulness, gaiety.*

hinc, adv. *from this place, hence;* hinc hinc, hinc illinc, *on this side and on that.*

hinnītus, -ūs, m. *neighing.*

hio, -āvi, -ātum, *open, gape, yawn.*

hirsūtus, -a, -um, adj. *shaggy, untrimmed.*

hĭrundo, -ĭnis, f. *swallow.*

Hispānia, -ae, f. *Spain.*

Histiaeus, -i, m. *Histiaeus.*

histōria, -ae, f. *narrative, history, story.*

histrio, -ōnis, m. *actor.*

hŏdiē, adv. *to-day.*

hŏdiernus, -a, -um, adj. *of this day.*

hŏmo, -ĭnis, c. *human being;* gen. *man.*

hŏnestē, adv. *honourably.*

hŏnestus, -a, -um, adj. *distinguished, honourable.*

hŏnor *and* hŏnos, -ōris, m. (1) *honour, dignity, office;* esp. in plur. *offices;* (2) *honour, esteem.*

hōra, -ae, f. *hour.*

horrendus, -a, -um, adj. *dreadful, terrific.*

horreo, -esco, -ŭi, v. 3, incep. (1) stand on end, bristle, be rough; (2) *shudder.*

horrĭdus, -a, -um, adj. *rough, bristly, rugged.*

horror, -ōris, m. *shivering, shuddering, dread.*

hortāmen, -ĭnis, n. *address, encouragement.*

hortor, -ātus, v. 1, dep. *encourage, cheer, exhort.*

hortus, -i, m. *garden.*

hospes, -ĭtis, c. (1) *guest, friend;* (2) *stranger;* (3) *host.*

hospĭta, adj. f. sing. and n. plur. *strange.*

hospĭtium, -i, n. (1) *entertainment;* (2) *lodging, an inn.*

hostia, -ae, *victim, sacrifice.*

hostīlis, -e, adj. *of an enemy, hostile.*

hostis, -is, c. *enemy.*

huc, adv. *hither.*

hūmānĭtas, -ātis, f. *address, refinement, courtesy.*

hūmānus, -a, -um, adj. (1) (of a man), *human;* (2) *polite, well informed, humane.*

hŭmĕrus, -i, m. *shoulder.*

hŭmi, adv. *on the ground.*

hŭmĭlis, -e, adj. *lowly, humble, low, abject.*

hŭmus, -i, f. *ground, soil.*

I.

ĭbi, adv. *there.*

ĭbĭdem, adv. (1) *in the same place;* (2) *on the spot, immediately.*

Īcărus, -i, m. *Icarus.*

īco, īci, ictum, v. 3, *strike.*

ictus, -ūs, m. *stroke, blow.*

idcirco, adv. *therefore.*

īdem, ĕădem, ĭdem, pron. *the same.*

ĭdentĭdem, adv. *repeatedly.*

īdeo, adv. *therefore.*

īdōlon, n. *spectre.*

ĭdōneus, -a, -um, adj. *proper, suitable, sufficient.*

īdus, -uum, f. *Ides of a Roman month.*

ĭgĭtur, adv. *therefore.*

ignārus, -a, -um, adj. (1) *unskilled, ignorant;* (2) *unknown.*

ignāvia, -ae, f. *laziness, cowardice.*

ignis, -is, m. *fire.*

ignōro, -āvi, -ātum, v. 1, *be unacquainted with, be ignorant of.*

ignosco, -nŏvi, -nōtum, v. 3, pardon.

ignōtus, -a, -um, adj. *unknown.*

Ilerda, -ae, f. *Ilerda, town in north-west of Spain.*

illaesus, -a, -um, adj. *unhurt.*

ille, illă, illud, pron. *he, she, it, that, yonder.*

illic, illaec, illuc, *or* -oc, pron. *he, she, it, that.*

illic, adv. *there, yonder.*

illĭco, adv. *on the spot.*

illinc, adv. *thence;* hinc illinc, *on this side and on that.*

illuc, adv. *thither.*

illūcesco, -luxi, v. 3, incep. *shine forth, grow light, dawn.*

illūdo, -si, -sum, v. 3, *jest* or *mock at, ridicule.*

illustris, -e, adj. *renowned, famous.*

illustro, -āvi, -ātum, v. 1, (1) *light up;* (2) *render famous.*

īmāgo, -ĭnis, f. (1) *copy, likeness;* (2) *phantom, spectre.*

imbēcillus, -a, -um, adj. *feeble.*

imbellis, -e, adj. *unwarlike.*

imber, -bris, m. *shower, storm of rain.*

īmĭtamentum, -i, n. *pretence.*

immānis, -e, adj. (1) *monstrous in size;* (2) *monstrous in character, savage.*

immānĭtas, -ātis, f. (1) *vast size;* (2) *cruelty.*

immĕmor, -ŏris, adj. *forgetful.*

immensus, -a, -um, adj. *boundless, vast.*

immĭneo, v. 2, (1) *overhang;* (2) *be close at hand, impend;* (3) *hang upon, threaten.*

immītis, -e, adj. *pitiless.*

immitto, -mīsi, -missum, v. 3, *send against, let slip* or *loose at.*

immo, adv. *nay rather.*

immŏdestia, -ae, f. *intemperance, disobedience.*

immŏlo, -āvi, -ātum, v. 1, *sacrifice.*

impătiens, -entis, adj. *unable to endure* or *restrain.*

impăvĭdus, -a, -um, adj. *undaunted.*

impĕdīmentum, -i, n. *obstacle, hindrance;* in plur. *baggage.*

impĕdio, -īvi, -ītum, v. 4, *entangle, hinder, hamper;* equos frenis, *bridle.*

impĕdītus, -a, -um, adj. *hindered, embarrassed, encumbered;* opp. to expeditus.

impello, -pŭli, -pulsum, v. 3, *drive against, urge on.*

impendeo, v. 2, *hang over, threaten, be near at hand.*

impendo, -di, -sum, v. 3, *weigh upon;* hence *bestow, employ, spend upon.*

impensa, -ae, f. *cost, outlay.*

impĕrātor, -ŏris, *general.*

impĕrātum, -i, n. *order.*

impĕrītia, -ae, f. *inexperience, ignorance.*

impĕrītus, -a, -um, adj. *inexperienced in, unskilled.*

impĕrium, -i, n. (1) *military command;* (2) *sovereignty,* first of the Roman people, and then generally, *dominion, power, empire.*

impĕro, -āvi, -ātum, v. 1, (1) (of terms) *impose, dictate;* (2) gen. *command, order.*

impetro, -āvi, -ātum, v. 1, *obtain* (esp. by asking).

impĕtus, -ūs, m. *attack, charge.*

impius, -a, -um, adj. *undutiful, wicked, unhallowed.*

impleo, -plēvi, -plētum, v. 2, *fill up, fulfil.*

implĭco, -āvi, -ātum *or* -ni -ĭtum, *enfold;* so *involve, entangle.*

impōno, -pŏsui, -pŏsĭtum, v. 3, *place upon, set over, impose.*

imprŏbus, -a, -um, adj. *wicked.*

imprŏvīsus, -a, -um, adj. *unexpected; ex or de improviso or improviso, unexpectedly.*

imprūdens, -entis, adj. (1) *unaware, unconscious;* (2) *rash.*

imprūdentia, -ae, f. *want of foresight, rashness.*

impūnē, adv. *without punishment.*

īmus, -a, -um, superl. from inferus, *lowest, deepest.*

in, prep. (1) with acc. *into, to, against;* (2) with abl. *in.*

ĭnānis, -e, adj. *empty, void.*

incălesco, -lui, v. 3, incep. *grow hot, glow.*

incautē, adv. *unwarily.*

incautus, -a, -um, adj. *off one's guard, inconsiderate.*

incēdo, -cessi, -cessum, v. 3, *march, advance.*

incendium, -i, n. *burning, fire, conflagration.*

incendo, -di, -sum, v. 3, *set fire to, kindle, inflame, excite.*

incertus, -a, -um, adj. *doubtful, wavering, undecided.*

incĭdo, -cĭdi, -cāsum, v. 3, (1) *fall upon, light upon, fall in with;* (2) *fall upon* (in sense of attacking); (3) *happen.*

incĭpio, -cēpi, -ceptum, v. 3, *begin.*

incĭtamentum, -i, n. *inducement, incentive.*

incĭto, -āvi, -ātum, v. 1, *urge or spur on, encourage, stimulate, rouse.*

incīvīlis, -e, adj. *unpatriotic.*

inclāmo, -āvi, -ātum, v. 1, (1) (in a good sense) *call upon, invoke;* (in a bad sense) *abuse.*

inclūdo, -si, -sum, v. 3, *confine.*

inclȳtus, -a, -um, adj. *famous, noble.*

incognĭtus, -a, -um, adj. *unknown.*

incŏla, -ae, c. *inhabitant.*

incŏlo, -cŏlui, -cultum, v. 3, (1) act. *dwell in, inhabit;* (2) neut. *dwell.*

incŏlŭmis, -e, adj. *unharmed, safe.*

incommŏdē, adv. *unseasonably, unfortunately.*

incompŏsĭtus, -a, -um, adj. *disordered.*

incrĕdĭbĭlis, -e, adj. *inconceivable, unworthy of belief.*

increpo, -ui, -ĭtum, v. 1, (1) *rustle, rattle, patter;* (2) *exclaim or inveigh against.*

incumbo, -cŭbui, -cŭbĭtum, v. 3, *lean upon;* gladium, *fall upon.*

incurro, -curri, -cursum, v. 3, *rush upon or against, attack.*

incursio, -ōnis, f. *attack, inroad.*

incūso, -āvi, -ātum, v. 1, *accuse.*

incustōdītus, -a, -um, adj. *unguarded.*

incŭtio, -cussi, -cussum, v. 3, *dash, smite, or strike against.*

inde, adv. (1) (of place) *thence;* (2) (of time) *thereupon.*

indējectus, -a, -um, adj. *not cast down.*

index, -ĭcis, c. *informer.*

indĭcium, -i, n. (1) *information;* (2) *sign, token.*

indĭco, -āvi, -ātum, v. 1, *point out, give a hint of.*

indīco, -xi, -ctum, v. 3, *publish, proclaim, declare.*

Indĭcus, -a, -um, adj. *Indian.*

indignus, -a, -um, adj. *unworthy.*

indo, -dĭdi, -dĭtum, v. 3, *place into, over, or upon.*

indŏmĭtus, -a, -um, adj. *untamed, ungovernable, unconquered.*

indūco, -xi, -ctum, v. 3 (1) *bring in;* aquam, *conduct, introduce;* (2) *persuade.*

induo, -ui, -ūtum, v. 3, *put on* (especially of dress), *assume.*

Indus, -a, -um, adj. *Indian.*

industria, -ae, f. *diligence, activity;* de *or* ex industria, *on purpose.*

ĭneo, -īvi *or* -ii, -ĭtum, -īre, v. *go in, enter;* consilium, *adopt.*

ĭnermis, -e, adj. *unarmed.*

ĭnerro, -āvi, -ātum, v. 1, *wander over, ramble, straggle.*

ĭners, -ertis, adj. *idle, indolent, inactive.*

ĭnertia, -ae, f. *idleness, indolence.*

infāmia, -ae, f. *disgrace.*

infāmis, -e, adj. *of ill report, infamous.*

infans, -ntis, (1) adj. *unable to speak;* (2) as subs. *child, infant.*

infectus, -a, -um, adj. *unperformed, unfinished.*

infēlix, -īcis, adj. *unfortunate, unhappy.*

infĕro, intŭli, illātum, inferre, v. *carry, bring,* or *put in;* signa, *charge;* pedem, *advance;* bellum, *make* or *wage.*

infĕrus, -a, -um, adj. (1) *low;* (2) *belonging to the other world, the dead;* comp. infĕrior, *lower, later.*

infestus, -a, -um, adj. (1) *carried again;* so infestis signis; (2) *hostile.*

infīgo, -xi, -xum, v. 3, *fix, thrust, drive,* or *fasten in.*

infirmus, -a, -um, adj. *weak, feeble.*

infŏdio, -fōdi, -fossum, v. 3, *dig in, bury in the earth.*

infrā, adv. and prep. with acc. *beneath, below.*

infundo, -fūdi, -fūsum, v. 3, *pour in* or *upon.*

ingĕmo, -ui, v. *groan* or *sigh over.*

ingĕnero, -āvi, -ātum, v. 1, *implant, produce.*

ingĕnium, -i, n. (1) *nature, dis-*

position, character; (2) *talent, abilities.*

ingens, -entis, adv. *huge, vast, prodigious, great.*

ingrātus, -a, -um, adj. (1) *unpleasant;* (2) *thankless.*

ingrĕdior, -gressus, v. 3, dep. (1) *step* or *go into, enter;* (2) *enter upon, engage in.*

inhăbĭto, -āvi, -ātum, v. 1, *inhabit, dwell in.*

inhaereo, -haesi, -haesum, v. 2, (1) *adhere* or *cleave to;* (2) *be inherent in.*

inhĭbeo, -bui, -ĭtum, v. 2, *hold in, restrain.*

ĭnhŏnestus, -a, -um, adj. *shameful, disgraceful.*

ĭnĭmīcus, -a, -um, (1) adj. *hostile;* (2) subs. *foe, enemy.*

ĭnīquĭtas, -ātis, f. (1) (of ground) *unevenness;* (2) *difficulty, unfairness.*

ĭnīquus, -a, -um, adj. (1) *uneven, not level;* (2) *unfair.*

ĭnĭtium, -i, n. *beginning.*

injĭcio, -jēci, -jectum, v. 3, *throw, cast,* or *put in;* se, *fling themselves;* (of fear or hope) *inspire.*

injūrātus, -a, -um, adj. *unsworn, absolved from oath.*

injūria, -ae, f. *wrong, harm, insult.*

injussu, *contrary to orders.*

injustus, -a, -um, adj. *unjust, wrongful.*

innītor, -nixus, v. 3, dep. *lean upon, press upon.*

innŭmĕrus, -a, -um, adj. *numberless.*

innuo, -ui,-ūtum, v. *nod to, beckon.*

ĭnŏpia, -ae, f. *want, scarcity.*

ĭnŏpīnātus, -a, -um, adj. *unexpected.*

inquam, v. gen. in 3rd sing. inquit, *says he.*

inquiētus, -a, -um, adj. *restless.*

inquīro, -sīvi, -sītum, v. 3, *seek for, search after, examine.*

inscendo, -di, -sum, v. 3, *mount, climb up;* in navem, *go on board.*

inscītia, -ae, f. *ignorance.*

inscrībo, -psi, -ptum, v. 3, *write upon, inscribe.*

insēro, -sērui, -sertum, v. 3, *put* or *bring in;* oculos, *set eyes on.*

insĭdiae, -ārum, f. (1) *ambush, ambuscade;* (2) *treachery.*

insĭdior, -ātus, v. 1, dep. *lie in wait for.*

insīdo, -sēdi, -sessum, v. 3, *occupy.*

insigne, -is, n. (1) *badge, decoration;* (2) *ensign, flag.*

insignis, -e, adj. *striking, distinguished, eminent.*

insĭlio, -ui, v. 4, *leap* or *spring upon.*

insisto, -stiti, v. 3, (1) *stand* or *tread upon;* (of a journey) *commence;* (2) *urge* or *press upon.*

insŏlens, -entis, adj. (1) *unused to;* (2) *arrogant.*

insŏlītus, -a, -um, adj. (1) *unaccustomed to;* (2) *unusual.*

insŏno, -ui, v. 1, *sound;* catenis, *rattle.*

inspecto, -āvi, -ātum, v. 1, *observe.*

inspērābĭlis, -e, adj. *that cannot be hoped for.*

inspīro, -āvi, -ātum, v. 1, (1) *breathe* or *blow into;* (2) *inflame, inspire.*

instans, -antis, adj. *near at hand, pressing.*

instanter, adv. *earnestly.*

instĭtuo, -ui, -ūtum, v. 3, (1) *found, build, begin;* (2) (of soldiers) *draw up;* (3) *resolve, determine.*

insto, -stĭti, (1) neut. *be at hand, approach;* (2) act. *urge, press upon.*

instruo, -xi, -ctum, v. 3, *pile up, build;* (of soldiers) *draw up, arrange.*

insueso, -suēvi, -suētum, v. 3, *accustom, habituate.*

insŭla, -ae, f. *island.*

insum, -esse, *be in* or *upon, be contained in.*

insŭper, adv. *moreover.*

insurgo, -surrexi, -surrectum, *rise upon, rise, mount.*

intĕger, -gra, -grum, adj. (1) *untouched, whole, entire;* (2) *upright.*

integrĭtas, -ātis, f. *blamelessness, honesty.*

intellĭgo, -lexi, -lectum, v. 3, *perceive, comprehend.*

intempĕrans, -antis, adj. *without self-control, extravagant.*

intempĕrantia, -ae, f. *immoderation, excess.*

intempĕries, -ēi, (1) (of weather) *inclemency;* (2) *outrageous conduct.*

intempestus, -a, -um, adj. *unseasonable;* with nox, *dead of night.*

intendo, -di, -tum *and* -sum, v. 3, *stretch, strain;* animum, *direct attention.*

intento, -āvi, -ātum, v. 1, *stretch out* (esp. in a threatening manner).

intentus, -a, -um, adj. *bent upon, eager.*

inter, prep. with acc. *between;* (of time) *during.*

intercĭdo, -cĭdi, v. 3, (1) *fall out, happen;* (2) *fall to the ground.*

interclūdo, -si, -sum, v. 3, *shut* or *block up, cut off.*

interdiu, adv. *by day.*

interdum, adv. *now and then.*

intĕrea, adv. *in the meanwhile.*

intĕreo, -īvi *or* -ii, -ĭtum, -īre, v. *die, perish.*

interfĭcio, -fēci, -fectum, v. 3,
　kill, slay.
intĕrim, adv. meanwhile.
intĕrĭmo, -ēmi, -emptum, v. 3,
　kill, destroy.
intĕrior, -us, comp. adj. inner,
　interior.
intĕrĭtus, -ūs, m. death, ruin.
intermĭno, -āvi, -ātum, v. 1,
　forbid, with threats.
intermitto, -mīsi, -missum, v. 3,
　leave off, cease.
internuntius, -i, m. messenger.
interpōno, -pŏsui, -pŏsĭtum, v. 3,
　place between, employ.
interrĭtus, -a, -um, adj. un-
　daunted, fearless.
interrŏgo, -āvi, -ātum, v. 1,
　question, examine.
intersĕro, -sĕrui, -sertum, v. 3,
　place between; causam, allege
　(as a reason).
intersum, -fui, -esse, v. be be-
　tween, be present, attend.
intervallum, -i, n. (1) (of place)
　space, distance; (2) (of time)
　space, pause.
intestābĭlis, -e, adj. dishonour-
　able, detestable.
intĭmus, -a, -um, superl. from
　intĕrior, (1) inmost; (2) in-
　timate; (3) as subs. an intimate
　friend.
intonsus, -a, -um, adj. unshorn.
intra, (1) adv. within, on the in-
　side; (2) prep. with acc. with-
　in.
intrĕmo, -trĕmui, v. 3, tremble,
　quake.
intrĕpĭdus, -a, -um, undaunted.
intro, adv. within.
intro, -āvi, -ātum, v. 1, enter.
intrōdūco, -xi, -ctum, v. 3, bring
　in, introduce.
introeo, -ivi or -ii, -ĭtum, -īre,
　v. enter.
introgrĕdior, -gressus, v. 3, dep.
　step into, enter.

introĭtus, -ūs, m. entrance.
intrōrumpo, -rūpi, -ruptum, v. 3,
　break or burst in.
intueor, -ĭtus, v. 2, dep. look
　upon or towards, consider.
ĭnultus, -a, -um, adj. unavenged.
ĭnūsĭtātus, -a, -um, adj. unusual.
ĭnūtĭlis, -e, adj. useless.
invādo, -si, -sum, v. 3, (1) go
　into, penetrate; (2) attack.
invălesco, -lui, v. 3, incep. grow
　strong, increase in power.
invĕho, -xi, -ctum, v. 3, carry
　into; pass. or act. with se,
　ride, drive into.
invĕnio, -vēni, -ventum, v. 4,
　find, learn, devise, contrive.
inventum, -i, n. device.
invictus, -a, -um, adj. uncon-
　quered, unconquerable.
invĭdia, -ae, f. (1) envy, jealousy;
　(2) unpopularity, hatred.
invīsus, -a, -um, adj. hated,
　hateful.
invito, -āvi, -ātum, v. 1, invite,
　entertain.
invius, -a, -um, adj. impassable.
invŏco, -āvi, -ātum, v. 1, call
　upon, invoke.
Iŏnia, -ae, f. Ionia.
Iŏnius, -a, -um, adj. Ionian.
ipse, -a, -um, pron. self.
īra, -ae, f. anger, rage, fury.
īrascor, iratus, v. 3, dep. be
　angry.
īrātus, -a, -um, adj. angry.
Īris, -ĭdis, f. Iris, personification
　of the rainbow.
irrĭtus, -a, -um, adj. without
　effect.
irrumpo, -rūpi, -ruptum, v. 3,
　burst into.
irruo, -rui, v. 3, charge, force
　one's way in.
is, ea, id, pron. he, she, it, that.
iste, -a, -ud, pron. that of yours.
istic, -aec, -oc and -uc, pron. this
　same, this.

M

istic, adv. *there.*
ĭta, adv. *so, thus.*
Itălia, -ae, f. *Italy.*
ĭtăque, conj. *therefore, accord-ingly.*

ĭtem, adv. *likewise, also.*
ĭter, ĭtĭnĕris, n. (1) *journey, march;* (2) *road, passage.*
ĭtĕrum, adv. *again.*
ĭtĭdem, adv. *likewise.*

J.

jăceo, -ui, v. 2, (1) *lie;* (2) *lie prostrate, perish.*
jăcio, jēci, jactum, v. 3, *throw, hurl;* vallum, *throw up, con-struct.*
jactātio, -ōnis, f. (1) *tossing;* (2) *boasting.*
jacto, -āvi, -ātum, v. 1, (1) *toss, poise;* (2) *boast.*
jăcŭlum, -i, n. *javelin.*
jam, adv. *now, already.*
jŏcus, -i, m. *joke, jest;* in plur. also n. joca.
jŭba, -ae, f. *mane.*
Jŭba, -ae, m. *Juba.*
jŭbeo, jussi, jussum, v. 2, *com-mand, order, bid.*
jūcundus, -a, -um, adj. *pleasant.*
jūdex, -ĭcis, c. *judge.*
jūdĭcium, -i, n. (1) *trial;* (2) *court of justice;* (3) *sentence, decision;* (4) gen. *judgment, opinion.*
jūdĭco, -āvi, -ātum, v. 1, *decide.*
jŭgŭlum, -i, n. *throat.*
jŭgum, -i, n. (1) *yoke of oxen;* (2) *ridge of a mountain;* (3)

yoke of slavery; mittere sub jugum, *send under the yoke.*
jūmentum, -i, n. *pack-horse.*
jungo, -xi, -ctum, v. 3, *join.*
Jūpĭter, Jŏvis, m. *Jupiter.*
Jūno, -ōnis, f. *Juno.*
jūrātus, (1) part. juro; (2) adj. *under an oath.*
jurgiōsus, -a, -um, adj. *brawl-ing.*
jūro, -āvi, -ātum, v. 1, *swear.*
jus, jūris, n. *law, right, equity;* dicere, *give judgment;* in abl. jure, *justly.*
jusjurandum, jurisjurandi, n. *oath.*
jussum, -i, n. *command.*
jussu, *by orders.*
justus, -a, -um, adj. *equitable, fair, just, complete.*
jŭvenca, -ae, f. *heifer.*
jŭvĕnis, -e, adj. *young;* gen. subs. *young man.*
jŭvo, jūvi, jūtum, v. 1, *help, assist.*
juxta, (1) adv. *near, close at hand;* (2) prep. with acc. *near.*

L.

L. = *Lucius.*
Lăbiēnus, -i, m. *Labienus.*
lăbo, -āre, v. 1, (1) *totter;* (2) *waver.*
lābor, -psus, v. 3, dep. *glide, slip, fall.*
lăbor, -ōris, m. *toil, fatigue, dis-tress.*
lăbōriōsus, -a, -um, adj. *toilsome, painful.*

lăbōro, -āvi, -ātum, v. 1, *take pains, toil.*
lac, lactis, n. *milk.*
Lăcĕdaemon. -ŏnis, *Lacedaemon* or *Sparta.*
Lăcĕdaemŏnius, -a, -um, adj. *Lacedaemonian.*
lăcerna, -ae, f. *cloak.*
lăcĕro, -āvi, -ātum, v. 1, *tear, mangle.*

lăcertus, -i, m. *arm, shoulder.*

lăcesso, -sīvi, -sītum, v. 3, *provoke.*

Lăco, -ōnis, m. *Lacedaemonian.*

lacrĭma, -ae, f. *tear.*

lacrĭmo, -āvi, -ātum, v. 1, *shed tears, weep.*

lacrĭmōsus, -a, -um, adj. *tearful, weeping.*

lacteus, -a, -um, adj. *milky.*

laetĭtia, -ae, f. (1) *gladness, triumph;* (2) *luxuriance.*

laetus, -a, -um, (1) *glad, joyful;* (2) *fertile.*

laevus, -a, -um, (1) adj. *on the left;* so *unfortunate, unlucky;* (2) laeva, *supply* manus, *the left hand.*

Lamăchus, -i, m. *Lamachus.*

lāmentum, -i, n. *weeping, lamentation.*

lāna, -ae, f. *wool.*

lancea, -ae, f. *lance, pike.*

languĭdē, adv. *faintly, feebly.*

languĭdus, -a, -um, adj. *faint, feeble.*

lăpis, -ĭdis, m. *stone.*

largītio, -ōnis, f. *bribery.*

Larissa, -ae, f. *Larissa.* See Lycus (river).

lasso, -āvi, -ātum, v. 1, *weary.*

lātē, adv. *broadly, widely;* with longe, *far and wide.*

lătĕbra, -ae, f. *retreat, den.*

lătebrōsus, -a, -um, adj. *secret.*

lăteo, -ui, v. 2, *lie hid, lurk.*

Lătius, -a, -um, adj. *of Latium.*

latrātus, -ūs, m. *barking.*

latro, -ōnis, m. *robber.*

lătus, -ĕris, n. *side, flank.*

lātus, -a, -um, (1) part. from fero; (2) adj. *broad, wide.*

laudo, -āvi, -ātum, v. 1, *praise.*

Laurens, -entis, adj. *of Laurentum, a town in Latium.*

laurus, -i, *or gen.* -ūs, f. *bay-tree.*

laus, laudis, f. *praise.*

lautus, -a, -um, adj. *elegant, smart.*

lăvo, lāvi, lōtum, also -āvi, -ātum, v. 1, *wash;* in pass. or act. with se, *bathe.*

laxo, -āvi, -ātum, v. 1, (1) *loose, open;* (2) *lighten.*

lectĭca, -ae, f. *litter.*

lectus, -i, m. *couch.*

lēgātio, -ōnis, f. *embassy.*

lēgātus, -i, m. *envoy, ambassador.*

lēgio, -ōnis, f. *legion.*

lēgionārius, -a, -um, *of a legion.*

lĕgo, lēgi, lectum, v. 3, (1) *choose, pick;* (2) *read.*

lēnĕ, adv. *gently, softly.*

lēnio, -īvi, -ītum, v. 4, *soften, assuage.*

lēnis, -e, adj. *soft, gentle.*

lēnĭter, adv. *softly, gently.*

lente, adv. *slowly.*

Lentŭlus, -i, m. *Lentulus.*

lentus, -a, -um, adj. (1) *pliant;* (2) *slow, sluggish, calm, lingering.*

leo, -ōnis, m. *lion.*

Leŏnĭdas, -ae, m. *Leonidas.*

lĕpĭdus, -a, -um, adj. *pleasant, smart, witty.*

Lĕpĭdus, -i, m. *Lepidus.*

Lesbius, -a, -um, adj. *of Lesbos.*

Lesbos, -i, f. *Lesbos, an island in the Aegaean,* off *the coast of Mysia.*

Leucas, -ădis, f. *Leucas, an island in the Ionian Sea.*

Leuctra, -ōrum, n. *Leuctra, a small town in Boeotia, where Epaminondas defeated the Thebans.*

lĕvis, -e, adj. *light.*

lēvis, -e, adj. *smooth.*

lĕvo, -āvi, -ātum, v. 1, *lighten, relieve;* corpora, *recruit strength.*

lex, lēgis, f. *law.*

lĭbellus, -i, m. *petition.*

lĭbenter, adv. *gladly, readily.*

lĭber, -bri, m. *book.*

līber, -ĕra, -ĕrum, adj. *free.*
līberālis, -e, (1) *honourable;* (2) *generous.*
līberālĭtas, -ātis, f. *generosity.*
līberālĭter, adv. *generously, bountifully.*
lībĕrē, adv. *freely.*
lībĕri, -ōrum, m. *children.*
lībĕro, -āvi, -ātum, v. 1, *free, release.*
lībertas, -ātis, f. *freedom.*
lībertus, -i, m. *freedman.*
libro, -āvi, -ātum, v. 1, (1) *poise;* (2) *fling.*
Lĭbўcus, -a, -um, adj. *of Libya.*
līcentia, -ae, f. *licence, unruliness.*
līcet, -uit, v. 2, impers. *it is lawful* or *allowed.*
lictor, -ōris, m. *lictor.*
ligneus, -a, -um, adj. *wooden.*
lignum, -i, n. *wood.*
līlium, -i, n. *lily.*
līmen, -ĭnis, n. *threshold.*
līmus, -i, m. *mud.*
lingua, -ae, f. (1) *tongue;* (2) *language.*
linter, -tris, c. *skiff, boat.*
linteum, -i, n. (1) *linen cloth;* (2) *sail.*
līnum, -i, (1) *flax;* (2) *thread.*
līquesco, līcui, v. 3, incep. *melt.*
līquĭdus, -a, -um, adj. *flowing, liquid.*
lītĕra, -ae, f. *letter;* in plur. literae, *a letter, despatch.*
lītĕrŭlae, -ārum, f. *letters.*
littus, -ōris, n. *shore.*
Līvius, -i, m. *Livy.*
lixa, -ae, m. *sutler;* in plur. *camp-followers.*
lŏco, -āvi, -ātum, v. 1, *place, put, pitch.*
lŏcŭplēto, -āvi, -ātum, v. 1, *enrich.*
lŏcus, -i, m. plur. loci *and* loca, *place, spot;* in plur. *ground, country.*

longē, adv. *long, far.*
longus, -a, -um, adj. *long, great;* longa navis, *ship of war.*
lŏquor, lŏcūtus, v. 3, dep. *speak, talk, say.*
lōrum, -i, n. (1) *thong;* (2) *lash.*
Lucrētia, -ae, f. *Lucretia.*
luctātor, -ōris, m. *wrestler.*
luctor, -ātus, v. 1, dep. (1) *wrestle;* (2) *struggle.*
luctus, -ūs, m. (1) *sorrow;* (2) *mourning* (in dress).
lūcus, -i, m. *grove.*
lūdibrium, -i, n. *jest, scoff, mockery;* oculorum, *an illusion.*
lūdo, -si, -sum, v. 3, *play.*
lūdus, -i, m. (1) *play, game;* esp. in plur. ludi, *games;* (2) *a school* (esp. a gladiatorial school).
lūgeo, -xi, -ctum, v. 2, *mourn, lament.*
lūgubris, -e, adj. *mourning.*
lūmen, -ĭnis, n. *light.*
lūna, -ae, f. *moon.*
luo, -ui, v. 3, *pay, expiate;* poenam, *undergo.*
lŭpa, -ae, f. *she-wolf.*
Lŭpercalia, *Roman festival held every year in honour of Lupercus.*
Lŭpercus, -i, m. *a priest of Lupercus.*
lŭpus, -i, m. *wolf.*
lūrĭdus, -a, -um, adj. *pale, wan, ghastly.*
Lusĭtānus, -a, -um, adj. *of Lusitania.*
lūteus, -a, -um, *muddy.*
lux, lūcis, f. *light;* prima luce, *at dawn of day.*
luxŭria, -ae, f. (1) *of plants, rankness;* (2) *extravagance.*
luxŭrio, -āvi, -ātum, v. 1, *run riot, revel, gambol.*

luxŭriōsus, -a, -um, adj. *rank,*
  profligate, extravagant.
Lycus, -i, m. *Lycus.*
Lycus, -i, m. *Lycus, a river*

in *Assyria, which flows into*
  the Tigris, just above Lar-
  issa.
Lysander, -dri, m. *Lysander.*

M.

M. = *Marcus.*
M'. = *Manius.*
Măcĕdo, -ŏnis, m. *Macedonian.*
Măcĕdŏnia, -ae, f. *Macedonia.*
măcĭes, -ei, f. *emaciation.*
măcŭlo, -āvi, -ātum, v. 1, *spot,*
  stain, sully.
mădĕfăcio, -fēcī, -factum, v. 3,
  wet, moisten; pass. mădĕfio,
  become wet.
mădesco, -dui, v. 3, incep. *grow*
  wet.
mădĭdus, -a, -um, adj. *wet, moist,*
  dripping.
Măgaeus, -i, m. *Magaeus.*
măgis, adv. *more;* with quam,
  rather than.
măgister, -tri, m. *master.*
măgistĕrium, -i, n. *office.*
măgistrātus, -ūs, m. (1) *magis-*
  tracy, office; (2) *magistrate.*
Magnēsia, -ae, f. *Magnesia, a*
  town in Lydia.
magnĭfĭcus, -a, -um, adj. *dis-*
  tinguished, splendid, sump-
  tuous.
magnĭtūdo, -ĭnis, f. *size, great-*
  ness.
magnŏpĕre, adv. *greatly, exceed-*
  ingly.
magnus, -a, -um, adj. *great, large,*
  tall.
măjor, -ōris, comp. adj. (1)
  greater; (2) with or without
  natu, *elder;* majores, *ancestors.*
măle, adv. *badly, wrongly, ill;*
  with an adj. = *not;* male fortis,
  coward.
mălo, mălui, malle, v. *prefer.* .
mălum, -i, n. *evil, misfortune,*
  hurt.

mălus, -a, -um, adj. *evil, injuri-*
  ous, wicked, mischievous.
mandatum, -i, n. *command,*
  order.
mando, -āvi, -ātum, v. 1, *order,*
  commit, intrust.
mănĕ, (1) n. indecl. *morning;* (2)
  adv. *in the morning.*
măneo, mansi, mansum, v. 2,
  remain, stay.
mănĭfestus, -a, -um, *clear, evi-*
  dent, palpable.
mansuetūdo, -ĭnis, f. *clemency,*
  gentleness.
mansuetus, -a, -um, adj. *tame,*
  tractable, gentle.
Mantĭnea, -ae, f. *Mantinea, in*
  Arcadia, where Epaminondas
  fell.
mănus, -ūs, f. (1) *hand;* (2) *body,*
  band.
Mărăthon, -ōnis, *Marathon.*
Mărăthōnius, -a, -um, adj. *of*
  Marathon.
Marcellus, -i, m. *Marcellus.*
marceo, v. 2, *wither, shrivel, be*
  faint.
Mardōnius, -i, m. *Mardonius.*
măre, -is, n. *sea.*
margo, -ĭnis, c. *edge, brink,*
  border.
Mario, -ōnis, m. *Mario.*
mărĭtĭmus, -a, -um, adj. *of the*
  sea.
mărītus, -i, m. *husband.*
Mărius, -i, m. *Marius.*
marmŏreus, -a, -um, adj. *of*
  marble.
Mars, -tis, m. *Mars, god of war;*
  hence = *war, issue of war, for-*
  tune.

Martius, -a, -um, adj. *of Mars.*

Massilia, -ae, f. *Massilia, now Marseilles.*

Massiliensis, -e, adj. *of Massilia.*

māter, -tris, f. *mother.*

māterfămĭlias, *matron.*

matrōna, -ae, f. *married woman.*

mātūre, adv. *early, betimes, seasonably.*

mātūro, -āvi, -ātum, v. 1, (1) *ripen;* (2) *hasten.*

mātūrus, -a, -um, adj. (1) *ripe;* (2) *early, quick.*

Maurus, -i, m. *Moor; a people who inhabited Mauritania, in the north of Africa.*

Mausōleum, -i, n. (1) *tomb of Mausolus;* (2) *any sepulchre.*

Mausōlus, -i, m. *Mausolus.*

maxĭme, adv. *especially, exceedingly.*

maxĭmus, superl. of magnus.

mĕdeor, v. 2, dep. *heal.*

Mĕdĭcus, -a, -um, *of the Medes, Median.*

mĕdĭcus, -i, m. *doctor.*

mĕdĭtor, -ātus, v. 1, dep. (1) *meditate;* (2) *purpose, intend.*

mĕdium, -i, n. *the middle.*

mĕdius, -a, -um, adj. *middle, mid.*

Mēdus, -i, m. *Mede.*

Mĕgara, -ae, f. *Megara.*

mel, mellis, n. *honey.*

mĕlior, comp. of bonus.

mĕliuscŭle, adv. *rather better.*

membrum, -i, n. *limb.*

mĕmĭni, v. defect. *remember.*

mĕmor, -ŏris, *mindful.*

mĕmŏrābĭlis, -e, adj. *remarkable.*

mĕmŏria, -ae, f. *memory, remembrance, recollection.*

mĕmŏro, -āvi, -ātum, v. 1 (1) *call to mind;* (2) *remind, mention.*

mendăcium, -i, n. *lie.*

Mĕnĕclĭdas, -ae, m. *Meneclidas.*

Mĕnĕdēmus, -i, m. *Menedemus.*

Mĕnĭdas, -ae, m. *Menidas.*

mens, -tis, f. (1) *reason, sense, mind, will;* (2) *opinion.*

mensa, -ae, f. *table.*

mensis, -is, m. *month.*

mentio, -ōnis, f. *mention.*

mentior, -ītus, v. 4, dep. *lie.*

merces, -ēdis, f. *wages, hire, reward.*

mercor, -ātus, v. 1, dep. *trade, traffic.*

mĕreo, -ui, -ĭtum, *and* mereor, mĕrĭtus, v. 2, (1) *earn;* (2) *with or without stipendium, serve in the army;* (3) *deserve, merit.*

mergo, -si, -sum, v. 3, dep. *sink.*

mĕrĭtum, -i, n. *service, desert.*

mĕrum, -i, n. *pure wine.*

merx, -cis, f. *goods, wares.*

messis, -is, f. *harvest.*

mĕtallum, -i, n. (1) *metal;* (2) *mine.*

mĕto, messui, messum, v. 3, *reap, mow;* lilia, *cut off.*

mĕtuo, -ui, v. 3, *fear.*

mĕtus, -ūs, m. *fear.*

meus, -a, -um, pron. *my, mine.*

mĭco, mĭcui, v. 1, *shine, gleam, glitter.*

Micȳthus, -i, m. *Micythus.*

migro, -āvi, -ātum, v. 1, *change one's abode, depart, remove.*

mīles, -ĭtis, m. *soldier.*

mīlia, -ium, n. *thousand.*

mīlĭtāris, -e, adj. *of a soldier.*

mīlĭtia, -ae, f. *warfare;* locative, militiae, *in the wars.*

mille, indecl. adj. *thousand.*

Mīlo, -ōnis, m. *Milo.*

Miltiădes, -is, m. *Miltiades.*

Mĭnerva, -ae, f. *Minerva.*

mĭnĭme, adv. (1) *least;* (2) *by no means.*

mĭnĭmus, superl. of parvus.

mĭnister, -tra, -trum, adj. *and* subs. *attendant, assistant.*

mĭnistĕrium, -i, n. *employment, service.*

mĭnistro, -āvi, -ātum, v. 1, (1) *attend, wait upon, serve;* (2) *manage.*

mĭnor, -ōris, comp. of parvus.

mĭnor, -ātus, v. 1. dep. *threaten.*

Mīnos, -ōis, m. *Minos.*

mĭnuo, -ui, -ūtum, v. 3, (1) act. *lessen;* (2) neut. *grow less.*

mĭnus, comp. adv. (1) *less;* (2) *not.*

mīrābĭlis, -e, adj. *wonderful.*

mīrācŭlum, -i, n. *marvel, miracle.*

mīrandus, -a, -um, adj. *wonderful, strange.*

mīrĭfĭcus, -a, -um, adj. *marvellous, strange.*

mīror, -ātus, v. 1, dep. *wonder, admire.*

mīrus, -a, -um, adj. *wonderful.*

misceo, miscui, mistum or mixtum, *mix, mingle, confound.*

Mīsēnum, -i, n. *Misenum, town in Campania.*

mĭser, -ĕra, -ĕrum, adj. *wretched, pitiable, forlorn.*

mĭsĕrābĭlis, -e, adj. *piteous.*

mĭsĕre, adv. *wretchedly, miserably.*

mĭsĕreor, -ĕritus *and* -ertus, v. 2, *pity.*

mĭsĕria, -ae, f. *misfortune, affliction.*

mĭsĕrĭcordia, -ae, f. *pity, compassion.*

mĭsĕror, -ātus, v. 1, dep. (1) *lament, bewail;* (2) *pity.*

mītis, -e, adj. (1) *mild;* (of soil) *fruitful;* (2) *gentle.*

mitto, mīsi, missum, v. 3, *send.*

mixtus, part. from misceo.

mōbĭlis, -e, adj. *easily moved, pliant;* hence, (1) *active;* (2) *fickle.*

mŏdestus, -a, -um, *moderate, self-restrained.*

mŏdĭcus, -a, -um, adj. *moderate, small.*

mŏdo, adv. (1) *only, but;* (2) *provided that;* (3) (of time) *but now, just.*

mŏdus, -i, m. (1) *measure;* (2) *limit;* (3) *way, fashion.*

moenia, -ium, n. *walls, ramparts.*

moeror, -ōris, m. *sorrow.*

moestus, -a -um, adj. *sad.*

mōles, -is, f. *mass, barrier, dam.*

mŏlestia, -ăe, *irksomeness, annoyance.*

mōlior, -ītus, v. 4, dep. (1) *struggle, endeavour;* (2) *construct, build;* (3) *undertake.*

mollis, -e, adj. *soft.*

mollĭtia, -ae, f. *effeminacy.*

Mŏlossi, -ōrum, m. *Molossi.*

mōmentum, -i, (1) *balance;* (2) (of time) *moment;* (3) *weight, importance.*

mŏneo, -ui, -ĭtum, v. 2, *advise.*

mŏnīle, -is, n. *necklace.*

mons, -tis, m. *mountain.*

monstro, -āvi, -ātum, v. 1, *show, point out.*

monstrum, -i, n. (1) *portent;* (2) *monster.*

montānus, -a, -um, adj. *of a mountain.*

mŏnŭmentum, -i, n. *memorial, monument.*

mŏra, -ae, f. *delay.*

morbus, -i, m. *illness.*

mordeo, mŏmordi, morsum, v. 2, *bite;* frenum, *champ.*

mŏrĭbundus, -a, -um, adj. *on the point of death.*

mŏrior, mortuus, v. 3, *die.*

mŏror, -ātus, v. 1, dep. *delay.*

mŏrōsus, -a, -um, adj. *peevish, capricious.*

mors, -tis, f. *death.*

mortālis, -e, adj. (1) *subject to death, mortal;* (2) *human, mortal,* esp. in plur.

mortĭfer, -ĕra, -ĕrum, adj. *death-bringing, deadly.*

mortuus, -a, -um, adj. *dead.*

mos, mŏris, m. (1) *manner, custom;* (2) *conduct, character;* morem gero, *see gero.*

mōtus, -ūs, m. (1) *movement, motion;* (2) *tumult.*

mŏveo, mōvi, mōtum, v. 2, (1) *move, stir, awaken;* (2) *dislodge.*

mox, adv. *soon.*

mucro, -ōnis, m. *point, edge, sword.*

mūgītus, -ūs, m. *lowing of oxen.*

mulceo, -si, -sum, v. 2, (1) *stroke;* (2) *soothe, soften;* (3) *flatter.*

Mulcĭber, -bri, m. *Mulciber, surname of Vulcan.*

mŭlĭĕbris, -e, adj. *womanish.*

mŭlier, -ĕris, f. *woman.*

multa, -ae, f. *fine.*

multĭplex, -ĭcis, adj. *manifold, winding.*

multĭtūdo, -ĭnis, f. *number, crowd.*

multo, -āvi, -ātum, v. 1, *fine.*

multo, adv. *by much, by far.*

multum, adv. *much, very often, far.*

multus, -a, -um, adj. *much, great, many.*

mundus, -i, m. *universe.*

mūnĭcĭpium, -i, n. *town governed by its own laws.*

mūnĭmentum, -i, n. *fortification.*

mūnio, -īvi, -ītum, v. 4, *fortify.*

mūnītio, -ōnis, (1) *fortifying;* (of roads) *making;* (2) *fortification.*

mūnītus, -a, -um, adj. *fortified, secured.*

mūnus, -ĕris, (1) *office, service, duty;* (2) *gift;* (3) *show, entertainment.*

murmur, -ŭris, n. *murmur, hum, roaring.*

mūrus, -i, m. *wall.*

mūto, -āvi, -ātum, v. 1, *change, alter, exchange.*

mūtus, -a, -um, adj. *dumb.*

mūtuus, -a, -um, adj. (1) *borrowed;* (2) *reciprocal, mutual.*

N.

Naevīnus, -i, m. *Naevinus.*

nam, conj. *for.*

namque, conj. *for, for indeed.*

nanciscor, nactus *and* nanctus, v. 3, dep. *get, obtain.*

nāris, -is, f. *nostril;* in plur. *the nose.*

narro, -āvi, -ātum, v. 1, *make known, tell, relate.*

nascor, nātus, v. 3, dep. *be born, spring from.*

nāto, -āvi, -ātum, v. 1, *swim.*

nātu, *by birth.*

nātūra, -ae, f. *nature, disposition.*

nātus, -a, -um, (1) part. from nascor; (2) subs. *a son.*

nauta, -ae, m. *sailor.*

nautĭcus, -a, -um, adj. *of sailors;* castra, *a station for ships.*

nāvālis, -e, adj. (of ships) *naval.*

nāvĭcŭla, -ae, f. *boat.*

nāvĭgium, -i, n. (1) *voyage;* (2) *ship.*

nāvĭgo, -āvi, -ātum, v. 1, *sail.*

nāvis, -is, f. *ship.*

nāvĭta, -ae, m. *sailor.*

Naxos, -i, f. *Naxos.*

nĕ, interrog. word, placed after the first word in the sentence.

nē, adv. and conj. (1) (to introduce a prohibition) *not;* (2) (in final clause) *lest.*

nĕbŭla, -ae, f. *mist, fog, cloud.*

nĕbŭlo, -ōnis, *rascal.*

nec, conj. *neither, nor.*

nĕcessārio, adv. *unavoidably.*

nĕcessārius, -a, -um, adj. (1) *necessary;* (2) *connected by blood, related;* (3) as subs. *a relation.*

nĕcesse, indecl. adj. *necessary.*

nĕcessĭtas, -ātis, f. *necessity, fate.*

nĕco, -āvi, -ātum, v. 1, *kill.*

necto, -xui *and* -xi, -xum, v. 3, *bind, tie ; so attach.*

nĕfas, n. indecl. *contrary to divine law, sin, crime.*

neglĭgo, -exi, -ectum, v. 3, *slight, neglect.*

nĕgo, -āvi, -ātum, v. 1, *deny, refuse.*

nĕgōtium, -i, n. (1) *business, affair;* (2) *difficulty.*

nēmo, -ĭnis, c. *no one, nobody.*

nempe, conj. *certainly, indeed.*

neo, nēvi, nētum, v. 2, *spin.*

Neocles, -is *and* -i, m. *Neocles.*

nĕpos, -ōtis, m. *grandson.*

Neptūnus, -i, m. *Neptune.*

nēquam, indecl. adj. *wicked.*

nēquāquam, adv. *by no means.*

nĕque, conj. *neither, nor.*

nescio, -īvi, -ītum, v. 4, *not to know, be ignorant;* nescio quis, lit. *I know not who,* i.e. *somebody,* used as a pronoun.

nescius, -a, -um, adj. *ignorant.*

neu, adv. *See* nēve.

neuter, -tra, -trum, adj. *neither.*

nēve, adv. *and, not, nor.*

nex, nĕcis, f. *death, murder.*

ni, conj. *unless.*

Nĭcias, -ae, m. *Nicias.*

nīdŭlor, v. 1, dep. *build a nest.*

nīdus, -i, m. *nest.*

nĭger, -gra, -grum, adj. *black.*

nĭhil, n. indecl. *nothing.*

nĭhĭlomĭnus, adv. *nevertheless.*

nĭhĭlum, -i, n. *nothing.*

nĭl, contracted for nihil.

Nīlus, -i, m. *Nile.*

nimbus, -i, m. *rain, rain-storm.*

nĭmis, adv. *too much.*

nĭmium, adv. *too much.*

nĭmius, -a, -um, adj. *beyond measure, too much, excessive.*

nisi, conj. *unless.*

nīsus, -ūs, m. (1) *pressing;* (2) *effort.*

nĭteo, v. 2, *shine.*

nĭtĭdus, -a, -um, adj. (1) *bright, clear;* (2) *sleek.*

nītor, nisus *and* nixus, v. 3, dep. (1) *lean on;* so *depend on;* (2) *strive, strain.*

nĭveus, -a, -um, *snowy, snow-white.*

nix, nĭvis, f. *snow.*

no, nāvi, v. 1, *swim.*

nōbĭlis, -e, adj. (1) *famous, renowned;* (2) *high-born, noble.*

nōbĭlĭtas, -ātis, f. (1) *fame;* (2) *nobility, nobles.*

nŏceo, -ui, -ĭtum, v. 2, *hurt, harm, injure.*

noctu, adv. *by night.*

nocturnus, -a, -um, adj. *of the night, by night.*

nōdōsus, -a, -um, adj. *knotty.*

nōdus, -i, m. *knot.*

nōlo, nōlui, nolle, v. *wish not, be unwilling.*

nōmen, -ĭnis, n. *name.*

nōn, adv. *not.*

nondum, adv. *not yet.*

nonnullus, -a, -um, adj. *some, several.*

nonnunquam, adv. *sometimes.*

nosco, nōvi, nōtum, v. 3, *become acquainted with;* in perf. *know.*

noster, -tra, -trum, pron. *our, ours.*

nŏtābĭlis, -e, adj. *remarkable.*

nŏto, -āvi, -ātum, v. 1, (1) *mark;* (2) *signify;* (3) *mark, observe;* (4) *censure.*

Nŏtus, -i, m. *south wind.*

nŏtus, -a, -um, adj. *known.*

nŏvem, indecl. adj. *nine.*

nŏvĭtas, -ātis, f. *newness, novelty, beginning.*

nŏvus, -a, -um, adj. (1) *new, fresh;* (2) *strange.*

nox, noctis, f. *night.*

nūbes, -is, f. *cloud.*

nūbĭla, -ōrum, n. *clouds.*

nūbo, -psi, -ptum, v. 3, *take the veil for, marry.*

nūdo, -āvi, -ātum, v. 1. *lay bare, strip, expose.*

nūdus, -a, -um, adj. *naked, bare.*

nullus, -a, -um, adj. *none, no.*

num, interrog. word, expecting answer, *no;* num quisquam, *surely no one?*

nūmen, -ĭnis, n. (1) *divine will or power;* (2) *deity.*

nŭmĕro, -āvi, -ātum, v. 1, *count, reckon.*

nŭmĕrus, -i, m. (1) *number, quantity;* (2) *measure.*

nunc, adv. *now.*

nunquam, adv. *never.*

nuntio, -āvi, -ātum, v. 1, *report, announce.*

nuntius, -a, -um, (1) adj. *that announces, reports;* (2) subs. m. and f. *messenger;* (3) m. *news, message, tidings.*

nūper, adv. *lately.*

nupta, -ae, f. *bride.*

nūrus, -ūs, f. *daughter-in-law.*

nūto, -āvi, -ātum, v. 1, (1) *nod;* (2) *waver;* (3) *totter, be in peril.*

nutrio, -īvi, -ītum, v. *nourish, nurse, suckle.*

O.

O, interj. *O! oh!*

ob, prep. with acc. *on account of, owing to.*

obdūco, -xi, -ctum, v. 3, *draw over, spread over, cover, envelop.*

ŏbeo, -ĭvi or -ii, -ĭtum, -īre, v. (1) *go to;* diem supremum, *face, encounter;* (2) *perish.*

ŏbex, -ĭcis and objĭcis, c. *bar, bolt.*

obfirmo, -āvi, -ātum, v. 1, *render firm or steadfast;* animum, *brace up.*

objĭcio, -jēci, -jectum, v. 3, *throw in the way of, oppose;* esp. *cast in the teeth of, taunt.*

objurgātōrius, -a, -um, adj. *reproving, chiding.*

oblātus, part. *See* offĕro.

oblĭgo, -āvi, -ātum, v. 1, *bind or tie up.*

oblīquus, -a, -um, adj. *slanting, sideways, awry.*

oblīviscor, oblītus, v. 3, dep. *forget.*

oblŏquor, -lŏcūtus, v. 3, dep. *interrupt, rail at.*

ŏbŏrior, -ortus, v. 4, dep. *arise, spring up before.*

obruo, -ui, -ŭtum, v. 3, *cover, overwhelm, bury, sink.*

obscūrus, -a, -um, adj. (1) *dark, dusky;* (2) *obscure, mysterious.*

obsecro, -āvi, -ātum, v. 3, *entreat, conjure, implore.*

obses, -ĭdis, c. *hostage.*

obsĭdeo, -sēdi, -sessum, v. 2, *sit down before, besiege, blockade, invest.*

obsĭdio, -ōnis, f. *siege, blockade.*

obsisto, -stĭti, -stĭtum, v. 3, *stand in the way of, oppose.*

obsto, -stiti, v. 1, *stand before, thwart, oppose.*

obstruo, -xi, -ctum, v. 3, *pile up, block up.*

obtempĕro, -āvi, -ātum, v. 1, *obey, comply with.*

obtĕro, -trīvi, -trītum, v. 3,
　bruise, crush, trample on.
obtĭneo, -ui, -tentum, v. 2,
　occupy, possess, obtain.
obtrectātor, -ōris, m. malicious
　opponent.
obverto, -ti, -sum, v. 3, direct
　towards.
obviam, adv. to meet.
obvius, -a, -um, adj. (1) in the
　way meeting, to meet; (2)
　hostile.
obvolvo, -vi, -ūtum, v. 3, wrap
　round, muffle.
occāsio, -ōnis, f. opportunity.
occāsus, -ūs, m. setting, sunset.
occīdo, -di, -sum, v. 3, slay, kill.
occŭlo, -cŭlui, -cultum, v. 3,
　hide, conceal.
occultus, -a, -um, adj. hidden,
　secret.
occŭpo, -āvi, -ātum, v. 1, seize,
　take possession of, occupy.
occurro, -curri, -cursum, v. 3,
　(1) hasten, run, or rush to-
　wards; (2) fall in with.
occurso, -āvi, -ātum, v. 1, run to
　meet, esp. charge.
Octāvius, -i, m. Octavius.
octo, num. adj. indecl. eight.
Octōber, -bris, (1) m. October; (2)
　adj. of October.
ŏcŭlus, -i, m. eye.
ŏdium, -i, n. hatred, aversion, ill-
　will.
ŏdor, -ōris, m. smell, scent, per-
　fume.
ŏdōrātus, -a, -um, adj. fragrant,
　perfumed.
offĕro, obtŭli, oblātum, -ferre, v.
　(1) present, offer, show; (2) ex-
　pose; (3) occasion.
offĭcium, -i, n. (1) duty; (2)
　official duty, employment.
ŏleum, -i, n. oil.
ōlim, adv. (of past time) formerly,
　once upon a time; (2) (of future
　time) hereafter.

ōmen, -ĭnis, n. sign, omen.
ōmitto, -mīsi, -missum, v. 3, (1)
　let fall, abandon, neglect; (2)
　(with infin.) leave off.
omnīno, adv. entirely, altogether.
omnis, -e, adj. all.
ŏnĕro, -āvi, -ātum, v. 1, (1) load;
　(2) supply, furnish.
ŏnus, -ĕris, n. load.
ŏnustus, -a, -um, adj. laden,
　loaded.
ŏpācus, -a, -um, adj. dark, dusk,
　shady.
ŏpĕra, -ae, f. pains, work, labour;
　dare, bestow pains on.
ŏpĕrio, -ui, -rtum, v. 4, cover.
ŏpĕrōsus, -a, -um, adj. (1) act.
　painstaking, active; (2) pass.
　troublesome, laborious.
ŏpīmus, -a, -um, adj. fruitful,
　rich.
ŏpīnio, -ōnis, f. fancy, belief,
　opinion, expectation.
ŏportet, -uit, v. 2, impers. it is
　necessary; translate by must
　or should.
oppĕrior, -ertus, v. 4, dep. wait
　for.
oppĭdānus, -a, -um, (1) of a
　town; (2) subs. oppidani, in-
　habitants of a town other than
　Rome, townsmen.
oppĭdum, -i, n. town.
opplōro, -āvi, -ātum, v. 2, weep,
　wail.
opprĭmo, -pressi, -pressum, v. 3,
　(1) press against, crush, over-
　whelm; (2) surprise.
oppugnātor, -ōris, m. besieger.
oppugno, -āvi, -ātum, v. 1, at-
　tack, assault, besiege.
(ops), ŏpis, f. (1) power, esp.
　in plur. opes, wealth, re-
　sources; (2) aid.
optime, adv. superl. of bene.
optĭmus, adj. superl. of bonus.
opto, -āvi, -ātum, v. 1, wish,
　desire, choose.

ŏpŭs, -ĕris, n. (1) *work, labour;*
(2) in plur. *siege-works;* (3)
*workmanship, skill, design,
fabric, machine.*

ŏpŭs, n. (1) indecl. *need;* (2) as
adj. *needful.*

ōra, -ae, f. *coast, shore.*

ōrācŭlum, -i, (1) *oracle* (pro-
phecy) ; (2) *oracle* (the place).

ōrātĭo, -ōnis, f. *speaking, speech,
a speech, argument, harangue.*

orbis, -is, m. *anything circular,
ring, disk, hoop, circle, circuit.*

orbis terrarum, *the world.*

orbus, -a, -um, adj. *bereaved,
fatherless, childless.*

ordĭno, -āvi, -ātum, v. 1, *set in
order, arrange, regulate.*

ordo, -ĭnis, m. (1) *row, rank;*
(2) *arrangement, order.*

Ŏrestes, -is, m. *Orestes.*

ŏrīgo, -ĭnis, f. *beginning, birth,
origin, source.*

ŏrĭor, ortus, v. 4, *rise, arise.*

orno, -āvi, -ātum, v. 1, (1) *equip,
prepare ;* (2) esp. *adorn, embellish, polish.*

ōro, -āvi, -ātum, v. 1, *pray, beg,
implore.*

os, ōris, n. (1) *mouth ;* (2) *face,
lips ;* (3) *entrance.*

os, ossis, n. *bone.*

oscŭlum, -i, n. *kiss.*

ostendo, -di, -sum *and* -tum, v.
2, *show, display.*

ostentum, -i, n. *prodigy.*

Ostia, -ae, f. *Ostia, port of
Rome on the mouth of the
Tiber.*

ōtiōsus, -a, -um, adj. *at leisure,
quiet, calm, tranquil, idle.*

ōtium, -i, n. *leisure, ease, idleness.*

ŏvis, -is, f. *sheep.*

ŏvo, -āvi, -ātum, v. 1, *triumph,
exult.*

P.

P. = *Publius.*

pābŭlum, -i, n. *food.*

pactum, -i, n. (1) *agreement ;* (2)
way.

Pactyē, -es, f. *Pactye, a town in
Thrace.*

paene, adv. *almost.*

pălaestra, -ae, f. *wrestling-school.*

pălam, adv. *openly.*

pălātĭum, -i, n. *palace.*

palleo, -ui, v. 2, *grow pale.*

palma, -ae, f. (1) *palm* (the hand);
(2) *palm, prize.*

palmes, -ĭtis, *vine, shoot.*

pălus, -ūdis, f. *marsh.*

pālus, -i, m. *stake.*

pancrătĭastes, -is, m. *a combatant
in the Pancratium.*

Păpīrius, -i, m. *Papirius.*

par, -is, adj. *equal.*

părātus, -a, -um, adj. *ready,
prepared.*

parco, pĕperci, parsum, v. 3,
spare.

părens, -ntis, c. *parent.*

păreo, -ui, -ĭtum, v. 2, *obey.*

părĭo, pĕpĕri, partum, v. 3, *bring
forth, produce.*

părĭter, adv. *equally.*

Părius, -a, -um, adj. *Parian.*

Parmenio, -ōnis, m. *Parmenio.*

păro, -āvi, -ātum, v. 1, *contrive,
furnish, prepare.*

Păros, -i, f. *Paros.*

parrĭcidium, -i, n. *murder.*

pars, -tis, f. *part, portion.*

partim, adv. *partly.*

partus, -ūs, m. *birth, offspring.*

părum, adv. *little.*

parvŭlus, -a, -um, adj. *little.*

parvus, -a, -um, adj. *little, small.*

pasco, pāvi, pastum, v. 3, *feed.*

passim, adv. *here and there, in
all directions.*

passus, -ūs, m. *step.*

pastus, -ūs, m. *pasture, food.*

pătěfăcio, -fēci, -factum, v. 3, *open.*

pătens, -ntis, adj. *open, exposed.*

păteo, -ui, v. 2, *lie open.*

păter, -tris, m. *father;* patres, *senators.*

păternus, -a, -um, adj. *of a father.*

pătiens, -ntis, adj. *bearing, patient.*

pătienter, adv. *patiently.*

pătientia, -ae, f. *patience.*

pătior, passus, v. 3, dep. *suffer.*

Patrae, -ārum, f. *Patrae.*

patria, -ae, f. *country, fatherland.*

pătrius, -a, -um, adj. (1) *of a father;* (2) *native.*

patruus, -i, m. *uncle.*

pătŭlus, -a, -um, adj. *spreading.*

pauci, -ae, -a, adj. *few.*

paucĭtas, -ātis, f. *fewness, scarcity.*

paulātim, adv. *by degrees.*

paulisper, adv. *for a little while.*

paulo, adv. *a little.*

paululum, adv. *a little.*

paulum, adv. *a little, somewhat.*

pauper, -ěris, adj. *poor.*

paupertas, -ātis, f. *poverty.*

Pausānias, -ae, m. *Pausanias.*

păvefactus, -a, -um, part. *terrified.*

păveo, -ui, v. 2, *fear, tremble.*

păvĭdus, -a, -um, adj. *trembling, timid.*

păvor, -ōris, m. *fear.*

pax, pācis, f. *peace.*

pectus, -ŏris, n. *breast.*

pěcūnia, -ae, f. *money.*

pěcus, -ŭdis, f. *a sheep, cattle.*

pěcus, -ŏris, n. *cattle, flock, herd.*

pědes, -ĭtis, m. *foot-soldier.*

pědester, -tris, -tre, adj. *on foot.*

pello, pěpŭli, pulsum, v. 3, *drive, drive away.*

Pělŏpĭdas, -ae, m. *Pelopidas.*

Pělŏponnēsius, -a, -um, adj. *Peloponnesian.*

Pělŏponnēsus, -i, m. *Peloponnesus.*

Pēlūsium, -i, n. *Pelusium.*

pēnātes, -ium, m. (1) *household gods;* (2) *dwelling.*

pendeo, pěpendi, pensum, v. 2, *hang.*

pěnes, prep. with acc. *in the power of.*

pěnětrālia, -ium, n. *inner chamber, recesses, shrine.*

pěnetro, -āvi, -ātum, v. 1, *penetrate;* se, *enter into.*

penna, -ae, f. *feather;* in plur. *wing.*

pensum, -i, n. (1) *task;* (2) *thread.*

pēnūria, -ae, f. *want, poverty.*

per, prep. with acc. *through, over, along;* (of time) *during.*

pěrăgo, -ēgi, -actum, v. 3, *perform, execute;* caedem, *perpetrate.*

percello, -cŭli, -culsum, v. 3, (1) *throw down;* (2) *dishearten.*

percunctor, -ātus, v. 1, *ask, question, inquire.*

percurro, -curri, -cursum, v. 3, *run, run through.*

percŭtio, -cussi, -cussum, v. 3, *strike, beat down.*

Perdiccas, -ae, m. *Perdiccas.*

perdo, -dĭdi, -dĭtum, v. 3, *lose, destroy.*

perdūco, -xi, -ctum, v. 3, *lead, conduct.*

pěreo, -ii, -īre, v. *perish.*

perfěro, -tŭli, -lātum, v. (1) *convey;* (2) *endure.*

perficio, -fēci, -fectum, v. 3, *accomplish, perform.*

perfĭdia, -ae, f. *treachery.*

perfĭdus, -a, -um, adj. *treacherous.*

perfŏdio, -fōdi, -fossum, v. 3, *dig through, pierce.*

perfungor, -functus, v. 3, dep. *perform, discharge.*

pĕrīcŭlōsus, -a, -um, adj. *danger-ous.*

pĕrīcŭlum, -i, n. *danger.*

pĕrīte, adv. *skilfully.*

pĕrītus, -a, -um, adj. *skilful.*

perlātus, part. of perfero.

permitto, -mīsi, -missum, v. 3, (1) *let loose;* (2) *allow.*

permŏveo, -mŏvi, -mōtum, v. 2, *move, influence, persuade.*

permūtātio, -ōnis, f. *change.*

permūto, -āvi, -ātum, v. 1, *change.*

pernĭcies, -ēi, f. *ruin.*

parnōtus, -a, -um, adj. *well-known.*

perpĕtior, -essus, v. 3, dep. *en-dure.*

perpĕtuo, adv. *constantly, for ever.*

perpĕtuus, -a, -um, adj. *continual, constant.*

perscrībo, -psi, -ptum, v. 3, *write, write in full.*

persĕquor, -sĕcūtus, v. 3, dep. *follow, take vengeance on.*

Perses, -ae, m. *a Persian.*

persĕverantia, -ae, f. *constancy, perseverance.*

persĕvēro, -āvi, -ātum, v. 1, *persist.*

Persia, -ae, f. *Persia.*

Persĭcus, -a, -um, adj. *Persian.*

persuādeo, -si, -sum, v. 2, *per-suade, convince.*

pertaedet, -taesum est, v. 2, impers. *tire.*

pertendo, -di, -sum, v. 3, *stretch out.*

perterreo, -ui, -itum, v. 2, *terrify.*

pertĭmeo, -ui, v. 2, *fear greatly.*

pertĭnācia, -ae, f. *obstinacy, resol-ution.*

pertĭneo, -ni, -tentum, v. 2, *extend, reach, conduce to.*

perturbo, -āvi, -ātum, v. 1, *throw into confusion, disturb.*

pervĕho, -xi, -ctum, v. 3, *carry, convey;* in pass. *ride, drive.*

pervĕnio, -vēni, -ventum, v. 4, *arrive at.*

pervĭcācia, -ae, f. *wilfulness.*

pervĭgĭlo, -āvi, -ātum, v. 1, *watch, keep awake.*

pes, pĕdis, m. *foot.*

pestĭlens, -ntis, adj. *unhealthy, baneful.*

pestis, -is, f. *plague, banc, curse.*

pĕto, -īvi *or* -ii, -ītum, v. 3, *seek, ask, hit, attack.*

Petreius, -i, m. *Petreius.*

pĕtŭlans, -ntis, adj. *pert, forward.*

pĕtŭlantia, -ae, f. *sauciness, insolence.*

phălanx, -gis, f. *phalanx.*

phălērae, -ārum, f. *trappings.*

Pharnabazus, -i, m. *Pharnabazus.*

Phĭdippĭdes, -is, m. *Phidippides.*

Phĭlippi, -ōrum, m. *Philippi, a town in Macedonia.*

Phĭlippus, -i, m. *Philip.*

Phĭlocles, -is, m. *Philocles.*

Phĭlonĭcus, -i, m. *Philonicus.*

phĭlŏsŏphus, -i, m. *philosopher.*

phōca, -ae, f. *seal.*

Phōcion, -ōnis, m. *Phocion.*

Phoebus, -i, m. *Phoebus Apollo, the sun.*

Phrўgia, -ae, f. *Phrygia.*

Pĭcēnum, -i, n. *Picenum, a district in central Italy.*

pĭceus, -a, -um, adj. *pitchy, black as pitch.*

pĭger, -gra, -grum, adj. *slow, sluggish, dull.*

pīlum, -i, n. *javelin.*

pinguis, -e, n. adj. *fat;* (of soil) *rich.*

pīnus, -i *and* -ūs, f. *pine.*

Pīraeus, -i, m. *Piraeus, harbour of Athens.*

Pīsander, -dri, m. *Pisander.*

piscor, -ātus, v. 1, dep. *fish.*

Pīsistrătus, -i, m. *Pisistratus.*

pius, -a, -um, adj. *devout, kind, dutiful.*

plăceo, -ui, -ĭtum, v. 2, *please ;*
impers. *it is resolved.*
plăcĭde, adv. *quietly, calmly.*
plăco, -āvi, -ātum, v. 1, *ap-*
pease.
plăgae, -ārum, f. *nets.*
plāne, adv. *clearly, entirely.*
plango, -nxi, -ctum, v. 3, (1)
beat ; (2) *bewail.*
plangor, -ōris, m. (1) *beating ;* (2)
wailing.
plănĭties, -ēi, f. *plain, level*
ground.
plānus, -a, -um, adj. *flat, level.*
Plătaea, -ae, f. *Plataea, a town*
in Boeotia.
Plătaeensis, -e, adj. *Plataean.*
plaustrum, -i, n. *waggon.*
plausus, -ūs, m. *applause.*
plebs, -is, f. *common people, the*
plebeians.
plēnus, -a, -um, adj. *full.*
plērĭque, -aeque, -aque, adj. *most,*
many.
plōrātus, -ūs, m. *lamentation.*
plōro, -āvi, -ātum, v. 1, *bewail,*
lament.
plūrĭmus, -a, -um, adj. *very*
much, very many.
plūrĭmum, adv. *for the most part.*
plus, adv. *more.*
plus, n. adj. *more ;* gen. pluris,
of more value.
Plŭtarchus, -i, m. *Plutarchus.*
plŭvialis, -e, adj. *rainy.*
pōcŭlum, -i, n. *cup.*
poena, -ae, f. *punishment, pen-*
alty ; dare poenas, *to suffer*
punishment,
poenitendus, -a, -um, adj. *to be*
repented of.
poenitet, -uit, v. 2, impers.
repent.
Poenus, -i, m. *Carthaginian.*
polleo, -ui, v. 2, *have power,*
prevail.
pollĭceor, -ĭtus, v. 2, dep. *promise.*
Pōlus, -i, m. *Polus.*

Pŏlymnus, -i, m. *Polymnus.*
Pompōnius, -i, m. *Pomponius.*
Pompōnĭānum, -i, n. *the villa of*
Pomponius.
Pompeius, -i, m. *Pompeius.*
pondus, -ĕris, n. *weight.*
pōno, pŏsui, pŏsĭtum, v. 3, *place,*
put, esteem.
pons, -ntis, m. *bridge.*
pontus, -i, m. *sea.*
pŏpŭlus, -i, m. *people.*
porrĭgo, -rexi, -rectum, v. 3,
stretch out.
porro, adv. *farther, moreover.*
porta, -ae, f. *gate.*
porto, -āvi, -ātum, v. 1, *carry.*
portus, -ūs, m. *harbour.*
posco, pŏposci, v. 3, *demand,*
require.
possĭdeo, -sēdi, -sessum, v. 2,
possess, occupy.
possum, pŏtui, posse, v. *be able,*
can.
post, prep. with acc. and adv.
after.
postea, adv. *afterwards.*
postĕrius, adv. *afterwards.*
postĕrus, -a, -um, adj. *next ;*
comp. *after ;* superl. *last,*
worst.
posthac, adv. *henceforth, here-*
after.
postis, m. *door-post, door.*
postmŏdo, adv. *afterwards,*
shortly.
postquam, conj. *after that, since.*
postrēmo, adv. *lastly.*
postrēmus, -a, -um, superl. adj.
last.
postrĭdie, adv. *the next day.*
postŭlātio, -ōnis, f. *demand.*
postŭlātum, -i, n. *demand.*
postŭlo, -āvi, -ātum, v. 1,
demand, ask.
pŏtens, -ntis, adj. *able, mighty,*
powerful.
pŏtentia, -ae, f. *might, power,*
dominion.

pŏtestas, -ātis, f. (1) *ability;* (2) *power, authority.*

pŏtior, -ītus, v. 4, dep. *gain possession of, obtain.*

pŏtius, adv. *rather.*

prae, prep. with abl. (1) *before;* (2) *compared with;* (3) *owing to.*

praebeo, -ui, -ītum, v. 2, *offer, afford.*

praecēdo, -cessi, -cessum, v. 3, (1) *go before;* (2) *excel.*

praeceps, -cĭpĭtis, adj. *headlong, steep, rash, dangerous.*

praeceptum, -i, n. (1) *rule;* (2) *order.*

praecĭpio, -cēpi, -ceptum, v. 3, (1) *seize beforehand;* (2) *conjecture;* (3) *instruct, direct.*

praecĭpĭto, -āvi, -ātum, v. 1, (1) act. *plunge headlong, overthrow;* (2) neut. *fall.*

praecĭpue, adv. *chiefly.*

praecĭpuus, -a, -um, adj. *particular, chief, distinguished.*

praeda, -ae. f. *booty.*

praedĭco, -āvi, -ātum, v. 1, *report, proclaim, publish.*

praedĭco, -xi, -ctum, v. 3, (1) *foretell;* (2) *appoint.*

praedĭtus, -a, -um, adj. *endued.*

praedo, -ōnis, m. *pirate.*

praedor, -ātus, v. 1, dep. *rob, plunder.*

praefāri, -fātus, v. 1, dep. *preface, speak in introduction.*

praefectus, -i, m. *governor.*

praefĕro, -tŭli, -lātum, v. 1, (1) *carry in front;* (2) *present;* (3) *esteem before, prefer.*

praefĭcio, -fēci, -fectum, v. 3, *set over.*

praefīnio, -īvi, -ītum, v. 4, *determine beforehand, prescribe.*

praefulgeo, -si, v. 2, *shine forth, glitter.*

praemitto, -mīsi, -missum, v. 3, *send before.*

praemium, -i, n. *reward.*

praesens, -ntis, (1) *face to face, present;* in praesens, *for the present;* (2) *gracious, kindly.*

praesentia, -ae, f. *presence;* in praesentia, *at the moment.*

praesertim, adv. *especially.*

praesĭdeo, -sēdi, -sessum, v. 2, (1) *guard;* (2) *have charge of, direct.*

praesĭdium, -i, n. (1) *guard, protection;* (2) *garrison, convoy.*

praestans, -ntis, adj. *excellent, surpassing.*

praesto, adv. *ready, at hand.*

praesto, -stiti, -stātum, v. 1, (1) *stand in front, be superior;* (2) *show, supply, prove.*

praestruo, -xi, -ctum, *pile up in front.*

praesum, -fui, -esse, v. *be over, rule.*

praeter, prep. *beyond, besides.*

praetĕrea, adv. *besides.*

praetĕreo, -ii, -ītum, -īre, v. *pass by.*

praetermitto, -mīsi, -missum, v. 3, *omit, neglect.*

praetexta, -ae, f. *a white robe with a purple border.*

praetextātus, -a, -um, adj. *wearing the praetexta.*

praetor, -ōris, m. *praetor, general.*

praetōrium, -i, n. *general's tent.*

praetōrius, -a, -um, adj. *praetorian.*

praevăleo, -ui, v. 2, *prevail, excel.*

praevius, -a, -um, adj. *going before, leading.*

prātum, -i, n. *meadow.*

prĕces, -um, f. *prayers.*

prĕcor, -ātus, v. 1, dep. *pray.*

prĕmo, -ssi, -ssum, v. 3, *press, oppress;* (of ships) *lade.*

prĕtiōse, adv. *costly.*

prĕtiōsus, -a, -um, adj. *costly.*

prĕtium, -i, n. *price, worth, value.*

prīdie, adv. *the day before.*
prīmo, adv. *first, at first.*
prīmum, adv. *first, in the first place.*
prīmus, -a, -um, adj. *first.*
princeps, -ĭpis, adj. *first, chief.*
princeps, -ĭpis, c. *prince, chief.*
prior, -us, adj. *former.*
prius, adv. *before, sooner, rather.*
priusquam, conj. *before that.*
prīvātus, -a, -um, (1) adj. *private;* (2) subs. *a private citizen.*
prīvo, -āvi, -ātum, v. 1, *deprive, release.*
prō, prep. with abl. (1) *before, in front of;* (2) *instead of;* (3) *in proportion to.*
prŏbo, -āvi, -ātum, v. 1, *test, prove, approve of, like.*
prŏboscis, -ĭdis, f. *trunk of an elephant.*
prōcēdo, -ssi, -ssum, v. 3, *advance.*
prōconsul, -ŭlis, m. *proconsul.*
prŏcul, adv. *afar off, far.*
Prŏcŭlus, -i, m. *Proculus.*
prōcūro, -āvi, -ātum, v. 1, *take care of, manage.*
prōcurro, -cucurri *and* -curri, -cursum, v. 3 (1) (of persons) *run forward;* (2) (of places) *jut out.*
prōdeo, -ĭvi *or* -ii, -ĭtum, -īre, v. *come forth.*
prōdĭgium, -i, n. (1) *portent;* (2) *monster.*
prōdĭtio, -ōnis, f. *treachery, treason.*
prōdo, -dĭdi, -dĭtum, v. 3, *betray.*
prōdūco, -xi, -ctum, v. 3, (1) *bring forward, bring out;* (2) *lengthen out, protract;* (3) *bring on the stage.*
proelium, -i, n. *battle.*
prŏfānus, -a, -um, adj. (1) *not sacred;* (2) *wicked, common.*
prŏfecto, adv. *indeed.*
prŏfĕro, -tŭli, -lātum, v. (1)

bring forward, produce; (2) *prolong;* (3) (of a debate) *adjourn.*
prŏfīciscor, -fectus, v. 3, dep. *set out.*
prŏfīteor, -fessus, v. 3, dep. *promise, volunteer.*
prōflīgo, -āvi, -ātum, v. 1, (1) *dash to the ground;* (2) *destroy, defeat.*
prōflo, -āvi, -ātum, v. 1, *breathe forth.*
prŏfūgio, -fūgi, v. 3, *flee forth, escape.*
prŏfundus, -a, -um, adj. *deep.*
prōgrĕdior, -gressus, v. 3, dep. *advance.*
prŏhĭbeo, -ui, -ĭtum, v. 2, *prevent.*
prŏinde, adv. *then, therefore;* proinde, -ac si, *just as if.*
prōjĭcio, -jēci, -jectum, v. 3, *throw forth, fling.*
prōlātus, part. from profero.
prōles, -is, f. *offspring, race.*
prōmitto, -mīsi, -missum, v. 3, *promise.*
prōmo, -psi, -ptum, v. 3, *bring forth.*
prompte, adv. *readily, quickly.*
promptus, -a, -um, adj. *ready, quick.*
prōnuntio, -āvi, -ātum, v. 1, *publish, proclaim.*
prŏpe, (1) prep. with acc. *near;* (2) adv. (of place) *near;* (of time) *almost.*
prŏpĕre, adv. *hastily.*
prŏpĕro, -āvi, -ātum, v. 1, *hasten.*
prŏpinquus, -a, -um, adj. *near.*
prŏpior, -us, adj. *nearer.*
prōpĭtio, -āvi, -ātum, v. 1, *appease.*
prōpŏsĭtum, -i, n. *purpose, design.*
propter, prep. with acc. *on account of, near to, along.*
proptĕrea, adv. *on that account, therefore.*

N

prōpugnātor, -ōris, m. *defender.*

prōrĭpio, -rĭpui, -reptum, v. 3, *snatch away;* with se, *hurry.*

prōrŏgo, -āvi, -ātum, v. 1, (1) *continue, prolong;* (2) *put off.*

prorsum, adv. (1) *directly;* (2) *wholly.*

prorsus, adv. (1) *straight on;* (2) *directly;* (3) *truly.*

prōruo, -ui, -ŭtum, (1) neut. *rush forward;* (2) act. *overthrow.*

proscrībo, -psi, -ptum, v. 3, *publish for sale.*

proscriptio, -ōnis, f. *confiscation.*

prōsĭlio, -ui *or* -ĭvi, v. 4, *leap or spring forth.*

prospecto, -āvi, -ātum, v. 1, *behold.*

prospectus, -ūs, m. *sight, view.*

prospĕre, adv. *favourably, prosperously.*

prospĭcio, -exi, -ectum, v. 3, (1) *look forward;* (2) *view, get a glimpse of.*

prōsum, -fui, -esse, v. *benefit, do good to, profit.*

prōtĕro, -trīvi; -trītum, *trample upon.*

prōtĭnus, adv. *immediately.*

prōvĕho, -xi, -ctum, v. 3, *carry, conduct forward.*

prōvĭdeo, -vīdi, -vīsum, v. 2, *foresee.*

prōvincia, -ae, f. *province.*

prōvolvo, -vi, -ūtum, v. 3, *roll forwards or along.*

proxĭmus, -a, -um, adj. (1) *nearest;* (2) (of time) *last, next.*

prūdens, -ntis, adj. *wise, discreet.*

prūdenter, adv. *wisely, discreetly.*

prūdentia, -ae, f. *foresight, judgment.*

pruīna, -ae, f. *hoarfrost.*

Ptŏlĕmaeus, -i, m. *Ptolemaeus.*

publĭce, adv. *publicly, openly.*

publĭco, -āvi, -ātum, v. 1, *confiscate.*

publĭcus, -a, -um, adj. *public.*

pŭdet, -uit, v. 2, impers. *it shames.*

pŭdīcus, -a, -um, adj. *modest.*

pŭdor, -ōris, m. *shame, modesty.*

puer, -ĕri, m. *boy.*

pŭgil, -ĭlis, m. *boxer.*

pŭgillāres, -ium, m. *writing-tablets.*

pūgio, -ōnis, m. *dagger.*

pugna, -ae, f. *battle, fight.*

pugno, -āvi, -ātum, v. 1, *fight.*

pugnus, -i, m. *fist.*

pulcher, -chra, -chrum, adj. *beautiful, fair, fine, noble.*

pulchrĭtūdo, -ĭnis, f. *beauty.*

pullus -i, m. (1) *young animal, young;* (2) *young shoot.*

pulso, -āvi, -ātum, v. 1, *beat, batter.*

pulvis, -ĕris, m. *dust.*

pūmex, -ĭcis, m. *pumice-stone.*

pūnĭceus, -a, -um, adj. *purple.*

Pūnĭcus, -a, -um, adj. *Punic, Carthaginian.*

puppis, -is, f. *ship, stern.*

purgo, -āvi, -ātum, v. 1, *clear, cleanse.*

purpūra, -ae, f. *purple.*

purpūreus, -a, -um, adj. *purple.*

pūrus, -a, -um, adj. *pure, clean, spotless.*

pŭteus, -i, m. *well.*

pŭto, -āvi, -ātum, v. 1, *think, consider, suppose.*

Pydna, -ae, f. *Pydna, a town in Macedonia.*

Pyrrhus, -i, m. *Pyrrhus.*

Pythia, -ae, f. *the priestess of Apollo.*

Pythias, -ae, m. *Pythias.*

Q.

Q. = *Quintus.*

quā, adv. *where.*

quadrāginta, num. adj. *forty.*

quadrīga, -ae, f. *four-horse chariot.*

quaero, -sīvi, -sītum, v. 3, *seek, ask.*

quaestio, -ōnis, f. *inquiry.*

Quaestor, -ōris, m. *Quaestor, the magistrate who had charge of the public revenues.*

quaestus, -ūs, m. *profit, gain.*

quālia, -e, adj. *of what kind, as.*

quam, adv. *how, than, as.*

quamdiu, adv. *how long.*

quamobrem, adv. *wherefore.*

quamprimum, adv. *as soon as possible.*

quando, conj. *when.*

quanquam, conj. *although.*

quantus, -a, -um, adj. *how great, as.*

quāre, adv. *wherefore, why.*

quartus, -a, -um, adj. *fourth.*

quāsi, conj. *as if.*

quāter, adv. *four times.*

quātio, v. 3, *shake, brandish.*

quattuor, num. adj. *four.*

que, conj. *and, both.*

quēmadmōdum, adv. *had.*

quēo, -īvi, -ītum, -īre, v. *can, be able.*

quercus, -ūs, f. *oak.*

quērimōnia, -ae, f. *complaint.*

quēror, questus, v. 3, dep. *complain.*

quī, quae, quod, rel. pron. *who, which.*

quia, conj. *because.*

quīcumque, pron. *whoever.*

quid, interrog. *how? what? why?*

quīdam, quaedam, quiddam *or* quoddam, pron. *a certain one.*

quĭdem, adv. *indeed;* ne quidem, *not even.*

quies, -ētis, f. *sleep, rest.*

quiesco, -ēvi, -ētum, v. 3, *rest, be still.*

quīlĭbet, pron. *any one.*

quin, adv. *why not? nay;* conj. *but, but that.*

quinĕtiam, adv. *moreover.*

quingenti, -ae, -a, adj. *five hundred.*

quinque, num. adj. *five.*

quintus, -a, -um, adj. *fifth.*

Quintus, -i, m. *Quintus.*

quippe, adv. (1) *indeed, in fact;* (2) with qui, *as being one who, for.*

Quirīnus, -i, m. *Quirinus, the name under which Romulus was worshipped.*

Quirītes, -um *and* ium, m. *Quirites, Roman citizens.*

quis, qua, quid, indef. pron. *any one.*

quis, quis, quid, interrog. pron. *who? what?*

quisnam, interrog. pron. *who? what?*

quispiam, indef. pron. *any one.*

quisquam, quicquam, pron. *any one.*

quisque, quaeque, quicque, pron. *each.*

quivis, quaevis, quodvis, pron. *any you will.*

quo, (1) adv. *whither?* (2) conj. *in order that.*

quoad, conj. *as long as, until.*

quod, conj. *because, that.*

quōlĭbet, adv. *anywhere.*

quōmĭnus, conj. *that not, from.*

quōmŏdo, adv. *in what manner, how.*

quōniam, conj. *since.*

quŏque, adv. *also, even.*

quorsŭm, adv. *whither, to what purpose.*
quot, adj. indecl. *how many.*
quŏtannis, adv. *yearly, every year.*
quŏtĭdiānus, -a, -um, adj. *daily.*
quŏtĭdie, adv. *daily, every day.*

quŏties, adv. *how often? as often as.*
quŏtiescunque, adv. *as often as.*
quum, conj. *when, since, although.*
quum . . . tum, *both . . . and.*

R.

rădius, -i, m. *ray, beam.*
rādix, -īcis, f. *root.*
răpax, -ācis, adj. *devouring, rapid, rapacious.*
răpĭdus, -a, -um, adj. *swift, quick.*
răpio, -ui, -ptum, v. 3, *seize upon, snatch, carry off, tear or drag away.*
rārus, -a, -um, adj. *scarce, few, thin.*
rătio, -ōnis, f. *reckoning, account, reason, method, behaviour, design.*
rătis, -is, f. *ship, bark.*
rătus, -a, -um, (1) part. *from reor;* (2) adj. *ratified, established.*
raucus, -a, -um, adj. *hoarse, harsh.*
rĕcēdo, -cessi, -cessum, v. 3, *withdraw, retire, retreat.*
rĕcens, -tis, adj. *fresh, new.*
rĕcessus, -ūs, m. *retreat, nook, corner.*
rĕcĭdo, -cĭdi, -cāsum, v. 3, *fall back, relapse, be reduced to.*
rĕcĭpio, -cēpi, -ceptum, v. 3, *receive, recover;* se, *retreat.*
rĕconcĭlio, -āvi, -ātum, v. 1, *win over, conciliate.*
rĕcondo, -dĭdi, -dĭtum, v. 3, *store away;* (of swords) *sheathe.*
recreo, -āvi, -ātum, v. 1, *refresh, recruit, restore.*
recte, adv. *rightly, well.*
rectus, -a, -um, adj. (1) *straight;* (2) *right.*
rĕcŭbo, -ui, -ĭtum, v. 1, *lie down.*

rĕcūpĕro, -āvi, -ātum, v. 1, *recover, rescue.*
rĕcūso, -āvi, -ātum, v. 1, *refuse.*
reddo, -dĭdi, -dĭtum, v. 3, *give back, render, restore.*
rĕdeo, -ii, -ĭtum, -īre, v. *return, come back.*
rĕdĭgo, -ēgi, -actum, v. 3, *drive back or bring back, reduce, render.*
rĕdĭtus, -ūs, m. *return.*
rĕdūco, -xi, -ctum, *bring back, restore;* gladium, *sheathe.*
rĕdux, -ŭcis, adj. *returning, restored.*
rĕfĕro, -tŭli, -lātum, v. (1) *bring back;* (2) ad senatum, *propose;* (3) gradum *or* pedem, *retreat.*
refrēno, -āvi, -ātum, v. 1, *curb, restrain.*
rĕfŭgio, -ūgi, -ĭtum, v. 3, *flee, avoid.*
rēgālis, -e, adj. *royal.*
rēgia, -ae, f. *palace.*
rēgĭna, -ae, f. *queen.*
rēgio, -ōnis, f. *country, direction.*
rēgius, -a, -um, adj. *royal.*
regno, -āvi, -ātum, v. 1, neut. *rule, reign.*
regnum, -i, n. *kingdom.*
rēgo, -xi, -ctum, v. 3, act. *rule, guide, direct.*
regrĕdior, -gressus, v. dep. *return, go back.*
rēgŭlus, -i, m. *prince.*
rējicio, -jēci, -jectum, v. 3, (1) *throw* or *fling back;* (2) *repulse;* (3) *postpone.*

rĕlaxo, -āvi, -ātum, v. 1, *slacken, unbind.*

rēlĭgio, -ōnis, f. *superstition, oath.*

rĕlinquo, -līqui, -lictum, v. 3, (1) *leave behind;* (2) *abandon.*

rēlĭquiae, -ārum, f. *remains, remainder.*

rēlĭquus, -a, -um, adj. *remaining, left, the rest.*

rĕlūceo, -xi, v. 2, *shine out, glitter.*

rĕmăneo, -si, -sum, v. 2, (1) *remain;* (2) *continue.*

rēmĭgium, -ii, n. (1) *rowing;* (2) used poetically of wings.

rĕmĭniscor, v. 3, dep. *remember, recollect.*

rĕmitto, -mīsi, -missum, v. 3, (1) *let fall, send back;* (2) *slacken;* (3) with infin. *leave off;* calces, *kick out.*

rĕmōtus, -a, -um, adj. *retired, distant.*

rĕmŏveo, -mōvi, -mōtum, v. 2, *remove, withdraw, conceal.*

rēmus, -i, m. *oar.*

rĕnīdeo, -ui, v. 2, *shine, glitter, smile, beam with joy.*

rĕnŏvo, -āvi, -ātum, v. 1, *restore, refresh, renew, repeat.*

rĕnuntio, -āvi, -ātum, v. 1, *bring back word, report.*

reor, rătus, v. 2, dep. *think.*

rĕpello, -pŭli, -pulsum, v. 3, *drive* or *beat back, defeat.*

rĕpente, adv. *suddenly.*

rĕpentīnus, -a, -um, adj. *sudden.*

rĕpĕrio, reppĕri, -ertum, v. 4, *find, discover, invent.*

rĕpĕto, -īvi or -ii, -ītum, v. 3, (1) *return to, resume;* (2) compendia, *bring back;* (3) in memoriam, *recall;* (4) *demand back,* viam, *retrace.*

rĕpōno, -pŏsui, -pŏsĭtum, v. 3, (1) *replace;* (2) *lay down.*

rĕporto, -āvi, -ātum, v. 1, *carry* or *bring back;* victoriam, *gain* or *win.*

reprĕhendo, -di, -sum, v. 3, (1) *hold back;* (2) *blame.*

reprĭmo, -pressi, -pressum, v. 3, *restrain, hinder.*

rĕpŭdio, -āvi, -ātum, v. 1, *reject, refuse, resist.*

rĕpugno, -āvi, -ātum, v. 1, *oppose, refuse.*

rĕquiro, -sīvi, -sītum, v. 3, *seek, search.*

res, rei, f. *thing.* It has numerous other meanings, which must be decided by the context.

rescindo, -ĭdi, -issum, v. 3, (1) *tear open, cut off;* pontem, *break down;* legem, *repeal.*

rescio, -īvi, -ītum, v. 4, *learn, ascertain.*

rĕsīdo, -sēdi, v. 3, *sit down, settle down, abate.*

rĕsisto, -stĭti, v. 3, *oppose, withstand.*

rĕsorbeo, -ui, v. 2, *suck back* or *in.*

respĭcio, -exi, -ectum, v. 3, (1) *look back;* (2) *regard.*

respondeo, -di, -sum, v. 2, *answer.*

responsum, -i, n. *answer.*

respublĭca, reipublicae, f. *republic, commonwealth, state, government.*

restĭtuo, -ui, -ūtum, v. 3, *restore.*

resto, -stiti, v. 1, (1) *remain, be left;* (2) *hold out against.*

rēte, -is, n. *net.*

rĕtĭneo, -ui, -tentum, v. 2, *hold back, restrain, detain.*

retrăho, -xi, -ctum, v. 3, *draw back, preserve.*

retro, adv. *back, backwards.*

reus, -i, m. (1) *a party to an action, whether plaintiff or defendant;* (2) *criminal, prisoner.*

rĕvello, -velli *and* -vulsi, -vulsum, v. 3, *pull off, tear away* or *out.*

rĕvĕra, adv. *in reality, truly.*

rĕverto, -ti, -sum, v. 3, *return.*

rĕvertor, -versus, v. 3, dep. *return.*

rĕvincio, -nxi, -nctum, v. 4, *bind fast.*

rĕvīvisco, -vixi, v. 3, *revive.*

rĕvŏcāmen, -ĭnis, n. *recall.*

rĕvŏco, -āvi, -ātum, v. 1, *recall.*

rĕvolvo, -vi, -utum, v. 3, (1) *roll back;* (2) *think over.*

rex, rēgis, m. *king.*

rhēda, -ae, f. *carriage.*

Rhŏdius, -a, -um, adj. *Rhodian, of Rhodes.*

Rhŏdos, -i, f. *Rhodes.*

rīdeo, -si, -sum, v. 2, (1) n. *laugh, smile;* act. *laugh at, mock.*

rīma, -ae, f. *chink, crack.*

rīpa, -ae, f. *bank.*

rīsus, -ūs, m. *laugh.*

rite, adv. *properly, duly.*

rīvus, -i, m. *river.*

rōbur, -ŏris, n. (1) *oak;* (2) *strength.*

rŏgātus, -ūs, m. *request.*

rŏgo, -āvi, -ātum, v. *ask, request.*

Rōma, -ae, f. *Rome.*

Rōmānus, -a, -um, adj. *Roman.*

Rōmŭlus, -i, m. *Romulus.*

rōro, -āvi, -ātum, v. 1, *bedew.*

ros, rōris, m. *dew.*

rostrum, -i, n. (1) *beak of a bird;* (2) *prow of a ship;* in plur. *the rostra,* i.e. *the platform from which speakers delivered their addresses.*

rŏta, -ae, f. *wheel.*

rŭbeo, -ui, v. 2, *blush, grow red.*

Rŭbico, -ōnis, m. *Rubicon, a small river south of Cisalpine Gaul.*

ruīna, -ae, f. (1) *fall* (especially of buildings); (2) *downfall, destruction.*

rumpo, rūpi, ruptum, v. 3, *break, burst;* viam, *force a passage.*

ruo, -i, -ĭtum, v. 3, (1) n. *rush, fall down, hurry;* (2) act. *throw, dash down.*

rūpes, -is, f. *rock.*

rursus, adv. *again.*

S.

săcellum, -i, n. *chapel.*

săcer, -cra, -crum, adj. *sacred, holy.*

săcerdos, -ōtis, c. *priest.*

sacra, -ōrum, n. *sacred rites.*

sacrārium, -i, n. *chapel.*

sacrĭfĭcium, -i, n. *sacrifice.*

sacrĭfĭco, -āvi, -ātum, v. 1, *sacrifice.*

saepe, adv. *often.*

saevio, -īvi, -ītum, v. 4, *rage, be furious* or *cruel.*

saevus, -a, -um, adj. *cruel, savage.*

săgācĭtas, -ātis, f. *cleverness, shrewdness.*

săgitta, -ae, f. *arrow.*

săgittārius, -i, m. *archer.*

Salamis, -ĭnis, f. *island of Salamis in the Saronic Gulf.*

salsus, -a, -um, adj. *salt.*

saltem, adv. *at least.*

saltus, -ūs, m. (1) *leap;* (2) *pass;* (3) *forest glade.*

sălūber, -bris, -bre, *healthy, wholesome.*

sălum, -i, n. *sea.*

sălūs, -ūtis, f. *health, safety.*

salvus, -a, -um, adj. *safe.*

Sămius, -a, -um, adj. *of Samos, Samian.*

Sămos, -i, f. *Samos.*

sancio, -xi, -ctum, v. 4, *confirm, consecrate.*

sanctĭtas, -ātis, f. (1) *sacredness;* (2) *purity, virtue.*

săne, adv. *really, indeed, truly.*
sanguis, -ĭnis, m. *blood.*
săpiens, -ntis, adj. *wise.*
sapienter, adv. *wisely.*
săpientia, -ae, f. *wisdom.*
sarcĭna, -ae, f. *burden;* in plur. *baggage.*
Sardes, -ĭum, f. *Sardis, capital of Lydia.*
săta, -ōrum, n. *crops.*
sătăgo, v. 3, *be full of.*
sătelles, -itis, m. *attendant.*
sătis, adv. *enough;* comp. sătius, . *better, rather.*
sătrăpes, -is, m. *satrap, governor.*
Sāturnius, -a, -um, *Saturnian.*
Sāturnus, -i, m. *Saturn, father of Jupiter.*
sătus, -a, -um, part. sěro, *descended, sprung.*
saucius, -a, -um, adj. *wounded.*
sāvior, -ātus, v. 1, dep. *kiss.*
saxum, -i, n. *stone, rock.*
scăpha, -ae, f. *skiff, boat.*
scělěrātus, -a, -um, adj. *wicked.*
scělus, -ěris, n. *crime.*
scientia, -ae, f. *knowledge, skill.*
scīlĭcet, adv. *indeed, truly.*
scio, -ĭvi, -ĭtum, v. 4, *know.*
scītum, -i, n. *decree.*
scrībo, -psi, -ptum, v. 3, (1) *write;* (2) *draw up;* (3) legionem, *levy.*
scriptum, -i, n. *writing-book.*
scūtum, -i, n. *buckler, shield.*
Scỹthae, -ārum, m. *Scythians.*
Scỹthia, -ae, f. *Scythia.*
se *or* sese, sui, pron. reflex. *himself, herself, itself, themselves.*
sēcēdo, -cessi, -cessum, v. 3, *retire, withdraw.*
sěco, -ui, -ctum, v. *cut.*
sectātor, -ōris, m. *follower.*
sector, -āri, v. 1, dep. *follow.*
sěcundum, (1) adv. *after;* (2) prep. with acc. *after, along, according to;* (of time) *during.*

sěcundus, -a, -um, adj. (1) *second, following;* (2) *favourable, fair.*
sěcūris, -is, f. *axe.*
sěcūrĭtas, -ātis, f. (1) *safety;* (2) *freedom from care.*
sěcūrus, -a, -um, adj. *unconcerned, careless, fearless.*
sěcus, adv. *otherwise;* haud secus ac, *not otherwise than,* i.e. *just as.*
sed, conj. *but.*
sēděcim, num. adj. indecl. *sixteen.*
sědeo, sēdi, sessum, v. 2, (1) *sit;* (2) (in war) *remain encamped, besiege;* (3) *loiter.*
sēdes, -is, f. *seat, abode.*
sēdo, -āvi, -ātum, v. 1, (1) act. *allay;* (2) n. *lull, become quiet.*
sěges, -ětis, f. *cornfield, crop.*
segnis, -e, adj. *motionless, slow, sluggish.*
segnĭter, adv. *slowly.*
sella, -ae, f. *chair.*
sěmel, adv. *once.*
sēmen, -ĭnis, n. (1) *seed;* (2) *offspring.*
sēmiănimis, -e, adj. *half-dead.*
semper, adv. *always.*
sēnātor, -ōris, m. *senator.*
sěnātus, -ūs, m. *senate.*
sěnesco, sěnui, v. 3, *grow old, decay, die away.*
sěnex, sěnis, (1) adj. *old;* (2) subs. *old man.*
sensim, adv. *by degrees.*
sententia, -ae, f. (1) *opinion, purpose;* (2) *judgment, vote.*
sentio, -si, -sum, v. 3, *perceive, feel, become aware of.*
sěpělio, -īvi, -pultum, v. 4, *bury.*
sěpes, -is, f. *hedge, fence.*
sēpio, -psi, -ptum, v. 4, *fence in, enclose, guard.*
septem, num. adj. indecl. *seven.*
septenděcim, num. adj. indecl. *seventeen.*
septĭmus, -a, -um, adj. *seventh.*

septuāginta, num. adj. indecl. *seventy.*

sĕpulcrum, -i, n. *tomb.*

sĕquor, sĕcūtus, v. 3, dep. *follow, result, ensue.*

sĕrēnus, -a, -um, adj. *calm, clear, cloudless.*

sērius, -a, -um, adj. *serious, grave.*

sermo, -ōnis, m. *speech, talk, report, conversation.*

serpens, -ntis, c. *serpent.*

serpo, -psi, -ptum, v. 3, *creep, crawl.*

servio, -ivi, -itum, v. 4, *be a slave, serve, be of use.*

servĭtus, -ūtis, f. *slavery.*

servo, -āvi, -ātum, v. 1, *save, keep, preserve.*

servŭlus, -i, m. *servant, little slave.*

servus, -i, m. *slave.*

seu, conj. *whether, or.*

Seuthes, m. *Seuthes.*

sex, num. adj. indecl. *six.*

sexāginta, num. adj. indecl. *sixty.*

Sextus, -i, m. *Sextus, son of Tarquinius Superbus.*

si, conj. *if.*

Sĭbyllīnus, -a, -um, adj. *Sibylline.*

sic, adv. *so, thus, so greatly.*

siccus, -a, -um, adj. *dry, parched.*

Sĭcĭlia, -ae, f. *Sicily.*

sicut, adv. *as, just as.*

sicŭti, adv. *as, just as.*

sīdĕreus, -a, -um, adj. *starry.*

Sĭdĭcīnum, -i, n. *Sidicinum.*

sīdo, sīdi, v. 3, (1) *settle, alight;* (2) *sink.*

sīdus, -ĕris, n. *star.*

signĭfĭco, -āvi, -ātum, v. 1, (1) *point out, mark;* (2) *mean.*

signum, -i, n. (1) *sign, seal, signal, standard;* signa relinquere, *to leave the ranks;* (2) *statue.*

sĭlens, -ntis, adj. *silent.*

sĭlentĭum, -i, n. *silence.*

sĭleo, -ui, v. 2, *be silent, quiet.*

silva, -ae, f. *wood, forest.*

silvester, -tris, -tre, adj. *woodland, woody.*

Silvia, -ae, f. *Rhea Silvia.*

sĭmĭlis, -e, adj. *like.*

sĭmĭlĭtūdo, -ĭnis, f. *likeness; resemblance.*

simplex, -ĭcis, adj. *simple, guileless.*

sĭmul, adv. *together, at the same time.*

simul ac *and* simul, conj. *as soon as.*

sĭmŭlācrum, -i, n. (1) *image, resemblance;* (2) *phantom.*

sĭmŭlo, -āvi, -ātum, v. 1, *pretend.*

sin, conj. *but if.*

sĭne, prep. with abl. *without.*

singŭlus, -a, -um, adj. *one by one, one apiece, single.*

sĭnister, -tra, -trum, adj. (1) *left;* (2) *unlucky.*

sĭnistra, -ae, f. *left hand.*

sĭno, sĭvi, sĭtum, v. 3, *allow.*

sĭnus, *any curved surface, fold, bosom, bay,* (of water) *reservoir, sail, bed of a stream.*

sisto, stĭti, stătum, *make to stand, stop.*

sĭtus, -a, -um, (1) part. from sino; (2) adj. *placed, lying.*

sīve . . . sive, *whether . . . or if.*

sŏcĭālis, -e, adj. *allied;* torus, *nuptial.*

sŏcĭĕtas, -ātis, f. *alliance, agreement.*

sŏcius, -i, m. *ally.*

Socrătes, -is, m. *Socrates.*

sol, sōlis, m. *sun.*

sŏlea, -ae, f. *slipper, sandal.*

sŏleo, -ĭtus sum, v. 2, *be wont, be accustomed.*

sŏlertia, -ae, f. *skill, dexterity.*

sŏlĭcĭto, -āvi, -ātum, v. 1, *urge, disturb, instigate, persuade.*

sŏlĭcĭtūdo, -ĭnis, f. *trouble, care, anxiety.*

sŏlĭcĭtus, -a, -um, adj. *uneasy, anxious.*

sŏlĭtudo, -ĭnis, (1) *loneliness, retirement ;* (2) *desert.*

sŏlium, -i, n. *throne.*

sŏlum, -i, n. *soil, ground.*

sŏlum, adv. *only, alone.*

sŏlus, -a, -um, adj. *alone.*

solvo, -vi, sŏlūtum, (1) *loosen ;* nivem, *melt ;* (2) *pay ;* (of ships) *weigh anchor.*

somnium, -i, n. *dream.*

somnus, -i, m. *sleep.*

sŏnans, -ntis, adj. *resounding, sonorous.*

sŏnĭtus, -ūs, m. *sound.*

sŏno, -ui, -ĭtum, v. 1, *sound.*

sŏnus, -i, m. *sound.*

Sŏphŏcles, -is, m. *Sophocles.*

sŏror, -ōris, f. *sister.*

sors, -tis, f. (1) *lot ;* (2) *fate.*

sortĭtio, -ōnis, f. *choosing by lot.*

spargo, -rsi, -rsum, v. 3, *sprinkle, scatter, disperse.*

Sparta, -ae, f. *Sparta.*

spărus, -i, m. *spear.*

spătiōsus, -a, -um, adj. *large, roomy, wide.*

spătium, -i, n. (1) (of place) *space, racecourse ;* (2) (of time) *interval, time.*

spĕcies, -ēi, f. (1) *shape, appearance ;* (2) *pretence ;* (3) *kind.*

spectăcŭlum, -i, n. *sight, show.*

spectātor, -ōris, m. *spectator.*

specto, -āvi, -ātum, v. 1, *look at, behold.*

spĕcŭlātor, -ōris, m. *spy, scout.*

spĕcŭlor, -ātus, v. 1, dep. *view, espy.*

spĕcus, -ūs, c. *cave.*

spēlunca, -ae, f. *cave, den.*

sperno, sprēvi, sprētum, v. 3, *despise.*

spēro, -āvi, -ātum, v. 1, *hope.*

spes, -ēi, f. *hope.*

spīro, -āvi, -ātum, v. 1, *breathe, blow.*

splendĭdus, -a, -um, adj. *fine, bright, sumptuous.*

sponsor, -ōris, m. *surety.*

sponte, adv. *voluntarily.*

Spurinna, -ae, m. *Spurinna.*

squālĭdus, -a, -um, adj. *filthy, nasty, dirty.*

squālor, -is, m. *filthiness, negligence.*

stădium, -i, n. (1) *furlong ;* (2) *racecourse.*

stătim, adv. *immediately.*

stătio, -ōnis, f. *post, position, outpost.*

stătua, -ae, f. *statue.*

stătuo, -ui, -ūtum, v. 3, (1) *set up, place ;* (2) *resolve.*

stătus, -ūs, m. *condition, attitude, situation.*

stercus, -ōris, n. *manure.*

sterno, strāvi, strātum, v. 3, (1) *spread ;* (2) *overthrow ;* lectum, *prepare.*

stĭlus, -i, m. *pen, dagger.*

stipes, -ĭtis, m. *log, stake, stock.*

stirps, -is, f. *root, stock.*

sto, stĕti, stătum, v. 1, *stand.*

strāges, -is, f. *slaughter.*

strēnue, adv. *vigorously.*

strēnuus, -a, -um, adj. *earnest, resolute.*

strĕpĭtus, -ūs, m. *noise.*

strīdor, -ōris, m. *any harsh noise, rattling, creaking, whistling.*

stringo, -nxi, -ctum, v. 3, *bind ;* (of swords) *draw.*

struppus, -i, m. *strap.*

stŭdeo, -ui, v. 2, *be eager, study, desire.*

stŭdium, -i, n. (1) *desire, eagerness ;* (2) *care, devotion ;* in plur. *pursuits.*

stultĭtia, -ae, f. *folly.*

stultus, -a, -um, adj. *foolish.*

suādeo, suāsi, suāsum, v. 2, *persuade, advise.*

suāvis, -e, adj. *sweet.*

suāvītas, -ātis, f. *pleasantness.*

sub, prep. with acc. and abl. *under, below, beneath.*

subdo, -dĭdi, -dĭtum, v. 3, *put under, put; calcaria, set spurs to.*

subdūco, -xi, -ctum, v. 3, (1) (of ships) *haul up;* (2) *withdraw;* (3) *steal.*

sŭbeo, -ĭvi *or* -ii, -ĭtum, -īre, (1) n. *come* or *go under, come up;* (2) act. *undergo, encounter.*

sŭbinde, adv. *thereupon, afterwards.*

sŭbĭto, adv. *suddenly.*

sŭbĭtus, -a, -um, adj. *sudden.*

subjĭcio, -jēci, -jectum, v. 3, *throw* or *place under.*

sublātus, part. of tollo.

sublīmis, -e, adj. *lofty, high.*

submitto, -mīsi, -missum, v. 3, *lower, cast down.*

submŏveo, -mōvi, -mōtum, v. 2, *withdraw, remove.*

subsĭdium, -i, n. *reserve, support, help.*

subsĭdo, -sēdi, -sessum, v. 3, (1) *settle, fall;* (2) *settle, remain.*

subsisto, -stĭti, v. 3, *stand still, halt.*

substĭtuo, -ui, -ūtum, v. 3, *substitute, put in place of.*

substringo, -nxi, -ctum, v. 3, *bind.*

subsum, -fui, v. *be under, be near.*

subtrăho, -xi, -ctum, v. 3, *remove, withdraw.*

subvĕnio, -vēni, -ventum, v. 4, *come up* (esp. to assistance of), *relieve.*

succēdo, -cessi, -cessum, v. 3, (1) *go under;* (2) *approach;* (3) *come next;* (4) *succeed.*

succendo, -di, -sum, v. 3, *kindle, inflame.*

successor, -ōris, m. *successor.*

succumbo, -cŭbui, -cŭbĭtum, v. 3, *sink under, yield, submit.*

sūdo, -āvi, -ātum, v. 1, *sweat.*

sūdor, -ōris, m. *sweat.*

suffĕro, sustŭli, sublātum, v. (1) *bear under;* (2) *support;* (3) *suffer.*

suffŏdio, -fōdi, -fossum, v. 3, *equos, stab in the belly.*

suffrāgium, -i, n. *vote.*

suggĕro, -gessi, -gestum, v. 3, (1) *carry* or *heap up;* (2) *supply.*

sulfur, -ŭris, n. *sulphur.*

Sullānus, -a, -um, adj. *like Sulla, Sullan.*

sum, fui, esse, v. *be, exist.*

summa, -ae, f. *sum-total, chief command.*

summus, -a, -um, superl. adj. *highest, topmost;* summi montes, *the tops of the mountains.*

sūmo, -psi, -ptum, v. 3, (1) *take up, assume,* (of dress or manners) *adopt;* (2) *consume, spend.*

sŭper, (1) adv. *above, moreover, besides;* (2) prep. with abl. and acc. (1) (of place) *above, upon, beyond;* (2) (of time) *during;* (3) *about.*

sŭperbe, adv. *proudly.*

sŭperbus, -a, -um, adj. *proud* (used as a name for Tarquinius Superbus).

sŭpĕri, -ōrum, m. pl. *the gods.*

sŭpĕrior, -us, adj. (1) (of place) *higher;* (2) (of time) *former.*

sŭpĕro, -āvi, -ātum, v. 1, *get beyond, pass over, surpass, conquer;* (of ships) *sail round.*

sŭpersĕdeo, -sēdi, -sessum, v. 2, (1) *sit upon* or *over;* (2) *omit, neglect.*

sŭperstes, -ĭtis, adj. *surviving.*

sŭpersum, -fui, -esse, v. *survive, remain, be left.*

sŭpĕrus, -a, -um, adj. *above.*

sŭpervĕnio, -vēni, -ventum, v. 4, *come upon, surprise.*

supplēmentum, -i, n. *supply, reinforcements.*

suppleo, -ēvi, -ētum, v. 2, *fill up.*

supplex, -ĭcis, adj. *humble, abject, suppliant.*

supplĭcium, -i, n. (1) *public prayer;* (2) *punishment, torture.*

supra, (1) prep. with acc. *above, beyond;* (2) adv. (of place) *above,* (of time) *formerly.*

suprēmus, -a, -um, adj. (1) *last;* (2) *highest.*

surgo, surrexi, surrectum, v. 3, *rise.*

suscĭpio, -cēpi, -ceptum, v. 3, (1) *take* or *catch up;* (2) *undertake.*

suspendo, -di, -sum, v. 3, (1) *hang up;* (2) (of votive offerings) *dedicate.*

suspensus, -a, -um, adj. *uncertain, wavering.*

suspĭcio, -ōnis, f. *suspicion, mistrust.*

suspĭcio, -spexi, -spectum, v. 3, (1) *look up, regard;* (2) *suspect.*

suspĭcor, -ātus, v. 1, dep. *suspect.*

suspīro, -āvi, -ātum, v. 1, *sigh.*

sustĭneo, -ui, -tentum, v. 2, *support, maintain, bear.*

suus, -a, -um, adj. *his own, her own, its own, their own.*

Sӯrācūsānus, -a, -um, adj. *of Syracuse.*

Sӯria, -ae, f. *Syria.*

T.

tăbella, -ae, f. (1) *board;* (2) *basket* or *cradle in which Romulus and Remus were exposed.*

tăbeo, v. 2, *melt, waste away.*

tăberna, -ae, f. (1) *shop;* (2) *inn.*

tăbernācŭlum, -i, n. *tent.*

tăceo, -ui, -ĭtum, v. 2, *be silent.*

tăcĭtus, -a, -um, adj. *silent.*

tactus, -ūs, m. *touch.*

taedĭum, -i, n. *weariness.*

tălentum, -i, n. *talent.*

tālis, -e, adj. *such, of such a kind.*

tam, adv. *so.*

tămen, conj. *nevertheless, however.*

tandem, adv. *at length.*

tango, tĕtĭgi, tactum, v. 3, (1) *touch;* (2) (of places) *reach.*

tanquam, conj. *just as, as if.*

tanto, adv. *so much.*

tantum, adv. (1) *so much;* (2) *only.*

tantummŏdo, adv. *only, just.*

tantus, -a, -um, adj. *so great;* tantus quantus, *as great as.*

tarde, adv. *slowly.*

tardĭtas, -ātis, f. *slowness.*

tardo, -āvi, -ātum, v. 1, *delay, hinder.*

tardus, -a, -um, adj. *slow.*

taurus, -i, m. *bull.*

tectum, -i, n. *roof, house.*

tĕgo, -xi, -ctum, v. 3, (1) *cover;* (2) *conceal;* (3) *defend, shelter.*

tellūs, -ūris, f. *earth.*

tēlum, -i, n. *weapon.*

tĕmĕrārius, -a, -um, adj. *rash.*

tĕmĕrĭtas, -ātis, f. *rashness.*

tēmo, -ōnis, m. *pole.*

tempestas, -ātis, f. (1) *season;* (2) *weather;* (3) *storm.*

tempestīvus, -a, -um, adj. *seasonable.*

templum, -i, n. *temple.*

tempus, -ŏris, n. (1) *time;* (2) in plur. *the temples.*

tēmŭlentus, -a, -um, adj. *drunken.*

tendo, tŏtendi, tentum *and* tensum, v. 3, (1) act. *stretch;* (2) n. *aim, go, tend.*

tĕnebrae, -ārum, f. *darkness.*

tĕneo, -ui, tentum, v. 2, (1) *hold, keep, possess;* (2) *hold* back, detain; (3) guard, maintain, repress.

těner, -ěra, -ěrum, adj. (1) tender; (2) of tender age.

tento, -āvi, -ātum, v. 1, (1) attack; (2) try, attempt.

těnuātus, -a, -um, part. weakened.

těnuis, -e, adj. (1) thin, slender, mean; (2) poor, trifling.

těpĭdus, -a, -um, adj. warm.

ter, adv. thrice.

tergum, -i, n. back.

těro, trīvi, trītum, v. 3, rub, wear away; (of time) spend.

terra, -ae, f. land, earth, ground.

terreo, -ui, -ĭtum, v. 2, frighten.

terrestris, -e, adj. land, on land.

terrĭbĭlis, -e, adj. dreadful, frightful.

terrĭfĭcus, -a, -um, adj. dreadful.

terror, -ōris, m. dread, panic.

tertius, -a, -um, adj. third.

testĭmōnium, -i, n. proof.

testor, -ātus, v. 1, dep. (1) bear witness, declare; (2) call to witness.

testūdo, -ĭnis, f. (1) tortoise; (2) shed for besiegers.

testŭla, -ae, shell (used in voting at Athens).

thūrĭbŭlum, -i, n. censer.

tĭmeo, -ui, v. 2, fear.

tĭmĭde, adv. fearfully, timidly.

tĭmĭdus, -a, -um, adj. fainthearted, timid.

tĭmor, -ōris, m. fear.

tīro, -ōnis, m. recruit.

tĭtŭlus, -i, m. placard, notice.

tŏga, -ae, f. toga (dress of a Roman citizen).

tŏlěro, -āvi, -ātum, v. 1, endure.

tollo, sustŭli, sublātum, v. 3, remove; equo tolli, mount.

Tŏnans, -ntis, m. The Thunderer, Jupiter.

tŏno, -ui, -ĭtum, v. 1, thunder.

torqueo, torsi, tortum, v. 2, (1) twist, twirl, fling; (2) torment.

torrens, -tis, m. torrent, stream.

tŏrus, -i, m. couch.

tot, adj. indecl. so many; tot quot, as many as.

tŏtĭdem, adj. indecl. just so many.

tōtus, -a, -um, adj. whole.

trăbea, -ae, robe worn by kings and consuls.

trabs, -is, f. beam.

tracto, -āvi, -ātum, v. 1, handle.

trādo, -dĭdi, -dĭtum, v. 3, (1) deliver; (2) betray; (3) relate.

trādūco, -xi, -ctum, v. 3, lead or carry across.

trăho, -xi, -ctum, v. 3, draw, drag; pensa, spin.

trajĭcio, -jēci, -jectum, v. 3, (1) throw across, transport; (2) pass over.

trămes, -ĭtis, m. path.

trăno, -āvi, -ātum, v. 1, (1) swim through; (2) sail, fly over, pierce.

trans, prep. with acc. across, over, beyond.

transcendo, -di, -sum, v. 3, (1) surmount, pass over; (2) exceed.

transeo, -ĭvi or -ii, -ĭtum, v. cross.

transfěro, -tŭli, -lātum, v. (1) carry across, transfer; (2) postpone.

transfīgo, -xi, -xum, v. 3, run through, pierce.

transfŭga, -ae, f. fugitive, deserter.

transĭgo, -ēgi, -actum, v. 3, conclude, finish.

transĭlio, -ĭvi or -ui, v. 4, leap over or across.

transporto, -āvi, -ātum, v. 1, carry across, convey.

trěcenti, -ae, -a, num. adj. three hundred.

trěmo, -ui, v. 3, tremble.

trěmor, -ōris, m. trembling; terrae, an earthquake.

trěpĭdo, -āvi, -ātum, v. 1, (1) hurry to and fro; (2) tremble.

trěpĭdŭlus, -a, -um, adj. frightened.

trĕpĭdus, -a, -um, adj. *anxious,
terrified;* in re trepida, *at a
perilous juncture.*
tres, tria, num. adj. *three.*
trĭbūnus, -i, m. *tribune.*
trĭdens, -ntis, m. *trident.*
triennium, -i, n. *three years.*
trīginta, num. adj. *thirty.*
trīnodis, -e, adj. *knotted, with
three knots.*
trĭpus, -ŏdis, m. *tripod.*
trĭrēmis, -is, f. *trireme, a ship
with three banks of oars.*
tristis, -e, adj. *sad, sorrowful,
gloomy, dismal, harsh.*
triumphus, -i, m. *triumph.*
trŏpaeum, -i, n. *victory, trophy.*
trŭcīdo, -āvi, -ātum, v. 1, *kill,
slaughter.*
trux, trŭcis, adj. *harsh, savage.*
tu, pers. pron. *thou.*
tūba, -ae, f. *trumpet.*
tŭbĭcen, -ĭnis, m. *trumpeter.*
tueor, -ĭtus, v. 2, dep. (1) *look at,
see;* (2) *defend;* (3) *undertake.*
tum, adv. and conj. *then;* tum
. . . quum, *both . . . and.*

tŭmeo, -ui, v. 2, *swell.*
tŭmultus, -ūs, m. *noise, disturb-
ance, mutiny.*
tŭmŭlus, -i, m. *tomb, mound.*
tunc, adv. *then.*
tŭnĭca, -ae, f. *tunic, shirt.*
turba, -ae, f. (1) *confusion;* (2)
crowd.
turbātio, -ōnis, f. *disorder, dis-
turbance.*
turbĭdus, -a, -um, adj. *disturbed;*
(of water) *muddy, troubled.*
turbo, -ĭnis, m. *whirlwind,
squall.*
turbo, -āvi, -ātum, v. 1, *throw
into confusion, disturb.*
turma, -ae, f. *troop, squadron.*
turpis, -e, adj. *foul, base, disgraceful.*
turris, -is, f. *tower.*
tus, tūris, n. *incense.*
tūto, -āvi, -ātum, v. 1, *guard.*
tūtus, -a, -um, adj. *safe.*
tuus, -a, -um, poss. pron. *thy,
thine, your.*
tўrannis, -ĭdis, f. *despotism.*
tўrannus, -i, m. *despot.*

U.

ūber, -ĕris, (1) adj. *fruitful;* (2)
n. subs. *breast.*
ŭbi, adv. (1) (of place) *where?*
(2) (of time) *when?* (3) conj.
when.
ŭbīque, adv. *everywhere.*
ūdus, -a, -um, adj. *wet,
moist.*
ulciscor, ultus, v. 3, dep. *avenge,
take vengeance on.*
ullus, -a, -um, adj. *any.*
ulmus, -i, f. *elm-tree.*
ultĕrior, -us, comp. adj. *farther,
beyond.*
ultĭmus, -a, -um, superl. adj.
last.
ultio, -ōnis, f. *revenge.*
ultor, -ōris, m. *avenger.*

ultra, (1) adv. *beyond;* (2) prep.
with acc. *beyond.*
ultro, adv. *of one's own accord,
voluntarily.*
ŭlŭlātus, -ūs, m. *howling, yell,
shriek.*
umbra, -ae, f. *shade, shadow.*
Umbria, -ae, f. *Umbria.*
ūna, adv. *together.*
unda, -ae, f. (1) *wave;* (2) *water.*
unde, adv. (1) interrog. *whence?*
(2) rel. *whence.*
undĕcĭmus, -a -um, num. adj.
eleventh.
undĭque, adv. *on every side.*
ūnĭce, adv. *alone, especially.*
unĭversus, -a, -um, adj. *the whole,
all.*

unquam, adv. *ever.*

ūnus, -a, -um, adj. *one, alone, single.*

urbs, -is, f. *city.*

urgeo, -rsi, v. 2, *push, press on, drive.*

urna, -ae, f. *urn.*

ūro, ussi, ustum, v. 3, *burn, parch.*

usque, adv. *continually, always.*

ūsus, -ūs, m. (1) *practice, advantage, custom;* (2) *use, need.*

ut, conj. with indic. *as, when;* subj. *so that, in order that.*

Ūtica, -ae, f. *Utica, a town*

twenty-seven miles north-west of Carthage.

ūter, -tra, -trum, interrog. pron. *which of the two?*

ūterque, -traque, -trumque, pron. *each of two.*

ūtĭlis, -e, adj. *useful.*

ūtĭlĭtas, -ātis, f. *advantage.*

ūtĭnam, adv. *would that.*

ūtor, ūsus, v. 3, dep. *use, employ, treat, enjoy.*

utrinque, adv. *on both sides.*

utrum, conj. *whether* (generally omitted in translation).

uxor, -ōris, f. *wife.*

V.

văcillo, -āvi, -ātum, v. 1, *waver.*

văco, -āvi, -ātum, v. 1, (1) *be empty;* (2) *be at leisure, be free from.*

văcuus, -a, -um, adj. *empty, disengaged.*

văfer, -fra, -frum, adj. *cunning.*

văgio, -īvi *or* -ii, -ītum, v. 4, *cry, squall.*

văgor, -ātus, v. 1, dep. *wander.*

văgus, -i, m. *wandering.*

văleo, -ui, -ĭtum, v. 2, *be well, strong, have influence, prevail;* vale, *farewell.*

vălētūdo, -ĭnis, f. *health.*

vălĭdus, -a, -um, adj. *strong, powerful, well;* valido Marte, *valiant.*

vallis, -is, f. *valley.*

vallum, -i, n. *rampart.*

valvae, -ārum, f. *folding-doors.*

vānus, -a, -um, adj. *vain, silly, groundless.*

văpŭlo, -āvi, v. 1, *be beaten.*

vărius, -a, -um, adj. *changing, different, changeable.*

Varro, -ōnis, m. *Varro.*

vas, vădis, m. *surety.*

vas, vāsis, n. *vessel.*

ˑdo, -ĭnis, f. *hugeness, size.*

vasto, -āvi, -ātum, v. 1, *lay waste.*

vastus, -a, -um, adj. (1) *empty;* (2) *huge, large.*

vātes, -is, c. *seer.*

-ve, conj. *or, either.*

vĕhĕmenter, adv. *impetuously, vigorously.*

vĕhĭcŭlum, -i, n. *carriage.*

vĕho, -xi, -ctum, v. 3, *carry;* (pass.) *ride, drive, sail.*

vel, conj. *or, either.*

vēlo, -āvi, -ātum, v. 1, *cover, veil, conceal.*

vēlōcĭtas, -ātis, f. *swiftness.*

vēlum, -i, n. *sail.*

vēlut *and* vĕlŭti, adv. *as if, just as.*

vēna, -ae, f. *vein.*

vēnābŭlum, -i, n. *hunting spear.*

vēnālis, -e, adj. *to be sold, for sale.*

vēnātio, -ōnis, f. *hunting.*

vēnātor, -ōris, m. *hunter.*

vĕnēnum, -i, n. *poison.*

vēneo, -ii, -ītum, v. 4, *be sold.*

vĕnia, -ae, f. *grace, pardon, leave.*

vĕnio, vēni, ventum, v. 4, *come.*

vēnor, -ātus, v. 1, dep. *hunt.*

Vĕnūsīnus, -a, -um, adj. *of Venusia, a town in Apulia, birthplace of Horace.*

ventus, -i, m. *wind.*

vēnundo, -dĕdi, -dătum, v. 1, *sell.*

ver, vēris, n. *spring* (the season).

verbēnae, -ārum, f. *sacred boughs.*

verber, -ĕris, n. *lash, blow.*

verbĕro, -āvi, -ātum, v. 1, *beat, strike.*

verbum, -i, n. *word;* verba facere, *speak.*

vēre, adv. *truly.*

vĕreor, -ĭtus, v. 2, dep. *fear.*

vērĭtas, -ātis, f. *truth.*

vēro, conj. *indeed, but.*

verso, -āvi, -ātum, v. 1, *turn.*

versor, -ātus, v. 1, dep. (1) *dwell;* (2) *be occupied* or *busy;* (3) *be familiar with.*

versus, -ūs, m. *line, verse.*

vertex, -ĭcis, m. *summit, top, peak.*

verto, -ti, -sum, v. 3. (1) act. *turn;* (2) *overthrow;* (3) *change;* (4) neut. *turn.*

vērum, conj. *but, still.*

vērus, -a, -um, adj. *true, actual.*

vesper, -ĕris and -ĕri, m. *evening.*

vespĕri, *in the evening.*

vestālis, -e, *vestal, of Vesta.*

vester, -tra, -trum, pron. *your, yours.*

vestīgium, -i, n. *track, trace, ball of foot.*

vestīmentum, -i, n. *garment.*

vestĭs, -is, f. *coat, clothes, robe.*

vestītus, -ūs, m. *clothing, dress.*

Vĕsŭvius, -i, m. *Mount Vesuvius.*

vĕtĕrānus, -a, -um, adj. *veteran.*

vĕto, -ui, -ĭtum, v. 1, *forbid.*

vĕtus, -ĕris, adj. *old.*

vĕtustus, -a, -um, adj. *old, ancient.*

via, -ae, f. *way, road, path.*

vibro, -āvi, -ātum, v. 1, *brandish, fling.*

vicīnus, -a, -um, (1) adj. *neighbouring;* (2) subs. *neighbour.*

victor, -ōris, m. *conqueror.*

victōria, ae, f. *victory.*

victus, -ūs, m. *food.*

vīcus, -i, m. *street, village.*

vĭdeo, vīdi, vīsum, v. 2, *see.*

vĭdeor, v. 2, dep. *seem, seem good;* impers. videtur, *it seems good.*

vĭgeo, -ui, v. 2, *flourish, be strong.*

vĭgĭlia, -ae, f. (1) *watching, wakefulness;* (2) *sentry, watch.*

vĭgĭlo, -āvi, -ātum, v. 1, *watch.*

vĭginti, num. adj. indecl. *twenty.*

vĭgor, -ōris, m. *courage, vigour.*

vilĭtās, -ātis, f. *cheapness.*

villa, -ae, f. *country-house.*

vinclum. *See* vinculum.

vinco, vīci, victum, v. 3, *conquer.*

vincŭlum, -i, n. *chain, band;* plur. *prison.*

vindĭco, -āvi, -ātum, v. 1. (1) *lay claim to;* (2) *restore;* (3) *avenge.*

vīnea, -ae, f. (1) *vineyard;* (2) (in war) *penthouse, shed, mantlet.*

vīnum, -i, n. *wine.*

vĭŏlenter, adv. *violently, furiously.*

vĭŏlentia, -ae, f. *violence, fury.*

vĭŏlentus, -a, -um, adj. *furious, forcible, vehement, boisterous.*

vĭŏlo, -āvi, -ātum, v. 1, *break, injure, dishonour, profane, desecrate.*

vir, vĭri, m. *man, husband.*

virga, -ae, f. *twig, rod.*

virgo, -ĭnis, f. *virgin, girl.*

virgultum, -i, n. *twig, shrub.*

vĭrĭdis, -e, adj. *green.*

vĭrīlis, -e, adj. *manly.*

vĭrītim, adv. *man by man.*

virtūs, -ūtis, f. *valour, merit, virtue.*

vīs, f. *power, force;* plur. *strength.*

vīsus, -ūs, m. *glance, sight.*

vīta, -ae, f. *life.*

vĭtium, -i, n. *vice, fault.*

vīto, -āvi, -ātum, v. 1, *avoid.*

vīvax, -ācis, adj. *long-lived, lively.*

vīvo, vixi, victum, v. 3, *live.*

vīvus, -a, -um, adj. *alive, living.*

vix, adv. *scarcely, hardly, with difficulty.*

vōcĭfĕror, -ātus, v. *bawl, cry out.*

vŏco, -āvi, -ātum, v. 1, *call, summon, invite.*

vŏlo, -āvi, -ātum, v. 1, *fly.*

vŏlo, volui, velle, v. *be willing, wish.*

vŏlŭcer, -cris, -e, adj. *winged, swift.*

vŏlucris, -is, f. *bird.*

vŏluntas, -ātis, f. *will, goodwill.*

vŏluptas, -ātis, f. *pleasure.*

volvo, volvi, vŏlūtum, v. 3, act. *roll.*

vŏmo, -ui, -ĭtum, v. 3, *vomit, cast up.*

vōtum, -i, n. *prayer, desire, wish.*

vox, vōcis, f. *voice, word.*

vulgus, -i, n. and m. *common people.*

vulnĕro, -āvi, -ātum, v. 1, *wound.*

vulnus, -ĕris, n. *wound.*

vultus, -ūs, m. *face, countenance, expression.*

X.

Xanthippe, -ēs, f. *Xanthippe.*

Xĕnŏmănes, -is, m. *Xenomanes.*

Xerxes, -is, m. *Xerxes.*

Z.

Zăma, -ae, f. *Zama, town in Numidia, remarkable for the battle of Zama, B.C. 202.*

Zĕphўrus, -i, m. *west wind.*

CPSIA information can be obtained
at www.ICGtesting.com
Printed in the USA
BVOW06s1452290817
493422BV00016B/235/P